中国企业拆迁维权实务

杨在明 主编

中国政法大学出版社

2025·北京

声　　明	1. 版权所有，侵权必究。
	2. 如有缺页、倒装问题，由出版社负责退换。

图书在版编目（ＣＩＰ）数据

中国企业拆迁维权实务 / 杨在明主编. -- 北京 : 中国政法大学出版社, 2025. 3. -- ISBN 978-7-5764-1846-0

Ⅰ. D922.364；D922.181.4

中国国家版本馆 CIP 数据核字第 2024NB8578 号

出 版 者	中国政法大学出版社
地　　址	北京市海淀区西土城路 25 号
邮寄地址	北京 100088 信箱 8034 分箱　邮编 100088
网　　址	http://www.cuplpress.com (网络实名：中国政法大学出版社)
电　　话	010-58908586(编辑部) 58908334(邮购部)
编辑邮箱	zhengfadch@126.com
承　　印	北京鑫海金澳胶印有限公司
开　　本	720mm×960mm　1/16
印　　张	19
字　　数	330 千字
版　　次	2025 年 3 月第 1 版
印　　次	2025 年 3 月第 1 次印刷
定　　价	76.00 元

编委会

主　编：杨在明

副主编：刘智杰　闫会东　马丽芬　聂　荣　杨念平　梁红丽

编　委：塔　娜　岳　亭　张　勇　谢瑞青　杨志忠　冯建红
　　　　李群杰　李凤吉　李银磊　王天子　王　威　席炎飞
　　　　姚　伟　张　凡　乔润东

序 言

专业律所最需要做一件什么事？

我与杨在明律师一样，都是有"明"的人。

在我看来，所谓"明"，就是明明白白、明察秋毫、明辨是非、明月清风、明德惟馨、明心见性。当然最重要的是，最明白自己喜爱做什么、适合做什么、应该做什么。

从我自己的工作经历来看，明白自己最喜爱的就是做一个编辑记者，最适合的就是新闻出版工作，最应该做的就是看好主题、定好选题、改好标题，从而成为一个合格总编辑。

杨在明律师也是一样，明白自己最喜爱的就是专注行政法领域的法律服务，最适合从事的是征收拆迁法律服务，最应该做的就是通过法律途径化解征迁纠纷、通过司法实践推动行政法治进步、通过专业评论传播法治理念，从而成为一名好律师。

简而言之，就是通过专业律师的服务之道，实现专业律师的治国之道。

诚哉斯言。可以说，这是杨在明律师执业30年来最深刻的体会、最深邃的心得。

确实如此。执业30年来，杨在明律师不仅将自己打造成一名专业律师，而且还将自己的团队打造成了一家专业律所，这就是在征收拆迁法律服务领域赫赫有名的北京在明律师事务所。

在明所为什么是一家赫赫有名的专业律所？

呈现在我们眼前的这部新书《中国企业拆迁维权实务》，正好回答了这个问题。

这是一部什么新书呢？

作为第一读者，我读后的总体感觉是，全书有条有理、有板有眼、有粗有细。通过六个章节体系，紧紧聚焦"企业拆迁维权"这个核心主题，展开剖析，打开思路，提出建议，提供方案，传授技巧，解析策略。总而言之，这既是一部有关企业拆迁维权的应用之作，也是一部有关企业拆迁维权的应对之作，更是一部有关企业拆迁维权的应变之作。

所谓应用，是因为其全面而实用。从拆迁启动到善后处理，每一步流程，每一条路径，每一个案例，本书都明明白白地作了梳理与介绍。比如说补偿机制，比如说评估标准，比如说损失计算，都一五一十地做了全面而实用的介绍与分析。

说到应对，是因为其实用而对路。专业律师的价值就在于平时主防、急时主战。也就是说，平时主要是管控风险、急时主要是积极应对。比如说如何解决拆迁款之后的税收、比如说怎样做好拆迁争议之后的谈判、比如说如何确定谈判开始的策略，在本书中都有应对方案。可以说，这些方案既对执业律师很有专业引领价值，更对企业维权具有释法说理作用。

至于应变，则是因为对路而有效。拆迁争议既是一个静态的问题，更是一个动态的难题。在每一个拆迁纠纷中，随时可能出现意料之外的变化，随地可能出现意想不到的情况。无论争议纠纷来自何方、不管争议主体怎样主张，都对企业拆迁维权工作是一个考验。如此而来，既考验相关企业，更考验企业聘请的专业律师。对此，本书提供了十种谈判策略，总结了十大黄金时机。最重要的是，还披露了十二类拆迁案例。所有这些策略与路径，都是企业拆迁维权必须掌握的要领与秘诀。

正如本书作者所言，这部新书不仅是一部关于企业拆迁维权的全面指南，更是一本企业面对拆迁挑战时不可或缺的实务手册。

其实，类似这样既有用更实用的实务手册，在明所已经出版了不少。据不完全统计，在杨在明主任的带领下，在明所此前已经出版了《房屋拆迁以案说法实用指南》《拆迁案例胜诉指引》《房屋征收补偿操作策略与案例精析》《我是这样代理拆迁案的》《大国律师公平梦》等专业书籍。

由此看来，在明所此举正好吻合了我们桂客学院最近推出的"中国律师千人出书计划"。我一直主张，专业律师尤其是专业律所最需要做的事情就是著书立说。

序　言｜专业律所最需要做一件什么事？

所谓著书立说，就是梳理执业经历、数说办案心得、阐述研究成果、树立专业品牌。正如杨在明律师与他率领的在明团队一样，分享自己的办案经验，传授自己的办案技巧，介绍自己的办案成果。这样的做法，不仅为法律从业人员培养法律思维和提高法律适用能力提供了方法论，而且还为青年律师的成长和发展指明了方向。

什么是专业律师乃至专业律所？如果没有著书立说，显然就无法形成专业律师乃至专业律所的品牌效应，也无法在律师行业乃至社会各界树立口碑效果，更无法确立自己在专业领域的应有地位。

我们经常说，专业的人做专业的事。我们也经常说，专业的事情交给专业的人去干吧！征收拆迁法律服务是一件涉及实体法与程序法尤其是行政法等多方面领域的专业实务，必须具备多年的深耕与专注，才能练就专业权威、铸就行业品牌。所有这一切，最终还要通过著书立说与授业解惑，才能真正实现口口相传、广而告之。

按照这个标准，在明所正是这样一家既有专业地位，也有专业口碑，更有专业品牌的法律服务机构。

最重要的是，杨在明主任及其领衔的在明所，明白自己最擅长做什么、最合适做什么、最需要做什么。古人云："大学之道，在明明德，在亲民，在止于至善。知止而后有定，定而后能静，静而后能安，安而后能虑，虑而后能得。物有本末，事有始终。知所先后，则近道矣。"术业有专攻，闻道有先后。在明所通过这部新书，充分展示了其专业成就，完美展现了其专业品牌。

期待更多律师和律所加入"中国律师千人出书计划"，以共同打造专业律师的特色名片。期待更多专业律师乃至专业律所像在明所一样真正重视著书立说，以共同推进中国律师专业化的历史进程。

是以为序。

刘桂明[1]

2025 年 1 月 1 日于北京千鹤家园

---

[1] 刘桂明，中国法学会法律文书学研究会副会长、北京律师法学研究会副会长、《法治时代》专家委员会副主任、北京老龄法律研究会会长、桂客学院院长。

前　言

北京在明律师事务所，作为行政法领域极具影响力的专业律所之一，自2012年成立以来，经历了从无到有、从小到大、从弱到强的发展历程。现有执业律师300余位，由10年以上督导律师所带领的团队多达50余个，办理案件遍及全国30多个省、自治区及直辖市。秉持"正义、诚信、融合、责任"的精神，业务菁英汇聚在明，企业征拆等司法实务探索积淀始终位居行业前列。

城镇化浪潮澎湃至今，情、理、法在千丝万缕的现实中深度联结，企业作为社会的重要组成部分，不仅要在社会事实与法律规范的交融中寻求平衡，还要在传统沿袭与当代价值的碰撞中探索前行。

拆迁是法律问题，也是社会问题，更是民生问题。在明律所专注在风云变幻的特定时期，在熙熙攘攘的社会群体的激流中，深度洞察征拆法律服务市场，并始终致力于寻求维护被征拆企业权益的专业之道、攻守之道、制胜之道、融合之道。

作为一个直面社会矛盾、拓荒行业先河、满怀思辨智慧的群体，在明律师不断重新定义企业征拆的维权范围，更迭办案策略，拓展企业维权的可能性，突破企业维权的天花板，以敏锐的洞察力抓住案件要点，最大限度发挥律师的专业价值。

为更切实地保障涉征拆企业的合法权益，《中国企业拆迁维权实务》一书应运而生。这是在明律所在长期的企业拆迁实务操作与深入法理思考的基础上所积累的经验与心得的结晶，希望能为广大涉征拆企业提供参考和指引。

本书于2023年年末初步整理成册，经过内部团队精心雕琢、多轮修订与严格审校，终于与大家见面。本书不仅是一部关于企业拆迁维权的全面指南，更是企业面对拆迁挑战时不可或缺的实务手册。全书紧密围绕"企业拆迁维

前 言

权"这一核心议题,精心构建六大章节体系:

·开篇概览:清晰界定企业拆迁的基本概念,梳理拆迁背景与趋势,奠定全书基调。

·补偿与评估章节:深入剖析补偿机制,详解评估标准与方法,助力企业精准把握自身权益。

·税务合规与争议章节:聚焦拆迁款税务处理,提供合规建议,解析企税争议解决之道。

·谈判策略与准备章节:传授高效谈判技巧,指导企业做好充分准备,确保在谈判过程中占据主动。

·维权时机与途径章节:精准把握维权关键节点,探索多元维权路径,助力企业有效维护权益。

·拆迁案例章节:精选企业拆迁真实案例,深入剖析,提炼维权要点与办案策略,为企业提供参考借鉴。

全书汇聚企业拆迁相关法律法规,从拆迁启动到善后处理,详尽阐述每一步流程与注意事项。并结合实务经验,总结提炼出多种维权技巧与策略,助力企业高效应对。通过真实案例的深入剖析,揭示企业拆迁中的常见问题与解决之道。本书既适合从业律师作为专业参考书,也适合涉征拆企业作为普法教材与实务指南,具有广泛的适用性和深远的意义。

知识性、挑战性、广泛性和前瞻性是在明律所走在行业前端的重要特质。希望本书通过通俗的语言、专业的视角,将行政法理论与技能、实务的经验与体会,更直观地展现在大家面前。同时也希望本书能够为大家带来更多的启发和更宽阔的视野,帮助大家有效应对企业拆迁中的困难和挑战。

本书的出版离不开在明律师的辛勤付出,更离不开大家的宝贵信任和支持;同时也感谢国家行政法治的进步,让在明律师的价值得以更好地发挥。谨以此书的出版,向所有关注在明、支持在明的朋友们致敬!

北京在明律师事务所

目 录

第一章 企业拆迁概述 ……………………………………………… 001
第一节 企业拆迁内涵 ……………………………………………… 001
第二节 企业拆迁依据 ……………………………………………… 002
一、国有土地上的企业拆迁依据 ………………………………… 002
二、集体土地上的企业拆迁依据 ………………………………… 002
第三节 土地分类 …………………………………………………… 003
第四节 企业拆迁类型 ……………………………………………… 004
一、征收 …………………………………………………………… 005
二、土地使用权收回 ……………………………………………… 005
三、拆除违建 ……………………………………………………… 009
四、关停关闭 ……………………………………………………… 012
第五节 企业与拆迁各方关系及问题 ……………………………… 015
一、企业与政府之间的常见问题 ………………………………… 015
二、企业与民事主体之间的关系 ………………………………… 020
第六节 企业拆迁流程 ……………………………………………… 024
一、国有土地上企业拆迁流程 …………………………………… 024
二、集体土地上企业拆迁流程 …………………………………… 028

第二章　补偿与评估 ··· 032

第一节　房地产补偿与评估方法 ······································· 033
一、市场比较法 ··· 033
二、收益法 ··· 039
三、成本法 ··· 043
四、假设开发法 ··· 054

第二节　土地补偿与评估方法 ·· 060
一、国有土地使用权 ··· 060
二、集体建设用地使用权 ··· 063
三、土地价值常用评估方法 ··· 065

第三节　装饰装修补偿与评估方法 ····································· 076
一、评估方法的选择 ··· 076
二、确定评估范围 ··· 077
三、装饰装修工程计价方式 ··· 078

第四节　机器设备损失补偿与评估方法 ································· 079
一、机器设备评估的定义 ··· 079
二、机器设备评估的特点 ··· 079
三、机器设备损失的评估方法 ··· 080

第五节　搬迁费、临时安置费 ·· 087

第六节　停产停业损失补偿 ·· 088
一、按照实际经营面积计算 ··· 088
二、按照企业经营利润计算 ··· 089
三、按照房屋评估价值计算 ··· 089
四、由评估机构评估确定 ··· 089

第七节　搬迁奖励 ··· 090

第三章 企业税务合规和争议解决 091

第一节 企业拆迁款纳税种类 091
- 一、企业拆迁补偿款需缴纳企业所得税 091
- 二、政策性搬迁的企业享受税收优惠政策 091
- 三、企业拆迁补偿款无需缴纳营业税和增值税 092
- 四、企业拆迁补偿款免征土地增值税 093
- 五、企业拆迁补偿款无需缴纳印花税 093
- 六、个人拆迁补偿款免征个人所得税 094

第二节 企业拆迁款纳税风险 094
- 一、多缴税款的风险 094
- 二、少缴税款的风险 094

第三节 企业拆迁款税务合规与纳税筹划 097
- 一、企业拆迁税务合规 097
- 二、企业拆迁纳税筹划 100

第四节 企业政策性搬迁所得税操作指引 101
- 一、政策性搬迁的内涵 101
- 二、搬迁收入的确定 102
- 三、搬迁资产税务处理 103
- 四、应税所得的处理 104
- 五、征收管理 104

第五节 税企争议解决 105
- 一、拆迁与资产转让的区别 105
- 二、政策性搬迁与非政策性搬迁的区别 106
- 三、特定企业类型拆迁的税务优惠 108
- 四、拆迁补偿款的税务发票问题 108

第六节 相关税收法规 110
- 一、营业税 110

二、增值税 ··· 110

三、企业所得税 ··· 111

四、个人所得税 ··· 112

五、土地增值税 ··· 113

六、印花税 ··· 114

第四章 企业谈判策略及准备工作 ································· 115

第一节 企业十大谈判策略 ····································· 115

一、明确拆迁项目属性 ······································· 115

二、评估房屋位置价值 ······································· 116

三、核实土地房屋合法性 ····································· 116

四、学习法律法规依法办事 ··································· 116

五、主动调查项目合规性 ····································· 117

六、坚持"三不"原则 ······································· 117

七、客观认识信访 ··· 117

八、充分利用复议与诉讼救济途径 ····························· 118

九、审时度势，灵活应变 ····································· 118

十、避免暴力对抗 ··· 119

第二节 企业谈判准备工作 ····································· 119

一、企业自身准备 ··· 119

二、人员准备 ··· 122

三、心理准备 ··· 128

第三节 常见的拆迁手段及应对技巧 ····························· 129

一、常见的拆迁手段 ··· 129

二、应对技巧 ··· 134

第五章 企业维权时机及维权途径 ································· 144

第一节 企业维权十大黄金时机 ································· 144

一、发布征收公告时 …………………………………… 144
　　二、入户评估时 ………………………………………… 145
　　三、消防机关入户时 …………………………………… 147
　　四、税务机关入户时 …………………………………… 149
　　五、收到拆除通知时 …………………………………… 150
　　六、断水断电断路时 …………………………………… 150
　　七、政府作出补偿决定时 ……………………………… 150
　　八、强拆房屋时 ………………………………………… 151
　　九、被公安拘留时 ……………………………………… 152
　　十、签订拆迁补偿协议时 ……………………………… 152
　第二节　企业维权途径 …………………………………… 155
　　一、非诉维权途径 ……………………………………… 155
　　二、行政复议 …………………………………………… 158
　　三、行政诉讼 …………………………………………… 161
　　四、民事诉讼 …………………………………………… 166
　　五、刑事诉讼 …………………………………………… 169

第六章　企业拆迁案例 …………………………………… 171
　第一节　养殖企业征拆 …………………………………… 171
　第二节　种植企业拆迁 …………………………………… 174
　第三节　商铺征拆 ………………………………………… 177
　第四节　厂房征拆 ………………………………………… 180
　第五节　加油站征拆 ……………………………………… 183
　第六节　被服厂征拆 ……………………………………… 186
　第七节　酒楼征拆 ………………………………………… 187
　第八节　养老院征拆 ……………………………………… 188
　第九节　食品厂征拆 ……………………………………… 190

第十节　学校征拆 ………………………………………… 192
第十一节　海域征拆 ………………………………………… 193
第十二节　其他类型企业征拆 ……………………………… 195

附　录 ……………………………………………………… 200

国有土地上房屋征收与补偿条例 ………………………… 200
中华人民共和国土地管理法 ……………………………… 206
中华人民共和国土地管理法实施条例 …………………… 223
中华人民共和国城乡规划法 ……………………………… 236
中华人民共和国行政强制法 ……………………………… 249
中华人民共和国国家赔偿法 ……………………………… 262
最高人民法院关于审理行政赔偿案件若干问题的规定 … 271
最高人民法院关于审理行政协议案件若干问题的规定 … 278
最高人民法院关于办理申请人民法院强制执行国有土地上房屋
征收补偿决定案件若干问题的规定 ……………………… 283
国有土地上房屋征收评估办法 …………………………… 285

第一章

企业拆迁概述

企业拆迁是一个复杂的过程，既涉及法律、评估、税务等专业问题，又涉及经济、民生等社会问题。不同类型的企业享有的权利和应得的补偿有所区别，因此，企业家应积极了解相关法律和政策，咨询专业律师、评估师、税务师，制定有效的谈判与维权策略，以确保合法权益得到保障。另外，企业家还要妥善处理与行政主体、民事主体间的诸多利益关系，争取达到各方满意，保障企业最终拿到应得的补偿。

第一节 企业拆迁内涵

企业，作为一个广泛概念，是指以盈利为核心目标，通过整合各种生产要素，向市场提供商品或服务的社会经济组织。它们不仅自主经营、自负盈亏、独立核算，还以法人或其他非法人形式存在。企业既包括了有限责任公司、股份有限公司等具有法人资格的组织，也涵盖了个人独资企业、合伙企业等非法人组织形式。这些企业共同构成了市场经济的重要基石。

企业拆迁是指政府因土地利用、城乡规划、环境保护等原因，对企业实施拆除建筑物和构筑物、腾退土地、关停并转、停产停业、拆除设备等行政行为，并就企业所遭受的损失依法补偿的过程。

引发企业拆迁的情形主要有两种：一是征收与土地收回，例如因土地利用和城乡规划导致的征地拆迁；二是行政处罚，例如因违法建筑、环境保护、消防安全等原因的关停、拆除。征收、土地收回是比较常见的拆除原因。

第二节 企业拆迁依据

一、国有土地上的企业拆迁依据

政府征收国有土地，国家层面的规定是《国有土地上房屋征收与补偿条例》（以下简称《国有土地征收条例》），地方政府也制定了配套的实施细则，例如《北京市国有土地上房屋征收与补偿实施意见》。《国有土地征收条例》是国务院针对政府征收国有土地上房屋专门制定的行政法规。上述规范对征收程序、补偿内容等进行了明确规定，相对比较完善。

另外，《土地管理法》[1]第58条规定了收回国有土地使用权的情形，但收回的程序及补偿标准等有待完善。

二、集体土地上的企业拆迁依据

政府征收集体土地，国家层面的规定是《土地管理法》《土地管理法实施条例》，全国范围内有些地方人大制定了实施办法，例如《河北省土地管理条例》。《土地管理法》及《土地管理法实施条例》对征收农用地、农村住宅进行了明确规定，对征收集体土地上的非住宅并未规定。

从全国范围看，仅有少数地方政府或人大对非住宅的拆迁进行了专门规定。例如，《北京市集体土地房屋拆迁管理办法》《北京市建设征地补偿安置办法》，都是关于征收集体土地的规章制度，前者于2003年实施，对宅基地上的住宅房屋拆迁作出了明确规定。后者实施于2004年，第17条涉及非住宅房屋："拆迁非住宅房屋和其他建筑物、构筑物的，按照重置成新价格予以补偿；公益公共设施确需迁建的，应当迁建。拆迁经营性用房造成停产停业经济损失的，应当按照规定给予一次性停产停业补助费。拆迁未超过批准期限的临时建筑，按照重置成新价格予以适当补偿；超过批准期限的临时建筑和违法建设，不予补偿。"仅根据这一条款来进行企业房屋的征收和安置补偿是明显不够的，所以北京市的区县政府出台了补充性文件，比如北京市昌平区

---

[1] 为表述方便，本书中涉及我国法律文件直接使用简称，省去"中华人民共和国"字样，全书统一，后不赘述。

人民政府作出了《关于印发昌平区集体土地上非住宅房屋拆迁补偿补助实施意见的通知》，对集体土地上非住宅房屋的拆迁补偿进行了非常详细的规定。

广州市政府制定了《广州市集体土地房屋拆迁补偿标准规定》，对集体土地住宅房屋拆迁和非住宅房屋拆迁分别单章进行了规定。虽然规定相对简单，但是在非住宅房屋的章节中，对房屋补偿进行了分类评估的规定，也对停产停业损失的计算方式进行了比较清晰的规定。

第三节　土地分类

在深入探讨企业拆迁这一复杂而敏感的议题时，土地分是其核心要素之一。明确不同类别土地，不仅关乎企业权益的界定，也直接影响拆迁政策的理解与执行。

土地主要分两大类：一是依据《土地管理法》规定的分类，分为农用地、建设用地和未利用地。二是依据国家标准《土地利用现状分类》规定的分类，现行标准是《土地利用现状分类》(GB/T 21010-2017)，此标准将土地分为12大类，分别是耕地、园地、林地、草地、商服用地、工矿仓储用地、住宅用地、公共管理与服务用地、特殊用地、交通运输用地、水域及水利设施用地，以及其他土地。12大类之下，进一步细分出73个小类。

政府拆迁时依据的是《土地管理法》，而土地证登记的是商服用地、工矿仓储、住宅等用途，因此分清两大类土地之间的包含关系是处理土地案件的基础，即农用地、建设用地、未利用地与12大类73小类之间的包含关系很重要。下面，将两大分类进行对比。

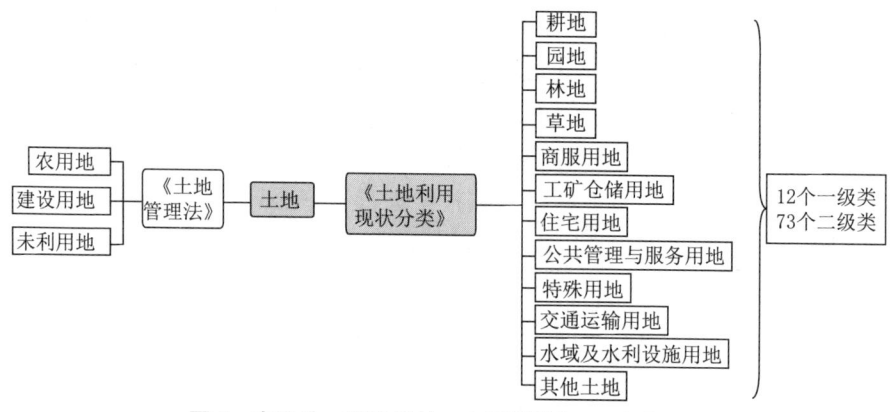

图 1　农用地、建设用地、未利用地与 12 大类对比

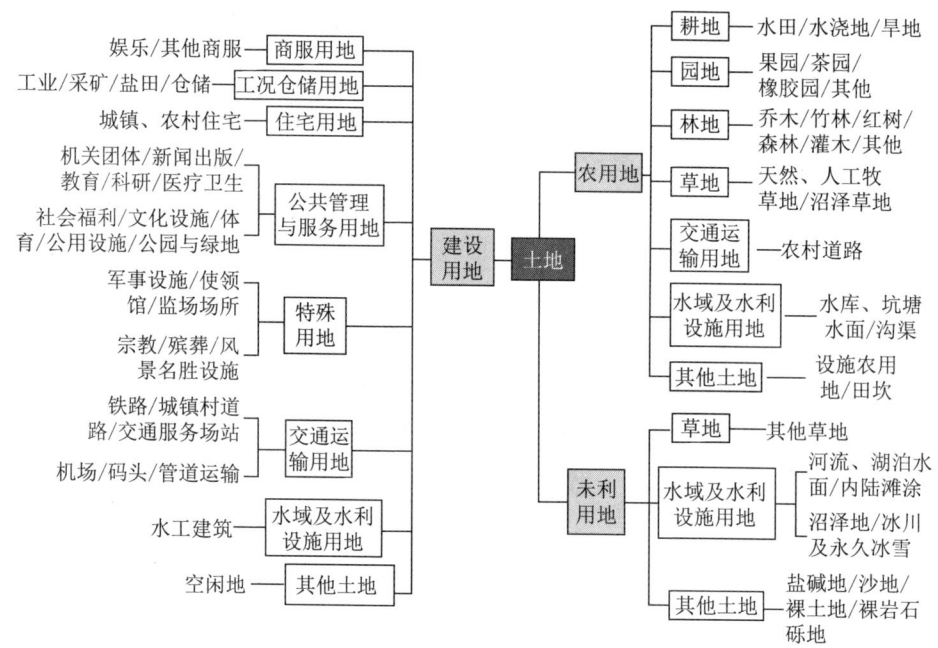

图 2　农用地、建设用地、未利用地与 73 小类对比

第四节　企业拆迁类型

根据政府作出行政行为的依据不同，把企业拆迁分为征收、土地收回、拆除违建、关停关闭等。此外，政府还可以与土地使用权人协商一致签订

《国有土地使用权收购协议》，以协议方式收回土地使用权，鉴于协议方式收回系双方自愿，本书不再将其列为拆迁类型。

一、征收

征收是指国家以行政权取得集体、单位和个人的财产所有权的行为。关于征收的性质，根据原国家土地管理局（现为自然资源部）制定的《关于认定收回土地使用权行政决定法律性质的意见》（［1997］国土［法］字第153号）的规定，征收属于行政处理。

国有土地上企业的征收主要依据是《国有土地征收条例》及地方制定的实施意见。集体土地上的企业征收主要依据是《土地管理法》《土地管理法实施条例》及地方规定。《土地管理法》关于征收的规定主要是第2条第4款、第44条、第45条、第46条、第47条、第48条、第49条等。

二、土地使用权收回

国有土地和集体土地除征收方式外，法律法规也规定了土地使用权收回方式。

（一）以行政处理方式收回土地使用权

根据原国家土地管理局制定的《关于认定收回土地使用权行政决定法律性质的意见》的规定，土地收回属于行政处理。

1. 以行政处理方式收回国有土地使用权

《土地管理法》第58条规定：有下列情形之一的，由有关人民政府自然资源主管部门报经原批准用地的人民政府或者有批准权的人民政府批准，可以收回国有土地使用权：①为实施城市规划进行旧城区改建以及其他公共利益需要，确需使用土地的；②土地出让等有偿使用合同约定的使用期限届满，土地使用者未申请续期或者申请续期未获批准的；③因单位撤销、迁移等原因，停止使用原划拨的国有土地的；④公路、铁路、机场、矿场等经核准报废的。

依照前款第①项的规定收回国有土地使用权的，对土地使用权人应当给予适当补偿。

2. 以行政处理方式收回集体土地使用权

《土地管理法》第66条规定：有下列情形之一的，农村集体经济组织报经原批准用地的人民政府批准，可以收回土地使用权：①为乡（镇）村公共设施和公益事业建设，需要使用土地的；②不按照批准的用途使用土地的；③因撤销、迁移等原因而停止使用土地的。

依照前款第①项规定收回农民集体所有的土地的，对土地使用权人应当给予适当补偿。收回集体经营性建设用地使用权，依照双方签订的书面合同办理，法律、行政法规另有规定的除外。

（二）以行政处罚方式收回国有土地使用权

《城市房地产管理法》第26条规定：以出让方式取得土地使用权进行房地产开发的，必须按照土地使用权出让合同约定的土地用途、动工开发期限开发土地。超过出让合同约定的动工开发日期满1年未动工开发的，可以征收相当于土地使用权出让金20%以下的土地闲置费；满2年未动工开发的，可以无偿收回土地使用权；但是，因不可抗力或者政府、政府有关部门的行为或者动工开发必需的前期工作造成动工开发迟延的除外。

《闲置土地处置办法》第2条规定：本办法所称闲置土地，是指国有建设用地使用权人超过国有建设用地使用权有偿使用合同或者划拨决定书约定、规定的动工开发日期满1年未动工开发的国有建设用地。已动工开发但开发建设用地面积占应动工开发建设用地总面积不足1/3或者已投资额占总投资额不足25%，中止开发建设满1年的国有建设用地，也可以认定为闲置土地。第14条规定：除本办法第8条规定情形外，闲置土地按照下列方式处理：①未动工开发满1年的，由市、县国土资源主管部门报经本级人民政府批准后，向国有建设用地使用权人下达《征缴土地闲置费决定书》，按照土地出让或者划拨价款的20%征缴土地闲置费。土地闲置费不得列入生产成本。②未动工开发满2年的，由市、县国土资源主管部门按照《土地管理法》第37条和《城市房地产管理法》第26条的规定，报经有批准权的人民政府批准后，向国有建设用地使用权人下达《收回国有建设用地使用权决定书》，无偿收回国有建设用地使用权。闲置土地设有抵押权的，同时抄送相关土地抵押权人。

根据上述规定，以行政处罚决定的方式收回土地使用权主要针对的是违法闲置土地的行为，在满足一定条件时，自然资源部门可以按照法定程序无偿收回土地使用权。

（三）宅基地征收向宅基地收回"逃逸"

1. 宅基地征收

我国《宪法》《民法典》《土地管理法》规定了集体土地征收制度。《土地管理法》第 48 条第 4 款对征收农村村民住宅的补偿作出了规定，在征收农村村民住宅时，对应的宅基地也一并被征收，农村村民将同时丧失宅基地使用权及房屋所有权，此行为被称为"宅基地征收"。

2. 村集体基于乡村公益的宅基地收回

《土地管理法》第 66 条规定了农村集体经济组织可以收回土地使用权的情形。第 1 款第 1 项规定的是农村集体经济组织因为"乡（镇）村公共设施和公益事业建设，需要使用土地"而收回土地使用权，此条亦适用于作为建设用地的宅基地，此行为被称为"村集体基于乡村公益的宅基地收回"。

3. 村集体基于村民自治的宅基地收回

《村民委员会组织法》第 24 条赋予了村民会议讨论决定涉及村民利益相关事项的权力，其中包括"宅基地的使用方案"。实践中一些地方以此为依据，采取村民（代表）会议决议方式强制收回村民的宅基地（一并灭失其上房屋所有权），其行为的合法性和效力亦被大量裁判文书所认可，此行为被称为"村集体基于村民自治的宅基地收回"。

这三种行为虽然同样导致农民丧失宅基地使用权（以及其上房屋所有权），但法律性质和法律依据不同，适用范围、实施主体、实施程序、保救途径等均存在差别。调研发现，实践中一定程度上存在宅基地征收向宅基地收回"逃逸"的现象，这既损害了法律适用的统一性和严肃性，也给农民的权利维护和救济带来困境。建议国家加强立法，从收回事由、程序、补偿等方面严格规制村集体的宅基地强制收回权，并通过明确村民自治的权限范围和相应的司法审查机制，防堵基于集体决议的宅基地收回的制度漏洞。

（四）其他特殊情况

根据《土地管理法》《城市房地产管理法》《城镇国有土地使用权出让和转让暂行条例》，并依照 1994 年国家土地管理局《关于对执行〈土地管理法〉第十九条规定的请示的批复》、国家土地管理局《关于认定收回土地使用权行政决定法律性质的意见》的通知（［1997］国土法字第 153 号）、最高人民法院行政审判庭《关于无偿收回土地使用权法律性质等有关问题的复函》（行复［2023］33 号），结合行政法理，区别不同情形：

1. 对骗取土地的收回

原给予当事人土地使用权不合法（当事人骗取批准或者行政机关违反法律规定出让），"收回土地使用权"属于纠错行为，属于行政行为的"撤回"

范畴,不属于行政处罚。对当事人而言,是一个不利行政决定。

2. 基于公共利益需要的收回

根据《土地管理法》第58条第1款第1项、《城市房地产管理法》第20条和《城镇国有土地使用权出让和转让暂行条例》第42条的规定,原给予当事人土地使用权合法,现为了公共利益的需要而提前收回,并依法给予补偿。这里的"收回土地使用权"其实是"行政征收"行为,不属于行政处罚行为。

3. 对当事人受让土地后不依法依约开发的收回

根据《土地管理法》第38条、《城市房地产管理法》第26条和《城镇国有土地使用权出让和转让暂行条例》第17条的规定,当事人受让国有土地使用权后,未经原批准机关同意,连续2年未使用的,土地管理部门有权收回土地使用权。这种情况属于行政处罚。

4. 对废弃土地的收回

根据《土地管理法》第58条第1款和《城镇国有土地使用权出让和转让暂行条例》第47条的规定,以下四种情况由有关人民政府自然资源主管部门报经原批准用地的人民政府或者有批准权的人民政府批准,可以收回国有土地使用权:①土地出让等有偿使用合同约定的使用期限届满,土地使用者未申请续期或者申请续期未获批准的;②因单位撤销、迁移等原因,停止使用原划拨的国有土地的;③公路、铁路、机场、矿场等经核准报废的;④无偿取得划拨土地使用权的土地使用者,因迁移、解散、撤销、破产或者其他原因而停止使用土地的。这类收回土地的行为同样不属于行政处罚。对于第一种情况(土地出让等有偿使用合同约定的使用期限届满,土地使用者未申请续期或者申请续期未获批准的),《城市房地产管理法》第22条第2款和《城镇国有土地使用权出让和转让暂行条例》第40条提供了同样的依据。

5. 责令交还土地并处罚款

《土地管理法》第81条规定:"依法收回国有土地使用权当事人拒不交出土地的,临时使用土地期满拒不归还的,或者不按照批准的用途使用国有土地的,由县级以上人民政府自然资源主管部门责令交还土地,处以罚款。"这里的责令交还土地,属于行政命令性质的责令当事人纠正违法,不是行政处罚,但这里的罚款属于行政处罚。

6. 收回发包的基本农田

《基本农田保护条例》第18条第2款规定:"承包经营基本农田的单位或

者个人连续 2 年弃耕抛荒的,原发包单位应当终止承包合同,收回发包的基本农田。"这里的收回发包的基本农田行为不属于行政处罚。

土地收回机制复杂多样,需细致区分情形。处理时,需明确法律性质,遵循法定程序,确保权益平衡与公正执行。

三、拆除违建

(一)违法建筑的定义

关于违法建筑的定义,法律没有明确规定。最高人民法院行政强制法研究小组编著的《〈中华人民共和国行政强制法〉条文理解与适用》表述:根据《城乡规划法》第 64 条的规定,"违法建筑",是指城市规划区内未经规划土地主管部门批准,未领取建设工程规划许可证(或临时建设工程规划许可证),擅自建筑的建筑物和构筑物。这是目前法律界对违法建筑定义最具有权威的阐释。

(二)违法建筑的认定依据

《城乡规划法》第 64 条规定:未取得建设工程规划许可证或者未按照建设工程规划许可证的规定进行建设的,由县级以上地方人民政府城乡规划主管部门责令停止建设;尚可采取改正措施消除对规划实施的影响的,限期改正,处建设工程造价 5% 以上 10% 以下的罚款;无法采取改正措施消除影响的,限期拆除,不能拆除的,没收实物或者违法收入,可以并处建设工程造价 10% 以下的罚款。

《城乡规划法》第 65 条规定:在乡、村庄规划区内未依法取得乡村建设规划许可证或者未按照乡村建设规划许可证的规定进行建设的,由乡、镇人民政府责令停止建设、限期改正;逾期不改正的,可以拆除。

《土地管理法》第 74 条:买卖或者以其他形式非法转让土地的,由县级以上人民政府自然资源主管部门没收违法所得;对违反土地利用总体规划擅自将农用地改为建设用地的,限期拆除在非法转让的土地上新建的建筑物和其他设施,恢复土地原状,对符合土地利用总体规划的,没收在非法转让的土地上新建的建筑物和其他设施;可以并处罚款;对直接负责的主管人员和其他直接责任人员,依法给予处分;构成犯罪的,依法追究刑事责任。

第 75 条规定:违反本法规定,占用耕地建窑、建坟或者擅自在耕地上建房、挖砂、采石、采矿、取土等,破坏种植条件的,或者因开发土地造成土地荒漠化、盐渍化的，由县级以上人民政府自然资源主管部门、农业农村主管部门等按照职责责令限期改正或者治理，可以并处罚款；构成犯罪的，依法追究刑事责任。

第77条规定：未经批准或者采取欺骗手段骗取批准，非法占用土地的，由县级以上人民政府自然资源主管部门责令退还非法占用的土地，对违反土地利用总体规划擅自将农用地改为建设用地的，限期拆除在非法占用的土地上新建的建筑物和其他设施，恢复土地原状，对符合土地利用总体规划的，没收在非法占用的土地上新建的建筑物和其他设施，可以并处罚款；对非法占用土地单位的直接负责的主管人员和其他直接责任人员，依法给予处分；构成犯罪的，依法追究刑事责任。超过批准的数量占用土地，多占的土地以非法占用土地论处。

第78条规定：农村村民未经批准或者采取欺骗手段骗取批准，非法占用土地建住宅的，由县级以上人民政府农业农村主管部门责令退还非法占用的土地，限期拆除在非法占用的土地上新建的房屋。超过省、自治区、直辖市规定的标准，多占的土地以非法占用土地论处。

（三）违法建筑分类

1. 违反土地规划用途建设的房屋

《土地管理法》将我国土地类型分为农用地、建设用地、未利用地三大类。《土地利用现状分类》将土地为耕地、园地、林地、草地、商服用地、工矿仓储用地、住宅用地、公共管理与服务用地、特殊用地、交通运输用地、水域及水利设施用地、其他土地12大类及73小类。很多企业在园地建设别墅、在工业用地建设住宅，随时会被认定为违法建筑而被强制拆除。

2. 未取得建设工程规划许可证或未按照审批建设的房屋

大量企业取得土地使用权后，超出建设工程规划许可证审批的面积建设房屋，符合建设工程规划许可的是合法建筑，超出的建设面积如果缴纳了罚款也被视为合法建筑，如果没有缴纳罚款则属于违法建筑。

有些企业是租赁厂房，为了扩展生产线，可能会扩建或加盖厂房。扩建或加盖厂房，同样需要向当地的规划主管部门申请许可，如果没有获得许可，则属于违建。

3. 擅自将临时建筑设成为永久性建筑

《土地管理法》第57条规定：建设项目施工和地质勘查需要临时使用国

有土地或者农民集体所有的土地的，由县级以上人民政府自然资源主管部门批准。其中，在城市规划区内的临时用地，在报批前，应当先经有关城市规划行政主管部门同意。土地使用者应当根据土地权属，与有关自然资源主管部门或者农村集体经济组织、村民委员会签订临时使用土地合同，并按照合同的约定支付临时使用土地补偿费。

临时使用土地的使用者应当按照临时使用土地合同约定的用途使用土地，并不得修建永久性建筑物。临时使用土地期限一般不超过2年。

4. 下列无证房屋不能简单地认定为违法建筑

（1）建设时间较早，无建设手续。

第一，1982年2月13日《村镇建房用地管理条例》实施之前在农村村镇和村庄建设并使用至今的房屋。

我国在1982年之前，并没有建立建设用地的审批制度。国务院在发布《村镇建房用地管理条例》的通知中明确规定：把村镇建房审批制度尽快建立起来，做到有人管理、有章可循，杜绝滥用乱占耕地的行为。

既然国家在1982年之前，没有出台建房用地的审批制度，当然也就不能要求当事人把建造该房屋时的审批手续提供出来。

《村镇建房用地管理条例》第2条规定：本条例只适用于集镇和农村村庄，不适用设镇建制的镇和县城。也就是说，该审批制度，也只适用于"集镇和农村"，并不适用于城市。

《村镇建房用地管理条例》已被1987年实施的《土地管理法》废止。

第二，1984年1月5日《城市规划条例》实施之前在城市规划区内建设使用的房屋。

《城市规划条例》第31条规定：任何组织和个人在城市规划区内进行的各项建设，需要对属于集体所有的土地进行征用或者对属于国家所有的土地进行使用时，都一定要持经国家规定程序批准的设计任务书、建设计划或者其他有关的证明文件，向城市规划主管部门申请建设用地。

《城市规划条例》被1990年4月1日实施的《城乡规划法》废止。

规划法规实施前建设的厂房没有办理过规划审批手续，规划法规实施后，因规划管理不到位，这类厂房没有及时补办相关手续，成为历史遗留问题，根据法不溯及既往的原则，这类房屋应当是合法建筑。但被纳入了征收范围后，征收部门基本以房屋没有建设工程规划许可证为由认定为违法建筑。因此，企业应搜集证据证明房屋建设年代，向政府提交证据证明属于合法建筑。

（2）土地总体规划调整前，房屋建设符合规划；此后政府修改了规划，导致房屋不符合现规划的，不应认定为违法建筑。

（3）房屋已经取得了部分手续，能够通过补办手续来解决的。

（4）招商引资项目。经具有建筑合法性审批权的政府或职能部门同意兴建的，不能随便认定为违章建筑，应视为合法建筑。

（5）从政府、法院购买的房屋，虽然拍卖时有些房屋没有相应手续，但这种无证情况涉及政府的信赖利益问题，也不能随便类推为违章建筑。

（6）其他不宜认定违建的情形。

四、关停关闭

（一）政策性关停关闭

政策性关停关闭指行政机关以行政命令的方式要求企业关闭并停止经营。此类关停中，企业通常并未实施违反行政管理秩序的行为，行政机关出于产业结构调整、城市功能优化、保障社会秩序、维护公共利益等目的，依据相关政策文件作出关停的行政决定或命令。政策导向性是政策性关停的核心特征，它鲜明地体现在通过宏观规划，针对省、市乃至整个行业等广泛区域，集中关停具有相同或类似功能特征的企业群。例如，北京的"非首都功能疏解"和浙江的"三改一拆"政策，就是典型的政策性关停实践，它们通过有计划、有步骤地关闭或迁移特定类型的企业，以促进区域经济的可持续发展和城市功能的合理布局。

企业被政策性关停，有权就此受到的损失主张公平合理的补偿。企业应注意收集关停涉及的政策文件，在此基础上把握政策方向，了解责任主体，以便在利益受损时采取有针对性的法律措施。此外，企业还应密切关注关停的期限，及时清点评估资产，合理安排生产经营，避免不必要的损失扩大。

（二）处罚性关停关闭

处罚性关停关闭是指行政机关在企业存在消防、安全、环评等方面违法或不达标情形时施以的惩罚手段。处罚性关停关闭是行政机关的正常行政执法活动。在行政处罚中，责令关闭基本是最严厉的处罚措施，不仅会给企业的经营带来极大冲击，甚至可能造成企业无法存续的法律后果，更有甚者还会触发刑事责任。《行政处罚法》《环境保护法》《水污染防治法》《安全生产法》《噪声污染防治法》《长江保护法》《固体废物污染环境防治法》《药品管理法》等数十部法律、行政法规中均有责令关闭这一行政处罚种类。

例如，《长江保护法》第86条规定：违反本法规定，在长江流域水生生物保护区内从事生产性捕捞，或者在长江干流和重要支流、大型通江湖泊、长江河口规定区域等重点水域禁捕期间从事天然渔业资源的生产性捕捞的……收购、加工、销售前款规定的渔获物的……情节严重的，吊销相关生产经营许可证或者责令关闭。

又如《环境保护法》第60条规定：企业事业单位和其他生产经营者超过污染物排放标准……情节严重的，报经有批准权的人民政府批准，责令停业、关闭。

企业应对处罚性关停关闭的策略应当是以预防为主，不要抱有侥幸心理，应严格依照法律法规办理相关证照、排污达标、安全生产，避免因行政处罚压力而被迫搬迁。如果不幸遭遇处罚性关停关闭，要在态度上予以重视，自查是否存在相关问题，同时审查关停关闭的执法主体是否具有相关职权，处罚程序是否遵循《行政处罚法》等法律的相关程序性规定。如果确实存在问题则积极与主管部门沟通，争取改正的机会和减轻处罚。如果自身不存在违法违规问题，或对案件事实、程序存有异议，企业应咨询并委托律师积极应对，争取听证，进行陈述申辩，争取公平公正的处理结果。

(三) 环保关停关闭

在生态环境保护成为国家战略布局的背景下，环保性关停在现实生活中出现的概率很高。环保关停的名目可谓五花八门，对企业来说，最关心的莫过于被环保关停后能不能拿到补偿。

回答这一问题应结合关停的原因具体分析，概括说来，企业因违反《环境保护法》排放污染物，或未依法提交建设项目环境影响评价文件或者环境影响评价文件，未经批准，擅自开工建设，而被相关部门依法查处并责令停业、关闭的，由于自身存在违法行为并且给周围环境造成了严重污染，通常难以拿到补偿。但是，如果合法生产企业因法律、法规、政策调整或客观环境变化而导致无法继续生产，被迫关停关闭，其损失是可以获得补偿的。例如，水源保护区、禁养区划定前已存在的合法企业，依法可以获得补偿。

需要强调的是，如果企业已被划入征收范围，征收方借助环保名义，以企业违法为由迫使其关停，以达到减少补偿或不予补偿的目的的，企业应积极维权，争取合法利益。

下面介绍一些特殊地域对企业设立、生产经营的有关规定。

1. 水源地、水体保护区

根据对水源水质影响程度大小，将饮用水水源保护区分为一级保护区和二级保护区。在饮用水水源一级保护区内严禁建设与供水设施和保护水源无关的建设项目，以及从事网箱养殖、旅游、游泳、垂钓或者其他可能污染饮用水水体的活动。饮用水水源二级保护区内禁止排放污染物的建设项目，在满足防止饮用水水体污染的前提下，经批准可以从事网箱养殖、旅游等活动。

因此，企业在选址、新建、扩建、改建建设项目时要认真研究相关法律和政策的规定，判断是否处于水源保护区及特殊水体保护区范围内，所处保护区的等级及水环境质量标准，采取防污措施，确保生产经营符合排污标准。如果企业建立经营在先，保护区的范围划定或调整在后，原本符合规定的企业不能再继续生产、被迫关停，由此遭受的损失应该获得补偿。

2. 自然保护区

《自然保护区条例》将自然保护区划分为核心区、缓冲区和实验区三部分。核心区是自然保护区着重保护的区域，除经批准进入从事科学研究活动外，禁止任何单位和个人进入。核心区外围是缓冲区，只准进入从事科学研究观测活动。缓冲区外围划为实验区，可以进入从事科研、教学、旅游等活动。

一些地方政府片面追求经济快速发展，曾准许大量企业在自然保护区内从事开发建设，开采矿产资源，这些都是违反规划法律的，如果停产拆除，应对企业的损失进行合理补偿。中共中央、国务院《关于完善产权保护制度依法保护产权的意见》明确规定，因国家利益、公共利益或者其他法定事由需要改变政府承诺和合同约定的，要严格依照法定权限和程序进行，并对企业和投资人因此受到的财产损失依法予以补偿。对自然保护区设立之前已合法设立的企业及合法取得的探矿权、采矿权、取水权和水面经营权，以及自然保护区设立之后各项手续完备且已征得保护区主管部门同意设立的探矿权、采矿权、取水权和水面经营权，权利人依法退出自然保护区核心区和缓冲区时可就合法权益主张补偿。

3. 禁养区

《畜牧法》《畜禽规模养殖污染防治条例》规定，饮用水水源保护区、自然保护区的核心区和缓冲区、风景名胜区、城镇居民区、文教科研区等人口集中区，以及法律法规规定的其他禁止区域，禁止建设省级政府确定规模养殖标准以上的养殖场。需要说明的是，禁养区依法禁止的是规模以上养殖场所或有污染物排放的养殖场，并不是禁止所有养殖行为。此外，禁养区划定应当严格限制在法律法规规定的范围内，不应随意扩大，更不应以改善环境为由，利用划定禁养区清理养殖业，以清理代替治理。

一些地方政府在执行禁养区划定和管理中，由于对相关法律法规和政策理解不到位，把握不准，加之一时找不到可行的环境治理方式，认为养殖就等于污染，要根治养殖污染就必须清理养殖业，打着环保旗号，利用划定禁养区，挤压和限制包括生猪在内畜禽养殖业发展。

早在2013年我国就颁布了《畜禽规模养殖污染防治条例》，其中第25条规定，因划定禁止养殖区域，确需关闭或者搬迁现有畜禽养殖场所，致使畜禽养殖者遭受经济损失的，由县级以上地方人民政府依法予以补偿。也就是说，如养殖户能够举证证明，其在政府划定禁养区之前即已开始经营养殖场，县级以上人民政府就应当依法给予补偿。

第五节　企业与拆迁各方关系及问题

一、企业与政府之间的常见问题

（一）关于政府返还土地出让金约定的效力

合同约定返还土地出让金，因违反法律、行政法规的效力性强制性规定，系无效约定。《城市房地产管理法》第19条规定：土地使用权出让金应当全部上缴财政，列入预算，用于城市基础设施建设和土地开发。土地使用权出让金上缴和使用的具体办法由国务院规定。

《预算法》第56条规定：政府的全部收入应当上缴国家金库，任何部门、单位和个人不得截留、占用、挪用或者拖欠。

国务院办公厅《关于规范国有土地使用权出让收支管理的通知》（国办发〔2006〕100号）规定：任何地区、部门和单位都不得以"招商引资""旧城改造""国有企业改制"等各种名义减免土地出让收入，实行"零地价"，甚至"负地价"，或者以土地换项目、先征后返、补贴等形式变相减免土地出让收入。

《关于规范土地储备和资金管理等相关问题的通知》(财综〔2016〕4号)规定：项目承接主体或供应商应当严格履行合同义务，按合同约定数额获取报酬，不得与土地使用权出让收入挂钩，也不得以项目所涉及的土地名义融资或者变相融资。对于违反规定的行为，将按照《预算法》《政府采购法》《政府采购法实施条例》《政府购买服务管理办法（暂行）》等规定进行处理。

国土资源部（现为自然资源部）发布的《节约集约利用土地规定》（国土资源部令第61号）第22条规定：经营性用地应当以招标拍卖挂牌的方式确定土地使用者和土地价格。各类有偿使用的土地供应不得低于国家规定的用地最低价标准。禁止以土地换项目、先征后返、补贴、奖励等形式变相减免土地出让价款。

国务院《关于清理规范税收等优惠政策的通知》（国发〔2014〕62号）规定：严禁对企业违规减免或缓征行政事业性收费和政府性基金、以优惠价格或零地价出让土地。对违法违规制定与企业及其投资者（或管理者）缴纳税收或非税收入挂钩的财政支出优惠政策，包括先征后返、列收列支、财政奖励或补贴，以代缴或给予补贴等形式减免土地出让收入等，坚决予以取消。

实践中，直接返还土地出让金一般很难操作，并不能在缴纳土地出让金之时当场进行返还或者直接进行抵扣，毕竟这种行为明显违反了相关规定。土地出让必须与土地管理部门签订正式的《国有建设用地使用权出让合同》并足额缴纳土地出让金，不足额缴纳土地出让金便无法办理土地使用权证书。因此，所谓的土地出让金返还或者溢价分成的约定，很多时候只是作为计算政府应当补贴数额的具体依据，返还的主体并非收取土地出让金的主体，返还的款项本身也并非土地出让金。从这个角度来说，社会资本方与政府方关于土地出让金返还或者溢价分成的约定，属于双方对投资收益的一种约定方式或计价方式，属于民事领域中意思自治的范畴，并不违反国家关于土地出让金收支管理的规定。

地方政府（部门）利用土地招商引资，约定土地升值后或土地出让金到账后予以相应的补贴或分成属于常见的优惠政策，若无其他明显违法违规之处，其效力应当肯定。其一，该约定具有一定的普遍性，实行此类优惠政策的地方各级政府部门对此充分理解并认可；其二，此类协议的履行客观上促进了当地的经济发展和城市建设，符合社会公共利益；其三，政府机关（部门）负责相关区域的开发、建设、土地出让以及招商引资等工作，有权在其职权范围内给予一定的优惠政策,资金返还的方式通常也可以做到相对合法合规。中央层面及最高人民法院近年来也发布了诸多文件,要求各级政府应当秉承诚实信用原则,认真履行向市场主体依法作出的政策承诺以及依法订立的各类合同。例如:国务院《关于税收等优惠政策相关事项的通知》(国发〔2015〕25号)规定,各地与企业已签订合同中的优惠政策,继续有效;对已兑现的部分,不溯及既往。

(二)关于政策性奖励约定的效力

对于政策性奖励的禁止性规定会比土地出让金少一些,一般情况下对政策性奖励的利益关系得到法律保护的案例稍微多一些。比如在〔2017〕豫行终989号案件中,法院认为:远兴公司与滑县新区管委会签订的《招商引资项目协议书》及《招商引资项目协议书补充协议》属于行政协议。滑县新区管委会系滑县人民政府的派出机构,因协议产生的法律责任应由滑县人民政府承担。上述两份协议的签订系滑县人民政府与远兴公司的真实意思表示,协议中免收相关费用的约定,是滑县人民政府对远兴公司投资建设迎宾馆项目的一种政策性奖励,是滑县人民政府的承诺,该约定对双方有效。

(三)关于允许企业边施工边办理审批手续

地方政府出于多种情况考虑,往往允许开发商采用"先上车、后补票"的方式动土建设,建成之后,"票"没有补上,却被认定为违建的情况在实践中较为常见。如果企业能够证明政府同意企业先建设后审批或边建设边审批,则政府对企业的损失应当承担相应的赔偿责任。

案例:2000年,辽宁省政府作出了〔2000〕28号征地批复,批准征收31公顷土地为建设用地,作为东陵望花园区工业项目用地。2005年,沈阳市政府作出沈政地征字〔2005〕0033号《关于沈阳市东陵区人民政府〈关于征用土地建望花工业园区〉的批复》将涉案土地作为望花工业园区的建设用地。2007年4月,沈阳市政府作出第30号会议纪要,会议决定"望花汽车零部件为重点项目……望花工业园区用地,由市规划区从现有商业储备用地中调出1万平方米作为望花汽配的产业用地"。2006年,原告向前进街道办事处申请成立望花汽配市场,双方亦针对该市场签订了项目合作协议书,约定:"原告建设项目在2009年前开工建设,建设周期为2年……街道办事处为项目建设、生产提供项目注册、立项等相关领办服务,配合乙方做好项目的基础设施施工建设等工作,并协助原告与省市区职能部门的沟通对接,帮助原告完成各项手续、要件的办理事宜。"2007年1月，原告与沈阳望花实业有限公司签订联营协议。遂开始施工建设，原告采用边施工边营业的方式，在2007年底基本上已经完工。遂开办沈阳望花汽配市场，该市场一直经营，该市场北区在2018年4月10日被强制拆除，建筑总面积为69 706.1平方米。辽宁省高级人民法院认为政府及有关机关应当承担赔偿评估价格10%的损失。

（四）识别地方政府的合法类承诺

企业与地方政府之间的利益关系，既有统一的一面，也有对立的一面。企业在处理与地方行政主体之间的利益关系时，需要做好风险分析和防范。

地方政府对企业作出的承诺都是合法的，完全不违反法律法规的禁止性规定是最理想的情况。这种情况下，企业完全可以要求地方政府继续履行允诺，或者依照信赖利益保护原则来要求地方政府为不履行允诺的行为对企业进行补偿。

有一种特殊情况是地方政府在作出承诺时，承诺的行为是合法的，但是随着法律、政策发生了变化，承诺的行为不符合规定。比如，在招商引资时县政府向企业作出了土地方面的承诺，但是数年后省政府下发文件，提高了生态环境、土地红线等要求，导致县政府履行承诺变成了违法行为。在这种情况下，企业只能依据信赖利益保护原则，要求地方政府补偿或者赔偿损失。

（五）防范地方政府的违法类承诺

如果地方政府作出的承诺从始至终都是不合法的，比如违反法律规定的税收优惠政策，超出基层地方政府权限的土地审批允诺等，企业对此产生合理预期，并且已经投入了大量的成本，但因项目允诺的违法而无法继续，甚至让企业承担了违法建设的法律后果，那么基于信赖利益保护原则，地方政府应承担相应的赔偿责任。

比较复杂的情况是，企业明确知道地方政府作出的承诺自始至终是违法的，比如企业明知道基层地方政府没有批地的权限，明知道违反环境保护相关的法律，仍然相信地方政府的允诺投资建厂，是否应当根据相对人的过错减少地方政府的赔偿责任，需要根据案件的具体情况进行具体分析。

（六）认真审查政府的承诺

企业在与政府打交道时，面对政府的承诺，应从以下几个方面进行考量：

1. 审查地方政府在具体事务中的权限

地方政府是否有作出其承诺行为的权限，是企业在面对行政承诺时首先要考虑的最基本问题。比如，某县政府对某公司作出了办理征地和建设手续的承诺，一直未能履行，给公司带来了极大损害。由于这个项目占地面积大幅超过了县政府的审批权限，需要由省级政府甚至中央来进行审批。该公司在进行建设时并没有意识到该县政府作出的办理征地审批手续的承诺实际上是无效的，县政府能作的有效承诺只有协助办理征地审批手续和其他县级行政机关有权办理的手续。

在县政府的无效承诺已经导致企业的信赖利益受损的情况下，企业可以主张的救济就是要求县政府对企业的信赖利益进行赔偿。即使是违法的行为，地方政府在对法律政策的理解上也处于优势地位，在作出承诺时地方政府应当知道自己是否有权限作出承诺的内容，而企业是因为相信地方政府的承诺而产生损失，应该由地方政府来承担赔偿责任。

企业可能也要承担一部分责任，虽然企业对地方政府的信赖利益值得保护，但是作为行政相对人的企业也应该在了解一般常识和基础法律规范的基础上，对于地方政府的权限具有基本的认知。地方政府应该承担什么样的责任，企业应该承担什么样的责任，在理论研究和法律支撑都不足的现在，只能在每一个具体的案例中进行具体分析。

因此，对于被地方政府招商引资承诺吸引，还未进行真正投资的企业，查清作出承诺的地方政府权限，了解其权限的边界是非常重要的，以免地方政府在招商时承诺办理的事项，从根本上就无法办理。

2. 审查地方政府承诺的内容

明确地方政府作出的承诺内容是什么，对于企业后续的投资建设是非常重要的。企业应当对相应的协议书或者承诺公告等内容进行细致的分析，对于不明确的部分要求地方政府书面解释。在条件允许的情况下，企业应当寻求专业律师的帮助，从多个角度将地方政府承诺的内容以没有歧义的方式固定下来。

奖励性的承诺内容相对明确，企业最需要注意的是申请奖励的主体、达成奖励的条件是否清晰无歧义。通过最高人民法院的案例可以看出，在奖励条件存在多种解释、可能产生歧义的时候，法院会选择偏向相对人的解释。

政策优惠性质的承诺内容则更加复杂。与行政协议不同的是，行政允诺的权利义务可能并没有那么清晰，地方政府作出的承诺经常会非常笼统，所以除上文提到的地方政府权限问题以外，企业还要尽可能地明确地方政府所承诺的内容具体包含什么。

一句话,企业在投资建设之前要对行政机关的权限、承诺的合法性进行比较详尽的调查,尽可能把行政承诺转化成要式行为,获得一个书面的、内容清晰明确的行政承诺,在投资建设中对自己的项目和政策变化进行掌握,这样才能最大限度保证自己的利益。

二、企业与民事主体之间的关系

(一)企业与开发商之间的利益关系

开发商作为民事主体,不是行政机关,其本身并没有拆迁及补偿安置的法定职责。实践房屋拆除后,土地往往并不是由行政机关自己使用,而是由其他民事主体诸如开发商等通过"招拍挂"等方式获得土地使用权。开发商作为具体项目的建设单位,与拆迁及补偿安置之间在某种意义上又具有一定的联系,存在一定的利益关系。

开发商通常以自身利润最大化为目标,追求拆迁成本最小化。而企业要以实现拆迁利益最大化为目标,必将导致开发商付出的成本最大化。因此企业与开发商之间的利益往往是相互对立的。

对于开发商来说,往往通过借助行政机关的力量降低评估价格、认定违章建筑、认定危房等不正当方式,尽可能降低甚至不给、少给拆迁补偿安置费用;尽可能避免逐户进行拆迁补偿谈判,利用行政机关出面给被拆迁人施加压力,降低补偿标准。

对于企业来说,建议委托专业的拆迁律师及早介入案件,通过信息公开、调查取证等方式获得拆迁相关信息,找到开发商在拆迁及补偿安置过程中存在的问题和证据,为复议诉讼或谈判增加筹码,从而为获取拆迁利益最大化掌握主动权。

(二)企业与承租方之间的利益关系

在拆迁中,企业与承租方之间的利益关系比较复杂。尽管两者之间的利益并不是截然对立的,但在拆迁利益的归属上仍存在一些矛盾之处。以下分不同情形讨论:

第一,有的企业是租赁办公用房,在征得出租方同意的情况下,可以将一部分厂房或全部厂房出租给次承租方。如果企业将厂房全部出租给次承租方,房屋本身的补偿利益归属于出租方。承租方如果自己办企业,那么,涉及办公用品、机器设备、搬迁费、过渡费、奖励和补助、停产停业损失等补偿利益应归属于承租方。如果企业将一部分厂房出租给次承租方，剩余一部分仍由自己经营，房屋本身补偿利益仍归属于出租方。承租方经营企业所涉及的办公用品、机器设备、搬迁费、过渡费、奖励和补助、停产停业损失等补偿利益，仍然归属于承租方。次承租方经营企业所涉及的办公用品、机器设备、搬迁费、过渡费、奖励和补助、停产停业损失等补偿利益，则归属于次承租方。当然，企业、出租方、次承租方事前对于拆迁补偿利益归属问题另有约定的，从其约定。

第二，有的企业的办公用房是自有产权，企业可以将一部分厂房或全部厂房出租给承租方。如果企业将厂房全部出租给承租方，房屋本身的补偿利益归属于企业。承租方如果自己办企业，那么，涉及办公用品、机器设备、搬迁费、过渡费、奖励和补助、停产停业损失等补偿利益归属于承租方。如果企业将一部分厂房出租，剩余一部分仍由自己经营，房屋本身补偿利益归属于企业。企业自己经营所涉及的办公用品、机器设备、搬迁费、过渡费、奖励和补助、停产停业损失等补偿利益则归属于企业。对于出租的厂房部分，除房屋本身补偿归企业所有外，其余补偿利益应归承租方所有。当然，企业和承租方事前对于拆迁补偿利益归属另有约定的，从其约定。

需要说明的是，尽管企业和承租方之间在拆迁利益归属问题上有所不同，有各自的利益，但这种利益关系有别于企业和开发商、企业和行政机关之间的利益关系。企业和承租方同为被拆迁的对象，各自的拆迁补偿安置利益都来自行政机关，为了争取各自合法利益最大化，企业和承租方在拆迁过程中应当相互配合和支持，共同应对行政机关的拆迁，尤其遭遇违法拆迁时，更应当互相配合和支持，采取积极稳妥的方式合法理性地维权。同时，企业和承租方应当遵守诚信原则，避免采取不正当甚至不合法的方式损害对方的合法利益。实践中，有些企业或承租方将对方的资产等纳入自己的资产范围，私下与有关拆迁方签订拆迁补偿安置协议，从而实现自己的不法利益。

（三）企业与出租方之间的利益关系

实践中，不少企业的办公用房都是租赁的，遇到拆迁时，房屋本身的补偿利益归属于出租方，企业的办公用品、机器设备、搬迁费、过渡费、奖励和补助、停产停业损失等补偿利益归属于企业。当然，企业和出租方事前对于拆迁补偿利益归属另有约定的，从其约定。

实践中，出租方作为房屋的所有权人，拆迁方一般会直接与其协商解决拆迁补偿利益问题。此时，有的出租方为了达到获得非法利益的目的，可能会将企业的资产等纳入自身资产的范围，严重侵犯企业的拆迁补偿利益，企业可以通过民事诉讼的方式起诉出租方要求返还属于自己的拆迁补偿利益。

有的拆迁方以企业不是房屋所有权人为由，与出租方签订拆迁补偿安置协议，不与企业签订拆迁补偿安置协议，从而达到少给企业补偿甚至不给补偿的非法目的，会严重侵犯企业的合法权益。此时，企业可以通过行政复议或行政诉讼的方式要求拆迁方履行补偿安置职责。

当然，如果拆迁方存在违法强制拆除行为，企业可以通过行政复议或行政诉讼的方式，在确认强制拆除房屋行为违法的同时要求行政赔偿，也可以在确认强制拆除房屋行为违法之后，提起行政赔偿诉讼来维护自己的合法利益。在违法强拆的情况下，拆迁方给予企业的赔偿标准应不低于因合法拆迁所获得的补偿标准。

（四）企业与员工之间的利益关系

企业和员工之间的利益是紧密相连的。企业在经营过程中必然涉及人工成本等费用支出。因此，企业面临拆迁时，其获得拆迁补偿安置利益的多少直接关系员工的合法利益。当然，企业拆迁的原因不一样，员工利益受到的影响也会有所区别。主要有以下几种情形：

（1）如果由拆迁方的原因导致企业关闭关停无法继续经营的，拆迁方应进行相关补偿或赔偿，而这部分补偿或赔偿如何利益最大化，直接关系员工的合法利益。

（2）如果拆迁方以违章建筑为由拆除房屋，根据《国家赔偿法》的相关规定，只有合法利益才能获得赔偿，因此要看拆迁方认定违章建筑是否符合法定程序。如果不符合法定程序，撤销违章建筑认定后，企业仍能获得与房屋本身有关的补偿或赔偿。该部分利益通常不会影响员工的合法利益，因为员工与房屋本身补偿利益没有直接的关系。但是，不管房屋是否属于违章建筑，对于企业的办公用品、机器设备、搬迁费、过渡费、奖励和补助、停产停业损失仍然需要补偿或赔偿，这些费用都直接关系员工的合法利益。

（3）如果是国家征收或收回企业的，此时企业无法继续营业，有些员工需要解除劳动合同，由此产生的向员工支付的赔偿金、补偿金等费用应该计算在企业拆迁补偿或赔偿中。因此，对于企业来说，应当采取合法的维权方式争取拆迁补偿安置利益最大化，缓解企业的资金压力，否则企业需要承担高额的成本。如果资金问题无法解决，员工的补偿利益必然会受到损失，企业和员工之间的关系也会受到影响甚至恶化。

（五）企业与银行之间的利益关系

企业投资办厂往往需要投入大量的人力、物力和财力。因此，不少企业都会通过向银行贷款的方式来获取资金。此时，企业和银行之间为债务人和债权人关系。一般来说，银行当然希望企业发展顺利从而能够偿还债务，不希望企业因为发展不顺利导致到期债务不能偿还而出现违约的现象。同样，在企业面临拆迁时，银行也希望企业能够争取合法利益最大化，这样才能及时偿还债务，确保银行的利益不受损失。因此，从这点来说，企业和银行之间的利益是捆绑在一起的。

实践中，一些拆迁方为了少给补偿甚至不给补偿以达到快速拆迁的目的，往往会采取一些不合法的手段损害企业的合法利益。如一些拆迁方可能会通过银行向企业施压，尤其在企业效益不好的时候，可能会让银行向企业催讨债务。在巨大压力之下，企业走投无路时可能不得不以较低的补偿价格与拆迁方达成拆迁补偿安置协议。

企业在相关拆迁补偿利益没有完全落实的情况下，千万不要轻易与拆迁方签订拆迁补偿安置协议。即便面临债务危机，企业也要沉着冷静，及时通过申请信息公开、调查取证等方式保存和固定证据，抓住拆迁方涉嫌违法之处，为通过法律手段维护自己的合法权益奠定基础。当然，如果涉及调查取证、申请信息公开以及启动法律程序等专业性问题，建议企业及时聘请专业的拆迁律师介入维权。

（六）企业与村委会之间的利益关系

实践中，很多企业通过租赁等方式在村集体土地上投资办厂。企业通常会与村委会签订土地（房屋）租赁合同，约定租赁期限、租金、支付方式、违约责任等内容。如果租赁的仅仅是土地使用权，上面的厂房是企业自己建造的，企业在面临拆迁时，除土地使用权补偿归属于村里之外，其余的补偿利益如厂房、办公用品、机器设备、搬迁费、过渡费、奖励和补助、停产停业损失等补偿利益都应归属于企业。如果企业租赁的厂房是村里建造的，除厂房和土地使用权补偿归属于村里之外，前述中的其他补偿利益都应归属于企业。

需要注意的两点是：其一，企业和村委会作为被征收的对象，各自利益都来自行政机关。为了争取各自合法利益最大化，企业和村委会在拆迁过程中应当相互配合和支持，共同应对行政机关的拆迁，尤其在遇到违法拆迁时，更应当互相配合和支持，采取积极稳妥的方式合法理性地维权。其二，企业和村委会应当遵守诚信原则，不要采取不正当甚至不合法的方式损害对方的合法利益。实践中，企业或村委会将对方的资产等纳入自身资产的范围，私下与拆迁方签订拆迁补偿安置协议从而实现自己的不法利益的现象时有发生。

需要说明的是，虽然村委会是村民自治组织，但在征地拆迁案件中往往要承担一些与拆迁安置补偿有关的工作。有关拆迁方可能为了达到少给补偿甚至不给补偿的不当目的，通过村委会向企业施加压力。遇到这种情况时，企业要及时通过各种合法方式获取与拆迁相关的证据，以期寻找到谈判筹码，为获取公平补偿创造条件寻求契机。如果自身无力去解决拆迁问题，建议企业及时聘请专业律师介入。

第六节　企业拆迁流程

一、国有土地上企业拆迁流程

国有土地上企业拆迁流程的主要依据是《国有土地征收条例》，本书结合政府实际操作制作了国有土地上房屋征收与补偿流程图。

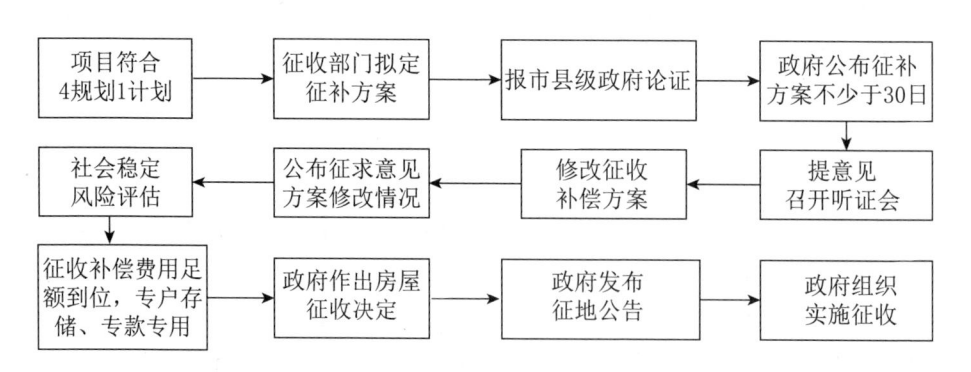

项目符合4规划1计划 → 征收部门拟定征补方案 → 报市县级政府论证 → 政府公布征补方案不少于30日

社会稳定风险评估 ← 公布征求意见方案修改情况 ← 修改征收补偿方案 ← 提意见召开听证会

征收补偿费用足额到位，专户存储、专款专用 → 政府作出房屋征收决定 → 政府发布征地公告 → 政府组织实施征收

《国有土地征收条例》重点条文如下：

第八条　为了保障国家安全、促进国民经济和社会发展等公共利益的需

要，有下列情形之一，确需要征收房屋的，由市、县级人民政府作出房屋征收决定：

（一）国防和外交的需要；

（二）由政府组织实施的能源、交通、水利等基础设施建设的需要；

（三）由政府组织实施的科技、教育、文化、卫生、体育、环境和资源保护、防灾减灾、文物保护、社会福利、市政公用等公共事业的需要；

（四）由政府组织实施的保障性安居工程建设的需要；

（五）由政府依照城乡规划法有关规定组织实施的对危房集中、基础设施落后等地段进行旧城区改建的需要；

（六）法律、行政法规规定的其他公共利益的需要。

第九条 依照本条例第八条规定，确需征收房屋的各项建设活动，应当符合国民经济和社会发展规划、土地利用总体规划、城乡规划和专项规划。保障性安居工程建设、旧城区改建，应当纳入市、县级国民经济和社会发展年度计划。

制定国民经济和社会发展规划、土地利用总体规划、城乡规划和专项规划，应当广泛征求社会公众意见，经过科学论证。

第十条 房屋征收部门拟定征收补偿方案，报市、县级人民政府。

市、县级人民政府应当组织有关部门对征收补偿方案进行论证并予以公布，征求公众意见。征求意见期限不得少于30日。

第十一条 市、县级人民政府应当将征求意见情况和根据公众意见修改的情况及时公布。

因旧城区改建需要征收房屋，多数被征收人认为征收补偿方案不符合本条例规定的，市、县级人民政府应当组织由被征收人和公众代表参加的听证会，并根据听证会情况修改方案。

第十二条 市、县级人民政府作出房屋征收决定前，应当按照有关规定进行社会稳定风险评估；房屋征收决定涉及被征收人数量较多的，应当经政府常务会议讨论决定。

作出房屋征收决定前，征收补偿费用应当足额到位、专户存储、专款专用。

第十三条 市、县级人民政府作出房屋征收决定后应当及时公告。公告应当载明征收补偿方案和行政复议、行政诉讼权利等事项。

市、县级人民政府及房屋征收部门应当做好房屋征收与补偿的宣传、解释工作。

房屋被依法征收的，国有土地使用权同时收回。

第十四条 被征收人对市、县级人民政府作出的房屋征收决定不服的，可以依法申请行政复议，也可以依法提起行政诉讼。

第十五条 房屋征收部门应当对房屋征收范围内房屋的权属、区位、用途、建筑面积等情况组织调查登记，被征收人应当予以配合。调查结果应当在房屋征收范围内向被征收人公布。

第十六条 房屋征收范围确定后，不得在房屋征收范围内实施新建、扩建、改建房屋和改变房屋用途等不当增加补偿费用的行为；违反规定实施的，不予补偿。

房屋征收部门应当将前款所列事项书面通知有关部门暂停办理相关手续。暂停办理相关手续的书面通知应当载明暂停期限。暂停期限最长不得超过1年。

第十九条 对被征收房屋价值的补偿，不得低于房屋征收决定公告之日被征收房屋类似房地产的市场价格。被征收房屋的价值，由具有相应资质的房地产价格评估机构按照房屋征收评估办法评估确定。

对评估确定的被征收房屋价值有异议的，可以向房地产价格评估机构申请复核评估。对复核结果有异议的，可以向房地产价格评估专家委员会申请鉴定。

房屋征收评估办法由国务院住房城乡建设主管部门制定，制定过程中，应当向社会公开征求意见。

第二十条 房地产价格评估机构由被征收人协商选定；协商不成的，通过多数决定、随机选定等方式确定，具体办法由省、自治区、直辖市制定。

房地产价格评估机构应当独立、客观、公正地开展房屋征收评估工作，任何单位和个人不得干预。

第二十一条 被征收人可以选择货币补偿，也可以选择房屋产权调换。

被征收人选择房屋产权调换的，市、县级人民政府应当提供用于产权调换的房屋，并与被征收人计算、结清被征收房屋价值与用于产权调换房屋价值的差价。

因旧城区改建征收个人住宅，被征收人选择在改建地段进行房屋产权调换的，作出房屋征收决定的市、县级人民政府应当提供改建地段或者就近地段的房屋。

第二十二条　因征收房屋造成搬迁的，房屋征收部门应当向被征收人支付搬迁费；选择房屋产权调换的，产权调换房屋交付前，房屋征收部门应当向被征收人支付临时安置费或者提供周转用房。

第二十三条　对因征收房屋造成停产停业损失的补偿，根据房屋被征收前的效益、停产停业期限等因素确定。具体办法由省、自治区、直辖市制定。

第二十四条　市、县级人民政府及其有关部门应当依法加强对建设活动的监督管理，对违反城乡规划进行建设的，依法予以处理。

市、县级人民政府作出房屋征收决定前，应当组织有关部门依法对征收范围内未经登记的建筑进行调查、认定和处理。对认定为合法建筑和未超过批准期限的临时建筑的，应当给予补偿；对认定为违法建筑和超过批准期限的临时建筑的，不予补偿。

第二十五条　房屋征收部门与被征收人依照本条例的规定，就补偿方式、补偿金额和支付期限、用于产权调换房屋的地点和面积、搬迁费、临时安置费或者周转用房、停产停业损失、搬迁期限、过渡方式和过渡期限等事项，订立补偿协议。

补偿协议订立后，一方当事人不履行补偿协议约定的义务的，另一方当事人可以依法提起诉讼。

第二十六条　房屋征收部门与被征收人在征收补偿方案确定的签约期限内达不成补偿协议，或者被征收房屋所有权人不明确的，由房屋征收部门报请作出房屋征收决定的市、县级人民政府依照本条例的规定，按照征收补偿方案作出补偿决定，并在房屋征收范围内予以公告。

补偿决定应当公平，包括本条例第二十五条第一款规定的有关补偿协议的事项。

被征收人对补偿决定不服的，可以依法申请行政复议，也可以依法提起行政诉讼。

第二十七条　实施房屋征收应当先补偿、后搬迁。

作出房屋征收决定的市、县级人民政府对被征收人给予补偿后，被征收人应当在补偿协议约定或者补偿决定确定的搬迁期限内完成搬迁。

任何单位和个人不得采取暴力、威胁或者违反规定中断供水、供热、供气、供电和道路通行等非法方式迫使被征收人搬迁。禁止建设单位参与搬迁活动。

第二十八条 被征收人在法定期限内不申请行政复议或者不提起行政诉讼，在补偿决定规定的期限内又不搬迁的，由作出房屋征收决定的市、县级人民政府依法申请人民法院强制执行。

强制执行申请书应当附具补偿金额和专户存储账号、产权调换房屋和周转用房的地点和面积等材料。

第二十九条 房屋征收部门应当依法建立房屋征收补偿档案，并将分户补偿情况在房屋征收范围内向被征收人公布。

审计机关应当加强对征收补偿费用管理和使用情况的监督，并公布审计结果。

二、集体土地上企业拆迁流程

集体土地上企业拆迁流程的主要依据是《土地管理法》《土地管理法实施条例》，本书结合政府实践操作制作了集体土地上企业征收与补偿流程图。

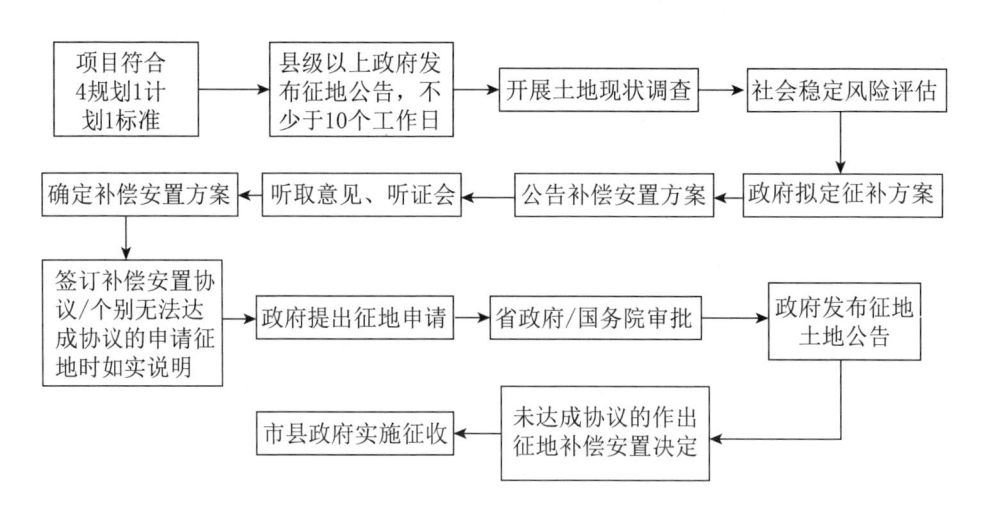

```
项目符合        县级以上政府发
4规划1计   →   布征地公告，不   →   开展土地现状调查   →   社会稳定风险评估
划1标准         少于10个工作日                                      ↓
                                                                 
确定补偿安置方案 ← 听取意见、听证会 ← 公告补偿安置方案 ← 政府拟定征补方案
    ↓
签订补偿安置协
议/个别无法达      政府提出征地申请  →  省政府/国务院审批  →  政府发布征地
成协议的申请征                                               土地公告
地时如实说明                                                    ↓
                                         未达成协议的作出
         市县政府实施征收       ←        征地补偿安置决定    ←
```

《**土地管理法**》**第四十五条** 为了公共利益的需要，有下列情形之一，确需征收农民集体所有的土地的，可以依法实施征收：

（一）军事和外交需要用地的；

（二）由政府组织实施的能源、交通、水利、通信、邮政等基础设施建设需要用地的；

（三）由政府组织实施的科技、教育、文化、卫生、体育、生态环境和资源保护、防灾减灾、文物保护、社区综合服务、社会福利、市政公用、优抚安置、英烈保护等公共事业需要用地的；

（四）由政府组织实施的扶贫搬迁、保障性安居工程建设需要用地的；

（五）在土地利用总体规划确定的城镇建设用地范围内，经省级以上人民政府批准由县级以上地方人民政府组织实施的成片开发建设需要用地的；

（六）法律规定为公共利益需要可以征收农民集体所有的土地的其他情形。

前款规定的建设活动，应当符合国民经济和社会发展规划、土地利用总体规划、城乡规划和专项规划；第（四）项、第（五）项规定的建设活动，还应当纳入国民经济和社会发展年度计划；第（五）项规定的成片开发并应当符合国务院自然资源主管部门规定的标准。

《土地管理法实施条例》第二十六条 需要征收土地，县级以上地方人民政府认为符合《土地管理法》第四十五条规定的，应当发布征收土地预公告，并开展拟征收土地现状调查和社会稳定风险评估。

征收土地预公告应当包括征收范围、征收目的、开展土地现状调查的安排等内容。征收土地预公告应当采用有利于社会公众知晓的方式，在拟征收土地所在的乡（镇）和村、村民小组范围内发布，预公告时间不少于十个工作日。自征收土地预公告发布之日起，任何单位和个人不得在拟征收范围内抢栽抢建；违反规定抢栽抢建的，对抢栽抢建部分不予补偿。

土地现状调查应当查明土地的位置、权属、地类、面积，以及农村村民住宅、其他地上附着物和青苗等的权属、种类、数量等情况。

社会稳定风险评估应当对征收土地的社会稳定风险状况进行综合研判，确定风险点，提出风险防范措施和处置预案。社会稳定风险评估应当有被征地的农村集体经济组织及其成员、村民委员会和其他利害关系人参加，评估结果是申请征收土地的重要依据。

第二十七条 县级以上地方人民政府应当依据社会稳定风险评估结果，结合土地现状调查情况，组织自然资源、财政、农业农村、人力资源和社会保障等有关部门拟定征地补偿安置方案。

征地补偿安置方案应当包括征收范围、土地现状、征收目的、补偿方式和标准、安置对象、安置方式、社会保障等内容。

第二十八条 征地补偿安置方案拟定后，县级以上地方人民政府应当在拟征收土地所在的乡（镇）和村、村民小组范围内公告，公告时间不少于三十日。

征地补偿安置公告应当同时载明办理补偿登记的方式和期限、异议反馈渠道等内容。

多数被征地的农村集体经济组织成员认为拟定的征地补偿安置方案不符合法律、法规规定的，县级以上地方人民政府应当组织听证。

第二十九条 县级以上地方人民政府根据法律、法规规定和听证会等情况确定征地补偿安置方案后，应当组织有关部门与拟征收土地的所有权人、使用权人签订征地补偿安置协议。征地补偿安置协议示范文本由省、自治区、直辖市人民政府制定。

对个别确实难以达成征地补偿安置协议的，县级以上地方人民政府应当在申请征收土地时如实说明。

第三十条 县级以上地方人民政府完成本条例规定的征地前期工作后，方可提出征收土地申请，依照《土地管理法》第四十六条的规定报有批准权的人民政府批准。

有批准权的人民政府应当对征收土地的必要性、合理性、是否符合《土地管理法》第四十五条规定的为了公共利益确需征收土地的情形以及是否符合法定程序进行审查。

第三十一条 征收土地申请经依法批准后，县级以上地方人民政府应当自收到批准文件之日起十五个工作日内在拟征收土地所在的乡（镇）和村、村民小组范围内发布征收土地公告，公布征收范围、征收时间等具体工作安排，对个别未达成征地补偿安置协议的应当作出征地补偿安置决定，并依法组织实施。

第三十二条 省、自治区、直辖市应当制定公布区片综合地价，确定征收农用地的土地补偿费、安置补助费标准，并制定土地补偿费、安置补助费分配办法。

地上附着物和青苗等的补偿费用，归其所有权人所有。

社会保障费用主要用于符合条件的被征地农民的养老保险等社会保险缴费补贴，按照省、自治区、直辖市的规定单独列支。

申请征收土地的县级以上地方人民政府应当及时落实土地补偿费、安置补助费、农村村民住宅以及其他地上附着物和青苗等的补偿费用、社会保障费用等,并保证足额到位,专款专用。有关费用未足额到位的,不得批准征收土地。

第二章

补偿与评估

企业拆迁涉及一系列复杂的法律和经济问题,其核心在于补偿范围及标准的确定,这不仅直接关系企业的切身利益,也是保障拆迁工作顺利进行的重要基础。因此,明确企业拆迁的补偿范围及标准,采用科学、公正的评估方式与方法,对于维护企业权益、促进拆迁工作的顺利进行具有至关重要的意义。在拆迁过程中,企业应积极与相关部门沟通协商,必要时可以寻求专业律师的帮助,以制定合理的补偿方案,确保自身权益得到充分保障。

我国目前没有针对企业拆迁的专门法律法规,企业作为非住宅房屋与住宅房屋适用相同的法律法规。《国有土地征收条例》(国务院令第590号令)及各地方人民政府制定的实施细则是国有土地上企业征收工作的主要法律依据。集体建设用地上的企业拆迁主要适用《土地管理法》《土地管理法实施条例》以及地方人大、政府制定的地方性法规或地方性规章。

《国有土地征收条例》与《土地管理法》对住宅与非住宅房屋征收拆迁可能涉及的补偿项目进行了规定。《国有土地征收条例》第17条规定,作出房屋征收决定的市、县级人民政府对被征收人给予的补偿包括:①被征收房屋价值的补偿。②因征收房屋造成的搬迁、临时安置的补偿。③因征收房屋造成的停产停业损失的补偿。市、县级人民政府应当制定补助和奖励办法,对被征收人给予补助和奖励。

除部分企业如乡镇企业占有使用集体建设用地外,大部分企业使用的土地为以出让或划拨形式取得使用权的国有土地,因此,《国有土地征收条例》第17条也成为企业拆迁中贯穿始终的统领性和原则性法条。

第一节　房地产补偿与评估方法

房地产有土地、建筑物、房地三种基本存在形态。房地产可指土地，可指建筑物，还可指建筑物和土地综合体。《国有土地征收条例》第17条规定的"房屋"实际指建筑物和土地综合体，为了便于理解"房屋"的内涵，本节使用的是"房地产"概念。企业拆迁中有的仅评估建筑物的价值，有的仅评估土地的价值，有的需要评估建筑物和土地综合体的价值，估价对象不同采用的估价方法也不同。本节介绍房地产估价中常用的市场比较法、收益法、成本法、假设开发法，每个拆迁企业需根据自身需要选择合适的评估方法进行估价。

一、市场比较法

（一）市场比较法概念

市场比较法是根据与估价对象相似的房地产的成交价格来求取估价对象价值价格的方法。较具体地说，比较法是选取一定数量的可比交易实例，将它们与估价对象进行比较，根据其间的差异对可比交易实例的成交价格进行处理后得到估价对象价值价格的方法。比较法的理论依据是房地产价格形成的替代原理，即同一房地产市场上相似的房地产有近似的价格。

（二）市场比较法的适用对象

比较法适用于同类数量较多、有较多交易、相互间具有一定可比性的房地产，例如，①住宅，包括普通住宅、高档公寓、别墅等。特别是数量较多、可比性较好的成套住宅最适用比较法估价，相对而言也是最容易、最简单的房地产估价。②写字楼。③商铺。④标准厂房。⑤房地产开发用地。

下列房地产难以采用比较法估价：①数量很少的房地产，如特殊厂房、机场、码头、博物馆、教堂、寺庙、古建筑等。②很少发生交易的房地产，如学校、医院、行政办公楼等。③可比性很差的房地产，如在建工程等。

（三）市场比较法的估价步骤

比较法的估价步骤一般为：①搜集交易实例。②选取可比实例。③建立比较基础。④进行交易情况修正。⑤进行市场状况调整。⑥进行资产状况调整。⑦计算比较价值。每个步骤需具体掌握以下内容：

1. 搜集交易实例

采用比较法估价要有符合一定数量和质量要求的可比实例，从而要有大量的交易实例可供选择。搜集交易实例的渠道主要有七个：

（1）向房地产交易当事人调查了解其成交的房地产及其成交价格等相关信息。

（2）向房地产经纪机构和经纪人员、相关律师、房地产交易当事人的邻居等调查了解其促成交易或知悉交易的房地产及其成交价格等相关信息。

（3）查阅政府及有关部门掌握、公布的房地产价格等相关信息。

（4）向房地产交易数据提供商购买房地产成交价格等相关信息。

（5）要求估价委托人提供估价对象的历史交易情况。

（6）查找有关网站、报刊、广告等平台和媒体上的房地产交易相关信息，走访经纪门店、售楼处以及参加房地产交易展示会等房地产交易场所，与房地产业主、开发企业、经纪人员等房地产出售人或其代理人沟通交流，获取房地产的挂牌价、报价、标价、要价、成交价等相关信息，了解房地产市场价格行情。

（7）估价同行之间相互交换交易实例。

搜集的交易实例信息真实、完整、准确。搜集的交易实例信息通常包括下列九个方面的内容：

（1）交易对象基本状况：如名称、坐落、范围、规模（如面积）、用途、权属，以及建筑结构、设施设备、装饰装修、建成时间、土地形状、土地开发程度、土地使用期限、周围环境等。

（2）交易双方基本情况：如卖方和买方的名称及其之间的关系等。

（3）交易方式：如买卖、互换、租赁，买卖中又如协议、招标、拍卖、挂牌等。

（4）成交日期。

（5）成交价格：包括总价、单价及计价单位。

（6）付款方式：例如全部价款一次性支付，还是分期付款（包括付款期限、每期付款额或付款比例）。

（7）融资条件：如首付款比例、贷款利率、贷款期限等。

（8）交易税费负担方式：如买卖双方是依照法律法规规定、按照双方约定或当地交易习惯各自缴纳自己应缴纳的交易税费，还是全部交易税费都由买方负担或都由卖方负担。

（9）交易目的：如卖方为何而卖，买方为何而买，以及是否有急售、急买等特殊交易情况。

2. 选取可比实例

选取的可比实例在精不在多，一般选择 3 个至 5 个即可，根据规定不得少于 3 个。选择的可比实例应当符合以下质量要求：

（1）可比交易实例的交易方式应当适合估价目的。房地产交易有买卖、互换、租赁等方式，如果是为买卖目的估价，则应选取买卖实例为可比实例；如果是为租赁目的估价，则应选取租赁实例为可比实例。在实际估价中，为抵押、房屋征收补偿等目的估价，一般选取买卖实例为可比实例。

（2）可比实例房地产应与估价对象房地产相似。①与估价对象的区位相近。可比实例与估价对象应在同一地区或同一供求范围内的相似地区。同一供求范围也被称为同一供求圈、同一市场，是指与估价对象具有一定的替代性、价格会相互影响的房地产区域范围。②与估价对象的用途相同。这里的用途相同主要指大类用途相同，如果能做到小类用途相同则更好。大类用途一般分为居住、商业、办公、工业、农业等。③与估价对象的权利性质相同。当交易实例与估价对象的权利性质不相同时，一般不能作为可比实例。如果估价对象是出让国有建设用地使用权或出让国有建设用地使用权土地上的房地产，则应选取出让国有建设用地使用权或出让国有建设用地使用权土地上的房地产的交易实例，不宜选取划拨国有建设用地使用权或划拨国有建设用地使用权土地上的房地产的交易实例。④与估价对象的档次相当。档次是指按一定标准分成的不同等级。这里的档次相当主要指在设施设备（如电梯、空调、智能化等）、装饰装修、周围环境等方面的齐全、优劣程度应相当。⑤与估价对象的规模相当。例如，估价对象为一宗土地，则选取的可比实例的土地面积应与该土地的面积大小差不多，既不能过大也不能过小。选取的可比实例规模一般应在估价对象规模的 0.5 倍至 2 倍范围内。此外，如果估价对象为房屋，则还应与估价对象的建筑结构相同。这里的建筑结构相同主要指大类建筑结构相同，如果能做到小类建筑结构相同则更好。大类建筑结构一般分为钢结构、钢筋混凝土结构、砖混结构砖木结构、简易结构。

（3）可比实例的成交日期应接近价值时点。可比实例的成交日期与价值，时点相差宜在 6 个月内，不宜超过 1 年，不得超过 2 年。可比实例的成交日期不得晚于价值时点，即应是在价值时点之前成交的实例。

（4）可比实例的成交价格应尽量为正常价格。这要求可比实例的成交价格为正常价格或可修正为正常价格。

3. 建立比较基础

（1）统一财产范围。进行财产种类的"有无对比"，并消除估价对象"有"而可比实例"无"或者估价对象"无"而可比实例"有"所造成的价格差异。

（2）统一付款方式。一般是将可比实例不是在成交日期一次性付清的价格，调整为在成交日期一次性付清的价格，具体方法是通过折线计算。

（3）统一融资条件。是针对诸如融资成本（如贷款利率）、首付款比例、贷款期限等的不同。统一融资条件首先应对可比实例的成交价格与评估的估价对象价值价格的融资条件进行对比，然后消除因融资条件不同而造成的价值价格差异。一般情况下是将可比实例不是在该种类型房地产交易的常规融资条件下的价格，调整为在该种类型房地产交易的常规融资条件下的价格。

（4）统一税费负担方式。可比实例的成交价格，以及根据估价目的、交易条件设定或约定、当地交易习惯等确定的估价对象价值价格，均有可能是正常负担价或卖方净得价、买方实付价。当可比实例的成交价格与评估的估价对象价值价格的交易税费负担方式不一致时，应统一税费负担方式。一般情况下是统一为正常负担价。

（5）统一计价方式包括统一价格表示方式、统一币种和货币单位、统一面积或体积内涵及计量单位。

4. 进行交易情况修正

交易情况修正是使可比实例的非正常交易价格成为正常价格的一种处理。造成成交价格偏离正常价格的因素有：

（1）父母子女、兄弟姐妹、母子公司等利害关系人之间的交易。

（2）对市场行情或交易对象缺乏了解的交易。

（3）被迫出售或被迫购买的交易。

（4）对交易对象有特殊偏好的交易。

（5）相邻房地产合并的交易。

（6）人为哄抬价格的交易。

（7）受迷信影响的交易。

(8) 其他特殊交易情况。

交易情况修正的方法有总价修正、单价修正、金额修正和百分比修正。

5. 进行市场状况调整

市场状况调整也称交易日期调整,是使可比实例在其成交日期的价格成为在价值时点的价格的一种处理。需要对可比实例的成交价格进行市场状况调整,消除成交日期与价值时点之间的市场状况差异造成的价格差异,将可比实例在其成交日期的价格调整为在价值时点的价格。经过市场状况调整后,便将可比实例在其成交日期的价格变成了在价值时点的价格。

市场状况调整的基本方法主要是百分比调整法,还有价格变动率法、价格指数法。

6. 进行资产状况调整

资产状况调整是使可比实例在其自身状况下的价格成为在估价对象状况下的价格的一种处理。房地产的资产状况调整,分为区位状况调整、实物状况调整、权益状况调整。具体包括:①区位状况调整的内容。包括位置(包括所处的方位、与有关重要场所的距离、临街状况、朝向等)、交通(包括进出、停车的便利程度等)、配套(包括基础设施和公共服务设施)、环境(包括自然环境、人文环境和景观)等影响房地产价格的区位因素。当为某幢楼房中的某层、某套或某间时,区位状况调整的内容还包括所处楼幢、楼层。②实物状况调整的内容。建筑物主要有建筑规模、建筑外观、建筑结构、设施设备、装饰装修、建筑性能(如防水、保温、隔热、隔声、通风、采光、日照)、空间布局、新旧程度(如房龄)等影响房地产价格的建筑物实物因素;土地主要有土地面积、形状、地形、地势、地质、土壤、开发程度等影响房地产价格的土地实物因素。③权益状况调整的内容。一般不包括权利性质和用途,主要包括土地使用期限,共有等产权关系复杂状况,居住权、地役权、抵押权等其他物权设立状况,出租或占用状况,容积率等利用限制状况,以及额外利益、债权债务、物业管理等其他房地产权益状况。

资产状况调整的方法有直接比较调整与间接比较调整、总价调整与单价调整、金额调整与百分比调整、加法调整和乘法调整。

7. 计算比较价值

(1) 市场比较法计算公式。

直接比较修正和调整的公式:

$$\text{比较价值} = \text{可比实例成交价格} \times \underset{(\ )}{\underset{\text{修正}}{\underset{\text{交易情况}}{\frac{100}{}}}} \times \underset{(\ )}{\underset{\text{调整}}{\underset{\text{市场情况}}{\frac{100}{}}}} \times \underset{(\ )}{\underset{\text{调整}}{\underset{\text{资产状况}}{\frac{100}{}}}}$$

$$= \text{可比实例成交价格} \times \frac{\text{正常价格}}{\text{实际成交价格}} \times \frac{\text{价值时点价格}}{\text{成交日期价格}} \times \frac{\text{对象状况价格}}{\text{实例状况价格}}$$

间接比较和调整的公式：

$$\text{比较价值} = \text{可比实例成交价格} \times \underset{(\ )}{\underset{\text{修正}}{\underset{\text{交易情况}}{\frac{100}{}}}} \times \underset{(\ )}{\underset{\text{调整}}{\underset{\text{市场情况}}{\frac{100}{}}}} \times \underset{(\ )}{\underset{\text{修正}}{\underset{\text{标准化}}{\frac{100}{}}}} \times \underset{(\ )}{\underset{\text{调整}}{\underset{\text{资产状况}}{\frac{100}{}}}}$$

$$= \text{可比实例成交价格} \times \frac{\text{正常价格}}{\text{实际成交价格}} \times \frac{\text{价值时点价格}}{\text{成交日期价格}} \times \frac{\text{标准状况价格}}{\text{实例状况价格}} \times \frac{\text{对象状况价格}}{\text{标准状况价格}}$$

需要指出的是，根据《房地产估价规范》的有关规定，进行交易情况修正、市场状况调整、区位状况调整、实物状况调整、权益状况调整时，分别对某个可比实例成交价格的修正或调整幅度不宜超过20%，对该可比实例成交价格的修正和调整幅度不宜超过30%，经过修正和调整后的各个比较价值中，最高价与最低价的比值不宜大于1.2，当幅度或比值超出上述规定时，应更换可比实例。当因估价对象或市场状况特殊，无更合适的可比实例替换时，应在估价报告中说明并陈述正当理由。之所以这样规定：一是限制估价师在修正、调整上的自由裁量权，防止随意修正、调整；二是防止随意选取可比实例，如果可比实例不满足上述要求，则说明其与估价对象的相似度不够，宜更换。

（2）计算最终的比较价值。

各个比较价值通常是不同的，需要把它们综合成一个比较价值，以得出比较法的最终比较价值或测算结果。一般可选用下列四种方法之一得出一个最终的比较价值。①简单算术平均法。该方法是把修正和调整出的各个比较价值直接相加，再除以这些比较价值的个数，所得的平均数作为最终的比较价值。②加权算术平均法。该方法是考虑到修正和调整出的各个比较价值的重要程度不同，先赋予每个比较价值不同的权数或权重，然后将所得的加权算术平均数作为最终的比较价值。③中位数法。该方法是把修正和调整出的各个比较价值按由低到高的顺序排列，如果是奇数个比较价值，则处于正中间位置的那个比较价值为中位数，并将其作为最终的比较价值；如果是偶数个比较价值，则处于正中间位置的那两个比较价值的简单算术平均数为中位数，并将其作为最终的比较价值。④众数法。该方法是把众数作为最终的比较价值。众数是一组数值中出现频数最多或出现最频繁的那个数值。

二、收益法

（一）收益法概念

收益法是根据估价对象的预期收益来求取估价对象价值价格的方法。具体说，收益法是预测估价对象的未来收益，利用报酬率或资本化率收益乘数，将未来收益转换为价值得到评价对象价值价格的方法。收益法的本质是以估价对象的预期收益为导向（简称"收益导向"）来求取其价值价格。收益法分为报酬资本化法和直接资本化法。

（二）收益法的适用对象

收益法适用于收益性房地产估价，包括写字楼、商店、酒店、餐馆、租赁住房、游乐场、影剧院、停车场（库）、汽车加油站、非专业性厂房（用于出租的）、仓库（用于出租的）、农用地等。这些房地产不限于其目前是否有收益，只要其同类房地产较普遍有收益即可。例如，估价对象为自用或闲置的住宅，虽然目前没有收益，但由于同类住宅以出租方式获取收益的情形很多，因此可以将该住宅假设为出租的情况下运用收益法估价，即先根据用于出租的类似住宅的租金、空置率和运营费用等资料，采用比较法求取该住宅的租金、空置率和运营费用等，再利用收益法估价。

收益法一般不适用于行政办公楼、学校、公园等公用、公益性房地产估价。

（三）收益法的估价步骤

收益法的估价步骤为：①选择具体估价方法。②测算收益期或持有期。③预测未来收益。④求取报酬率或资本化率、收益乘数。⑤计算收益价值。每个步骤具体掌握以下内容：

1. 选择具体估价方法

选择具体估价方法，即选择报酬资本化法，还是选择直接资本化法，或者同时选择报酬资本化法和直接资本化法；选择报酬资本化的，可选择全剩余寿命模式，或选择特有加转售模式。

2. 测算收益期或持有期

收益期也称未来收益期、剩余收益期，是预计在正常市场和运营状况下估价对象未来可获取净收益的时间，即自价值时点起至估价对象未来不能获取净收益时止的时间。收益期应根据估价对象自价值时点起计算的土地使用权剩余期限和建筑物剩余经济寿命进行测算。

持有期，是指预计正常情况下持有估价对象的时间，即自价值时点起至估价对象未来转售时止的时间。利用预知未来若干年后价格的公式或选择"持有加转售模式"求取价值价格，以及收益期较长、难以预测该期限内各年净收益的，应估计持有期。持有期应根据市场上投资者对同类房地产的典型持有时间，以及能够预测期间收益的一般期限来确定，通常为5年至10年。但是，持有期应短于收益期。

3. 预测未来收益

收益性房地产获取收益的方式，可分为出租和自营两类。据此，求取净收益的路径可分为以下两种：①基于租赁收入求取净收益，如有大量租赁实例的住房、写字楼、商铺、停车场（库）、非专业性厂房、仓库等类房地产；②基于营业收入求取净收益，如以自营为主的酒店、影剧院、娱乐中心、高尔夫球场、汽车加油站等类房地产。通过租赁收益来求取净收益的收益法，是收益法的主要形式。

（1）基于租赁收入测算净收益的基本原理。

基本公式为：

净收益=潜在毛租金收入−空置和收租损失+其他收入−运营费用

＝应收毛租金收入−收租损失+其他收入−运营费用

＝有效毛租金收入+其他收入−运营费用

＝有效毛收入−运营费用

（2）基于营业收入测算净收益的基本原理。

有些收益性房地产通常不是以租赁方式而是以营业方式获取收益，业主与经营者合二为一，如购物中心、酒店、高尔夫球场、汽车加油站等。这类房地产的净收益测算与基于租赁收入的净收益测算，主要有两个不同：一是潜在毛收入或有效毛收入变成了经营收入；二是要扣除归属于其他资本或经营的收益，如要扣除商业、服务业、娱乐业、工业、农业等经营者的正常利润。例如，某养殖场正常经营的收入、费用和利润分别为 100 万元、36 万元和 24 万元，则基于营业收入测算的房地产净收益为 40 万元（100－36－24＝40）。基于租赁收入测算净收益时，归属于其他资本或经营的收益在房地产租金之外，即实际上已扣除，所以就不再扣除归属于其他资本或经营的收益。

净收益测算的注意事项：

（1）有形收益和无形收益。

估价对象的收益可分为有形收益和无形收益。有形收益一般是指估价对象带来的直接货币收益。无形收益是指估价对象带来的间接利益，包括间接经济利益和非经济利益，比如提高融资能力、社会信誉、自豪感等。在求取净收益时，不仅要包括有形收益，还应考虑无形收益。

无形收益通常难以货币化，在测算净收益时不易量化，但可通过选取较低的报酬率或资本化率予以适当考虑。同时值得注意的是，如果无形收益已通过有形收益得到体现，则不应再单独考虑，以免重复计算。例如，在当地能显示承租人形象、地位的高档写字楼，即承租人租用该写字楼办公可显示其实力，该因素往往已包含在该写字楼的较高租金（其中含有超额租金）中。

（2）实际收益和客观收益。

估价对象的收益可分为实际收益和客观收益。实际收益是估价对象实际获得的收益，它一般不能直接用于估价。因为具体经营管理者的能力等对实际收益影响很大，如果将实际收益进行资本化，就会得到不符合估价对象实际状况的结果。

客观收益是估价对象在正常情况下所能获得的收益，或实际收益经剔除不正常和偶然的因素所造成的收益偏差后的收益。通常只有客观收益才能用于估价。因此，估价中采用的潜在毛收入、有效毛收入、运营费用或净收益，除有租约限制外，一般应采用正常客观的数据。

4. 求取报酬率或资本化率、收益乘数

报酬率也称回报率、收益率，是把估价对象未来各年的净收益转换为估价对象价值价格的折现率，是与利率、内部收益率的性质和内涵相似的比率。

而资本化率是房地产未来第一年的净收益与其价值价格的百分比。

报酬率的求取方法,一般有累加法、投资收益率排序插入法、市场提取法。

运用累加法求其报酬率的公式为:

报酬率=安全利率+投资风险补偿率+管理负担补偿率+缺乏流动性补偿率-投资带来的优惠率。

5. 计算收益价值

收益法公式:

(1) 报酬资本化法公式。

报酬资本化法是一种现金流量折现法或折现现金流量分析,即估价对象的价值价格等于其预期收益的现值之和,较具体地说,是预测估价对象未来各年的净收益,利用报酬率将其折现到价值时点后相加得到估价对象的价值价格。报酬资本化法以现金流量预测与分析为基础。现金流量是指一项资产或一个项目(如一处收益性房地产、一个房地产开发经营项目)在一定时期内收入和支出的资金数额。

公式为:

$$V = \frac{A_1}{1+Y_1} + \frac{A_2}{(1+Y_1)(1+Y_2)} + \cdots\cdots + \frac{A_n}{(1+Y_1)(1+Y_2)\cdots\cdots(1+Y_n)}$$

$$\sum_{i=1}^{n} = \frac{A_i}{\prod_{j=1}^{i}(1+Y_j)}$$

(2) 直接资本化法公式。

直接资本化法是预测估价对象未来第一年的收益,将其除以资本化率或乘以收益乘数得到估价对象价值价格的方法。

公式为:

$$V = \frac{NOI}{R}$$

式中 V——房地产价值价格;

NOI——房地产未来第一年的净收益,简称年净收益;

R——资本化率。

利用收益乘数将未来第一年的净收益转换为价值价格的直接资本化的公式为：房地产价值价格=年收益×收益乘数。

三、成本法

(一) 成本法概念

成本法是测算估价对象在价值时点的重置成本或重建成本和折旧，将重置成本或重建成本减去折旧得到估价对象价值价格的方法。为了表述简洁，通常把重置成本和重建成本合称重新购建成本，是指假设在价值时点重新开发建设全新状况的估价对象的必要支出及应得利润，或者重新购置全新状况的估价对象的必要支出。重新开发建设可简单地理解为重新生产，重新购置可简单地理解为重新购买或重新取得。因土地没有折旧，折旧具体为建筑物折旧，是指各种原因造成的建筑物价值损失。

成本法的本质是以房地产的重新开发建设成本为导向（简称"成本导向"），以房地产价格的各个组成部分之和为基础来求取房地产价值价格。因此，成本法中的"成本"（包括重置成本、重建成本等）并不是通常意义上的成本（不含利润），而是价格（包含利润）。同时，成本法中也常用到通常意义上的成本以及费用、支出、花费、代价、投入等相关概念。

(二) 成本法适用对象

以下房地产都可以采用成本法估价：①新近开发建设完成的房地产，简称新的房地产，如净地、熟地、新房；②可假设重新开发建设的既有房地产，简称旧的房地产，如旧房；③正在开发建设或停建、缓建而尚未建成的在建房地产，如在建工程；④计划开发建设或正在开发建设而尚未产生的未来房地产，如期房。

成本法特别适用于以下两类房地产估价：一是很少发生交易而限制了比较法运用，又没有现实或潜在的经济收益而限制了收益法运用的房地产，如行政办公楼、学校、医院、图书馆、体育场馆、公园、军事设施等以公用、公益为目的的房地产；二是特殊厂房（如化工厂、钢铁厂、发电厂）、油田、码头、机场之类有独特设计或者只针对特定使用者的特殊需要而建设的房地产。

此外，单独的建筑物或其装饰装修部分，以及在房地产保险（包括投保和理赔）、损害赔偿中，通常采用成本法估价。因为在保险事故发生后或其他损害中，房地产的损毁往往是建筑物的部分或局部，需要将其恢复到原来或完好的状况；对于建筑物全部损毁或灭失的，有时也需要采取重建方式来解决。

成本法估价通常较费时费力，因为测算房地产特别是建筑物较老旧的房地产的重新购建成本和折旧的难度都较大，且建筑物老化越严重，估价的难度会越大。如果建筑物过于老旧，基本上没有了使用价值，通常就不宜采用成本法估价。在这种情况下，对于整体房地产，一般是采用假设开发法，根据预测的未来开发建设完成的房地产价值价格减去开发建设的必要支出及应得利润来估价；对于建筑物，一般是根据其拆除后的残余价值来估价。

在运用成本法估价时要做到下列三点：

第一，应采用客观成本而不是实际成本。可以将开发建设成本区分为实际成本和客观成本。实际成本也称个别成本，是开发建设估价对象的实际支出及实际利润，或购置估价对象的实际支出。客观成本也称社会平均成本、正常成本、一般成本，是开发建设估价对象的必要支出及应得利润，或购置估价对象的必要支出，或实际成本经剔除不正常和偶然的因素所造成的成本偏差后的成本。

第二，应在客观成本的基础上根据房地产自身因素特别是自身缺陷进行恰当调整。现实中某些房地产因选址、定位、规划、设计、施工、报建等方面存在问题而造成质量、性能、产权等有缺陷或瑕疵，比如选址不当、定位错误、规划设计不合理造成不符合市场需求，极端的例子是在人流量长期都不够大的地方建造的大型商场，虽然无论谁来建造该商场都需花费那么多成本，但该商场也不会有那么高的价值。

第三，应在客观成本的基础上根据房地产外部因素特别是不利因素进行恰当调整。例如，当房地产市场供大于求时，应在客观成本的基础上调低评估价值，如虽然某宗房地产实实在在地投入了较多费用，或者无论谁来开发建设都需要这么多支出，但在房地产市场低迷时应予以减价调整。还有诸如邻近垃圾站、高压线、化工厂等不利因素，也要求在客观成本的基础上调低评估价值。

在未进行后续有关调整的成本法测算结果，一般是完全产权的市场价值，在我国可视为房屋所有权和在价值时点的剩余期限土地使用权,且不存在租赁、抵押、查封等情况下的市场价值。当估价对象的权益状况与此不同、所评估的不是市场价值时,还应对成本法的测算结果进行相应调整。

(三) 成本法的估价步骤

成本法的估价步骤一般为:①选择具体估价路径。②测算重新购建成本(重置成本或重建成本)。③测算折旧(折旧额或成新率)。④计算成本价值。每个步骤需具体掌握以下内容。

1. 选择具体估价路径

根据房屋的新旧不同,分为旧房地产和新房地产,旧的房地产可分为旧的房地(如通常所说的旧房,包含房屋占用范围内的土地)、旧的建筑物(不含建筑物占用范围内的土地)两类。新的房地产可分为新的房地(如新建商品房)、新开发的土地、新的建筑物三类。

(1) 适用于旧的房地基本公式。

第一,房地合估路径。

房地合估的基本公式:

$$旧的房地价值 = 土地成本 + 建设成本 + 管理费用 + 销售费用 + 投资利息 + 销售税费 + 开发利润 - 建筑物折旧$$

"房地合估"是旧的房地重新购建成本为重新开发建设与旧的房地相似的全新状况的房地产的必要支出及应得利润,即把房地产当作一个"产品",将其中土地当作原材料,模拟房地产开发经营过程,以房地产价格构成为基础,采用成本法求取。也就是成本法中套着成本法,这种成本法是纯粹或最地道的成本法。

在实际估价中,如果需要同时评估出该住宅区或该住宅楼各套住宅的价值,"房地合估"的成本法是经济可行的。而如果仅评估其中一套住宅的价值,"房地合估"的成本法通常在经济上不可行,因此往往采用比较法、收益法估价。

第二,房地分估路径。

房地分估的基本公式:

旧的房地价值=土地重新购建成本+建筑物重新购建成本-建筑物折旧

"房地分估"是把房地产当作土地和建筑物两个相对独立的部分拼装而成,先分别求取土地和建筑物的重新购建成本,然后将两者相加,再减去建筑物折旧。但需注意的是,不能把基准地价(或相当于基准地价的土地价格)加上建筑安装工程费减去建筑物折旧作为房地分估的估价结果,如此会大大低估房地价值。因为土地重新购建成本不只是基准地价,基准地价是当作"原材料"的土地价格,对应的是"房地合估"中的土地购置价格;建筑物重新购建成本不只是建筑安装工程费,建筑安装工程费对应的是"房地合估"中的建设成本的一部分。

第三,房地整估路径。

房地整估的基本公式:

旧的房地价值=新的房地市场价格-旧的房地减价

"房地整估"是旧的房地重新购建成本为重新购置与旧的房地(如二手房)相似的全新状况的房地产(如同地段同品质同权益的新建商品房)的必要支出(如市场价格),也就是把旧的房地作为一个整体,采用比较法求取与其相似的新的房地产的市场价格。例如,评估某套二手房的市场价格,可采用比较法求取与其相似的新建商品房的市场价格,然后根据该二手房相对于新建商品房因建筑物陈旧过时、土地使用期限缩短、小区环境和配套落后等而造成的市场价格降低情况,予以减价。

相应的公式为:二手房市场价格=新建商品房市场价格-二手房减价。

(2)适用于旧的建筑物的基本公式。

旧的建筑物价值=旧的建筑物重新购建成本-旧的建筑物折旧

(3)适用于新的房地产基本公式。

$$新的房地价值 = 土地成本 + 建设成本 + 管理费用 + 销售费用 + 投资利息 + 销售税费 + 开发利润$$

(4)适用新开发的土地的基本公式。

$$新开发的土地价值 = 待开发土地成本 + 土地开发成本 + 管理费用 + 销售费用 + 投资利息 + 销售税费 + 开发利润$$

（5）适用于新的建筑物的基本公式。

$$\text{新的建筑物价值} = \text{建筑物建设成本} + \text{管理费用} + \text{销售费用} + \text{投资利息} + \text{销售税费} + \text{开发利润}$$

（6）适用于在建工程的基本公式。

$$\text{在建工程价值} = \text{土地成本} + \text{已投入的建设成本} + \text{管理费用} + \text{销售费用} + \text{投资利息} + \text{销售税费} + \text{开发利润}$$

（7）房地产价格构成要素的含义。

①土地成本。

土地成本也称土地取得成本、土地费用，是购置土地的必要支出，或开发土地的必要支出及应得利润，其构成因土地的开发程度（如是净地、熟地还是生地、毛地）和取得渠道的不同而不同。目前，取得土地的渠道主要有市场购置、征收集体土地、征收国有土地上房屋。在实际估价中，应根据估价对象所在地在价值时点的同类房地产开发建设活动取得土地的通常渠道，从下述三个渠道中恰当选取其一来求取。

第一，市场购置的土地成本。在土地使用权出让、转让较活跃的情况下，土地成本通常由下列两项构成：一是土地购置价格。目前主要是购买政府出让或房地产开发企业等单位转让的建设用地使用权。因此土地购置价格通常为建设用地使用权出让地价或转让价格，可采用比较法、成本法、基准地价修正法等方法求取。二是土地取得税费。是应由土地购置者（如房地产开发企业）缴纳的契税、印花税以及可直接归属于该土地的其他支出，通常根据税收法律、法规及相关规定，按照土地购置价格的一定比例来测算。

第二，征收集体土地的土地成本。征收集体土地的土地成本一般包括下列费用：一是土地征收补偿费用。根据《民法典》第243条和《土地管理法》第48条的规定，土地征收补偿费用包括下列费用：土地补偿费和安置补助费、农村村民住宅补偿费用、其他地上附着物和青苗等补偿费用、被征地农民社会保障费用。二是相关税费。新菜地开发建设基金、耕地开垦费（占用耕地的缴纳）、耕地占用税（占用耕地的缴纳）、政府规定的其他税费。三是其他相关费用。包括征收评估费、征收服务费、地上物拆除费、废弃物和渣土清运费、场地平整费、市政基础设施配套费、土地使用权出让金等。

第三，征收国有土地上房屋的土地成本。征收国有土地上房屋的土地成本一般包含下列费用：一是房屋征收补偿费用。根据《国有土地征收条例》的规定，房屋征收补偿费用包括下列费用：房屋补偿费、搬迁费、临时安置费、停产停业损失补偿费、相关补助和奖励。二是相关费用。包括房屋征收评估费、房屋征收服务费、政府规定的其他有关费用、其他相关费用（包括地上物拆除费、废弃物和渣土清运费、场地平整费、市政基础设施配套费、土地使用权出让金等费用）。

②建设成本。

建设成本是取得了一定开发程度的土地（与上述土地成本对应）后，在该土地上进行基础设施建设、房屋建设所必要的费用等，主要包括下列几项：

第一，前期费用。如市场调研、可行性研究、项目策划、环境影响评价、交通影响评价、工程勘察、测量、规划及建筑设计、工程造价咨询、建设工程招标，以及施工通水、通电、通路、场地平整和临时用房等房地产开发项目前期工作的必要支出。要注意场地平整费等费用与前述土地成本的衔接。如果土地成本中已包含了地上物拆除、渣土清运和场地平整的费用，或者取得的土地是净地，则在此就只有部分或没有场地平整费等费用。

第二，建筑安装工程费。包括建造商品房及附属工程所发生的建筑工程费、安装工程费、装饰装修工程费等费用。其中附属工程，是指房屋周围的围墙、水池、建筑小品、绿化等。要注意其与下面的基础设施建设、公共服务设施建设等工程建设内容的区分，避免重复计算或漏算。

第三，基础设施建设费。是指建筑物外墙外边线两米以外和项目红线范围内的道路、供水、排水、供电、通信、供燃气、供热、绿化、环卫、室外照明等设施的建设费用，以及各项设施与市政干道、干管、干线等的接口费用。需要注意的是，要弄清这些费用是否已包含在前述土地成本中，如果已包含，则不应再计入。如果取得的土地是生地，基础设施建设费还应包括城市规划要求配套的项目红线外的道路、供水、排水、供电、通信、供燃气、供热等设施的建设费用。

第四，公共服务设施建设费。包括城市规划要求配套的教育（如幼儿园、中小学校）、医疗卫生（如卫生院）、文化体育（如文化站）、社区服务（如居委会）等非营利性公共服务设施的建设费用。

第五，其他工程费。包括工程监理费、工程检测费、竣工验收费等。

第六，开发期间税费。包括有关税收和地方政府或有关部门收取的费用，如城市基础设施配套费、绿化建设费、人防工程费、水电增容费等。

③管理费用。

管理费用是房地产开发企业为组织和管理房地产开发经营活动的必要支出，包括房地产开发企业的人员工资及福利费、办公费、差旅费等。管理费用可根据以往房地产开发项目的相关资料，归结为土地成本与建设成本之和的一定比例，实际估价中可按该比例（比如3%至4%）来测算，同时需注意管理费用中的某些支出与项目的正常建设期有关。

④销售费用。

销售费用也称销售成本，是销售（预售或现售）所建成的房地产的必要支出，包括广告费、销售资料制作费、售楼处建设费、样板房（或样板间）建设费、销售人员费用或销售代理费等。为便于投资利息的测算，销售费用应区分销售之前发生的费用和与销售同时发生的费用。广告费、销售资料制作费、售楼处建设费、样板房建设费一般是在销售之前发生的，销售代理费一般是与销售同时发生的。销售费用通常按照所建成的房地产价格的一定比例（比如3%至5%）来测算。

⑤投资利息。

投资利息与财务费用或融资成本不同，是在房地产开发建设完成或实现销售之前发生的所有必要费用应计算的正常利息，而不只是借款部分的正常利息，也不是借款部分的实际利息支出和相关手续费等。因此，土地成本、建设成本、管理费用和销售费用的资金来源，不论是借贷还是自有的，都应计算利息。因为借贷资金要支付贷款利息，自有资金要放弃可得的存款利息，即考虑资金的机会成本。此外，从估价的角度来看，为了使评估价值客观合理，需把房地产开发企业的自有资金应获得的利息与其应获得的开发利润分开，不能把自有资金应获得的利息算作开发利润，通常也不应受不同房地产开发企业的自有资金比例、融资成本等的影响。但是，如果是评估投资价值则通常为财务费用或融资成本，而不是投资利息。

计算投资利息的应计息项目包括土地成本、建设成本、管理费用和销售费用。销售税费一般不计算利息。为了确定每笔费用的计息期，需先测算整个房地产开发项目的建设期，建设期可分为前期和建造期。

⑥销售税费。

销售税费是销售所建成的房地产应由卖方（在此为房地产开发企业）缴纳的税费，可分为下列两类：一是销售税金及附加，如增值税、城市维护建设税和教育费附加，通常简称"两税一费"；二是其他销售税费，如印花税。

⑦开发利润。

测算开发利润时应掌握下列几点：一是开发利润是房地产开发企业（或业主、建设单位）的利润，而不是建筑企业的利润。建筑企业的利润已包含在建筑安装工程费等建设工程费用中。二是开发利润是该类房地产开发项目在正常情况下房地产开发企业所能获得的利润（平均利润或正常利润），而不是个别房地产开发企业期望获得或实际获得的利润。三是开发利润是未扣除土地增值税和企业所得税的税前利润或毛利润。

2. 测算重新购建成本

重新构建成本，也称重新构建价格或重置成本。重新构建成本是价值时点的重新构建成本、是客观的重新构建成本、是全新状态的（尚未减去折旧）重新构建成本。

重新构建成本的求取思路：

（1）房地重新购建成本的求取思路。

求取房地重新购建成本有房地合估、分估、整估三个路径。实际估价中应根据估价对象状况和土地市场状况，恰当选择这三个路径。

房地合估路径主要适用于估价对象是独立开发建设或可假设独立开发建设的整体房地产，如一栋办公楼、一幢厂房、一座商场、一个酒店、一个体育馆等。此外，采用成本法求取一个住宅区的平均房价，也适用于房地合估路径。

房地分估路径主要适用于两种情况：一是土地市场上以能直接在其上进行房屋建设的小块熟地交易为主，如农村、小城镇的独栋房屋；二是有关成本、费用、税金和利润较易在土地和建筑物之间进行分配。此外，当建筑物和土地合在一起，并需要单独或分别求取其中土地或建筑物的价值时，也适用于房地分估路径。

房地整估路径主要适用于估价对象有较多与其相似的有文化历史的新的房地产，如一幢旧住宅楼中的一套住宅，一幢旧写字楼中的一间办公用房。

(2) 土地重新购建成本的求取思路。

土地一般没有重建成本的说法，因此土地重新购建成本具体为土地重置成本。土地重置成本也称土地重置价格，是指在价值时点重新购置土地的必要支出，或重新开发土地的必要支出及应得利润。求取土地重置成本时，除估价对象状况相对于价值时点应为历史状况或未来状况外，土地状况应为价值时点的土地状况，土地使用期限应为自价值时点起计算的土地使用权剩余期限，此外还应区分无建筑物的空地和有建筑物的土地。

无建筑物的空地采用成本法估价，其重置成本只有重新开发土地的必要支出及应得利润。求取有建筑物的土地重置成本，就是求取房地分估公式"旧的房地价值=土地重新构建成本+建筑物重新构建成本-建筑物折旧"中的土地重新构建成本。在求取建筑物过于老旧的房地的土地重置成本时，还可能需要考虑老旧建筑物导致的土地价值损失，即在此情况下空地价值可能大于老旧建筑物的土地价值，甚至大于有老旧建筑物的房地价值。

(3) 建筑物重新购建成本的求取思路。

求取建筑物重新购建成本，是假设该建筑物占用范围内的土地已取得且为空地，该土地除没有建筑物外，其他状况均维持不变，然后在该土地上建造与该建筑物相同或具有同等效用的全新建筑物的必要支出及应得利润；也可设想将该全新建筑物发包给建筑施工企业建造，由建筑施工企业将能直接使用的全新建筑物移交给发包人，这种情况下发包人应支付建筑施工企业的全部费用（即建设工程价款或工程承发包价格），再加上发包人的其他必要支出（如勘察设计和前期工程费、管理费用、销售费用、投资利息、销售税费等）及发包人的应得利润。

(4) 建筑物重新购建成本的求取方式。

按照建筑物重新建造方式的不同，建筑物重新购建成本分为重置成本和重建成本。这两种成本可以说是两种重新购建成本基准，分别称重置成本基准和重建成本基准。

建筑物重置成本也称建筑物重置价格，是采用价值时点的建筑材料、建筑构配件和设备及建筑技术、工艺等，在价值时点的国家财税制度和市场价格体系下，重新建造与估价对象中的建筑物具有相同效用的全新建筑物的必要支出及应得利润。

建筑物重建成本也称建筑物重建价格，是采用与估价对象中的建筑物相同的建筑材料、建筑构配件和设备及建筑技术、工艺等，在价值时点的国家财税制度和市场价格体系下，重新建造与估价对象中的建筑物完全相同的全新建筑物的必要支出及应得利润。这种重新建造方式就是复原建造，可形象地理解为"复制"。因此，进一步地说，重建成本是在原址，按照原有规格和建筑形式，使用与原有建筑材料、建筑构配件和设备相同的新的建筑材料、建筑构配件和设备，采用原有建筑技术和工艺等，在价值时点的国家财税制度和市场价格体系下，重新建造与原有建筑物相同的全新建筑物的必要支出及应得利润。

重置成本与重建成本往往不同，既是科技进步的结果，也是"替代原理"的体现。因为科技进步使得原有的许多建筑材料、构配件、设备、结构、技术、工艺等过时落后或成本过高，所以重置成本通常低于重建成本。一般的建筑物适用重置成本，具有历史、艺术、科学价值或代表性的建筑物适用重建成本。因年代久远、已缺少与旧建筑物相同的建筑材料、建筑构配件和设备，或因建筑技术、工艺变更等使得旧建筑物复原建造有困难的建筑物，一般只好部分或全部使用重置成本，并尽量做到"形似"。

(5) 建筑物重新购建成本的求取方法。

建筑物重新购建成本可采用成本法、比较法求取，也可利用房地产市场价格、政府或有关部门公布的房屋重置价格扣除其中包含的土地价值价格且进行恰当调整来求取，其中成本法是最主要、最常用的求取方法。

基本公式为：

$$\text{建筑物重新构建成本} = \text{建筑物建设成本} + \text{管理费用} + \text{销售费用} + \text{投资利息} + \text{销售税费} + \text{开发利润}$$

3. 测算建筑物折旧

估价上的建筑物折旧是指各种原因造成的建筑物价值损失，其折旧额为建筑物在价值时点的重新购建成本与在价值时点的市场价值之差，即：建筑物折旧=建筑物重新购建成本-建筑物市场价值。

建筑物重新购建成本是建筑物在全新状况下的价值，建筑物市场价值是建筑物在价值时点的旧的状况下的价值。如果价值时点为现在，则建筑物市场价值就是建筑物在当前实际状况下的价值。将建筑物重新购建成本减去建筑物折旧，实际上是把建筑物在全新状况下的价值调整为在价值时点的旧的状况下的价值，调整后的结果就是建筑物的市场价值，即：建筑物市场价值＝建筑物重新购建成本－建筑物折旧。

（1）建筑物折旧的原因。

第一，物质折旧。也称物质损耗、有形损耗、物质性价值损失，是由自然原因、人们使用等引起建筑物老化、磨损或损坏而造成的建筑物价值损失。根据引起的原因，物质折旧分为下列四种：自然经过的老化、正常使用的磨损、碰撞火灾等意外破坏的损坏、延迟维修的损坏残存。

第二，功能折旧。功能折旧也称无形损耗、功能性价值损失，是因建筑物功能不足或功能过剩而造成的建筑物价值损失。导致建筑物功能不足或功能过剩的原因，主要有科技进步、消费观念改变、过去的建筑标准过低、建筑设计上的缺陷等。功能折旧可分为下列三种：功能落后折旧、因建筑物超高等引起的功能过剩折旧、因建筑物中缺少暖气和燃气等设备的功能缺乏折旧。

第三，外部折旧。外部折旧是建筑物以外的各种不利因素造成的建筑物价值损失。不利因素主要有以下四类：不利的经济因素、不利的环境因素、不利的交通因素和其他不利因素。

（2）建筑物折旧求取方法。

建筑物折旧求取方法有年限法、市场提取法、分解法。

第一，年限法也称年龄—寿命法，是根据建筑物的有效年龄和预期经济寿命或预期剩余经济寿命来测算建筑物折旧的方法。年限法包括直线法和成新折扣法。年限法中最主要的是直线法，直线法是最简单的测算折旧的方法，它假设在建筑物的经济寿命期每年的折旧额相等。成新折扣法，指早期采用成本法求取建筑物折旧后价值时，习惯于根据建筑物的建成年代、新旧程度或完损状况等，判定出建筑物成新率，或者用建筑物的年龄、寿命计算出建筑物成新率，然后将建筑物重新购建成本乘以成新率来直接求取建筑物折旧后价值。

第二，市场提取法，是通过含有与估价对象中的建筑物具有类似折旧状况的建筑物的房地可比实例，来求取估价对象中的建筑物折旧的方法。类似折旧状况是指可比实例中的建筑物与估价对象中的建筑物的折旧类型（物质折旧、功能折旧、外部折旧）和折旧程度相同或相当。市场提取法是基于先知道旧的房地价值，然后利用适用于旧的房地产成本法公式反求出建筑物折旧。如果知道了旧的房地价值、土地重置成本和建筑物重新购建成本，便可求出建筑物折旧，即：

建筑物折旧＝土地重置成本＋建筑物重新购建成本−旧的房地价值
　　　　＝建筑物重新购建成本−（旧的房地价值−土地重置成本）
　　　　＝建筑物重新购建成本−建筑物折旧后价值

四、假设开发法

（一）假设开发法的含义

假设开发法是根据估价对象的预期剩余开发价值来求取估价对象价值价格的方法。预期剩余开发价值是估价对象预期开发建设完成的价值减去后续开发建设的必要支出后的余额。预期开发建设完成的价值简称预期完成的价值、开发完成后的价值，是将估价对象（如土地、在建工程、旧房等，统称"待开发房地产"）开发建设或重新开发建设成为某种状况的房地产（如熟地、新房等，统称"未来开发建设完成的房地产"，简称"未来完成的房地产"），也就是把估价对象或待开发房地产"变成"未来完成的房地产，预测的未来完成的房地产的价值价格。后续开发建设的必要支出（简称"后续必要支出"），是预测的取得估价对象时及将估价对象开发建设或重新开发建设成某种状况的房地产所需付出的各项成本、费用和税金。

根据考虑资金时间价值的方式不同，假设开发法分为动态分析法和静态分析法。动态分析法是求得估价对象后续必要支出、预期完成的价值和折现率，将预期完成的价值和后续必要支出折现到价值时点后相减得到估价对象价值价格的方法。静态分析法是求得估价对象后续必要支出及应得利润、预期完成的价值，将预期完成的价值减去后续必要支出及应得利润得到估价对象价值价格的方法。

假设开发法尤其是其中静态分析法在形式上从计算公式来看，是成本法的逆运算，而其实质与收益法相同，即以房地产的预期收益为导向来求取房地产的价值价格，只是假设开发法的预期收益具体为预期剩余开发价值。因此，假设开发法也称剩余法。但称之为假设开发法更加科学准确、易于理解，不易引起混淆和误解（如收益法中有"剩余技术"）。假设开发法的主要理论依据与收益法相同，是预期原理。

（二）假设开发法的适用对象

假设开发法适用于依法可以进行开发建设或按新的用途、规模等重新开发建设，且预期完成的价值可以采用比较法、收益法、成本法以外的方法求取的各种待开发房地产，主要包括下列三类：

（1）可供开发的土地。包括生地、毛地、净地、熟地，典型的是房地产开发用地。特别是交通条件较好、规划允许、适宜建造高档住宅、别墅、酒店而尚未开发的有水景、山景等自然景观优美、生态环境良好的土地，通常难以采用成本法估价，比较法、收益法往往也不适用或难以完全反映其价值，而假设开发法是有效的估价方法。

（2）在建工程或房地产开发项目。包括正在开发建设、停建、缓建的在建工程或建设工程、房地产开发项目。

（3）可更新改造成改变用途的房地产。包括可依法扩建、改建、改造、重新装饰装修等的旧房，如适宜且可依法改建为写字楼、超级市场、租赁住房等的旧厂房。如果是将旧房拆除后重新开发建设，则估价对象为可供开发的毛地。

（三）假设开发法的估价步骤

假设开发法的估价步骤一般为：①选择具体估价方法，即选择动态分析法，还是选择静态分析法。②选择相关估价前提。③选择最佳开发经营方式。④求取后续开发经营期。⑤求取预期完成的价值。⑥求取后续必要支出。⑦确定折现率或求取后续开发利润。⑧计算开发价值。每个具体步骤掌握以下内容：

1. 选择具体估价方法

运用假设开发法估价应考虑资金的时间价值，考虑的方式主要有两种：一是折现；二是计算投资利息和开发利润。折现方式下的假设开发法称为动态分析法，计算投资利息和开发利润下的假设开发法称为静态分析法。

选择具体估价方法，即选择动态分析法，还是选择静态分析法。从理论上讲，动态分析法的测算结果较精确，测算过程相对复杂；静态分析法的测算过程相对简单，测算结果较粗略。在实际估价中，动态分析法测算结果的精确度，取决于现金流量预测的精确度。实际估价中应优先选用动态分析法。在难以采用动态分析法的情况下，可以选用静态分析法。静态分析法主要适用于预计未来的房地产市场状况（如商品房市场价格）、影响开发建设成本（如建筑材料、工程设备价格、人工费）的因素等不会发生较大变化的情况。

2. 假设开发法的估价前提及其选择

假设开发法的估价前提有以下三种：一是"业主自行开发"前提，即估价对象由其业主继续开发建设完成；二是"自愿转让开发"前提，即估价对象将被其业主转让给他人开发建设完成；三是"被迫转让开发"前提，即估价对象将被人民法院采取拍卖、变卖等方式转让给他人开发建设完成。

上述三种估价前提中应选择哪种，不是随意的，应根据估价目的及估价对象所处开发建设状态等情况来选择，并在估价报告中说明选择的正当理由。例如，房地产依据处置价一般应选择被迫转让开发前提；房地产抵押估价因应遵循谨慎原则，理论上应选择被迫转让开发前提；建设用地使用权出让、转让和房地产开发项目转让估价，一般应选择自愿转让开发前提；房地产开发项目增资扩股、股权转让估价，一般应选择业主自行开发前提。

3. 最佳开发经营方式的选择

选择最佳开发经营方式包括选择最佳的房地产开发利用方式和最佳的房地产经营方式。选择最佳的房地产开发利用方式是针对估价对象的，即选择估价对象的最佳开发利用方式或最高最佳利用。一般是根据估计对象状况（生地、毛地、净地、熟地、在建工程和旧房等），选择未来完成的房地产主要状况。如估价对象为生地、毛地的，是选择净地、熟地还是新房。如选择新房的，再根据合法原则和最高最佳利用原则，选择未来完成的房地产的最佳用途、面积、档次，以及是毛坯房还是简装房等较具体情况。

选择最佳的房地产经营方式针对的是未来完成的房地产，即选择未来完成的房地产经营方式，应根据已选择的未来完成的房地产状况，在出售（包括预售和现售）、出租（包括预租，但比较少见，多为建成后出租）、自营（如商场、酒店、游乐场之类的经营性房地产，投资者将其建成后也可能自己持有并经营）及其不同经营方式的组合中进行选择。

4. 后续开发经营期的求取

房地产开发经营需要经过一段较长时间，不论是动态分析法中的折现，还是静态分析法中的计算投资利息，以及预测各项后续必要支出和预期完成的价值发生的时间及金额，都需要知道后续开发经营期。后续开发经营期简称开发经营期，是自价值时点起至未来完成的房地产经营结束时止的时间，其起点是（假设）取得估价对象（待开发房地产）的日期（价值时点），终点是未来完成的房地产经营结束之日。后续开发经营期可分为后续建设期和后续经营期。

5. 求取预期完成的价值

求取预期完成的价值时，需要弄清以下三个问题：

（1）预期完成的价值对应的房地产状况。预期完成的价值是未来完成的房地产等资产的价值价格，因此预期完成的价值对应的房地产状况是未来完成的房地产等资产状况，简称未来完成的房地产状况。如果未来完成的商品房为毛坯房，则预期完成的价值对应的房地产状况是毛坯房，此时求取的预期完成的价值应是毛坯房的价值价格；如果未来完成的商品房为简装房，则预期完成的价值对应的房地产状况是简装房，此时求取的预期完成的价值应是简装房的价值价格。

（2）预期完成的价值对应的时间。预期完成的价值对应的时间可能是未来开发建设完成之时，也可能是在此之前或在此之后的某个时间。在静态分析法中，预期完成的价值一般是求取未来完成的房地产在价值时点的房地产市场状况下的价值价格，因此预期完成的价值对应的时间一般是价值时点。在动态分析法中，对于未来完成的房地产适宜出售的，通常是预测它在未来开发建设完成时的房地产市场状况下的价值价格，预期完成的价值对应的时间是未来开发建设完成之时。

（3）预期完成的价值求取的方法。预期完成的价值通常采用比较法、收益法求取。

6. 求取后续必要支出

后续必要支出是把估价对象"变成"未来完成的房地产所需付出的估价对象取得税费以及后续的建设成本、管理费用、销售费用、投资利息、销售税费。这些都是在计算开发价值时应减去的，统称扣除项目。

7. 确定折现率或求取后续开发利润

后续开发利润只在静态分析法中才需要求取，是后续开发建设的应得利润。较具体地说，是将估价对象开发建设或重新开发建设成某种状况的房地产应当获得的利润，即把估价对象"变成"未来完成的房地产应当获得的正常利润，通常为同一市场上类似房地产开发项目在正常情况下所能获得的开发利润。后续开发利润一般利用利润率来测算。

折现率是在采用动态分析法时需要确定的一个重要估价参数，其实质是房地产开发投资所要求的收益率，它包含了资金的利率和开发利润率两个部分,具体应等同于同一市场上类似房地产开发项目所要求的平均收益率。

(四)假设开发法基本的公式

1. 动态分析法下基本公式

房地产开发价值=预期完成的价值的现值-后续必要支出的现值

2. 静态分析法下最基本的公式

房地产开发价值=预期完成的价值-后续必要支出及应得利润

上述两个公式中,房地产开发价值就是待开发房地产价值;后续必要支出包括待开发房地产取得税费以及后续的建设成本、管理费用、销售费用、投资利息、销售税费。

按照估价对象和未来完成的房地产状况,用静态分析法的形式说明假设开发法的各种基本公式。

3. 求土地价值的公式

(1) 求生地价值的公式。

①适用于将生地开发成熟地(或净地)的公式:

生地价值 = 预期完成的熟地价值 - 生地取得税费 - 由生地开发成熟地的成本 - 管理费用 - 销售费用 - 投资利息 - 销售税费 - 开发利润

相对应的成本法公式为:

熟地价值 = 生地价值 + 生地取得税费 + 由生地开发成熟地的成本 + 管理费用 + 销售费用 + 投资利息 + 销售税费 + 开发利润

②适用于将生地开发成熟地并进行房屋建设的公式:

生地价值 = 预期完成价值 - 生地取得税费 - 由生地建成房屋的成本 - 管理费用 - 销售费用 - 投资利息 - 销售税费 - 开发利润

相对应的成本法公式为:

房地价值 = 生地价值 + 生地取得税费 + 由生地建成房屋的成本 + 管理费用 + 销售费用 + 投资利息 + 销售税费 + 开发利润

(2) 求毛地价值的公式。

①适用于将毛地开发成熟地（或净地）的公式：

$$\text{毛地价值} = \text{预期完成的熟地价值} - \text{毛地取得税费} - \text{由毛地开发成熟地的成本} - \text{管理费用} - \text{销售费用} - \text{投资利息} - \text{销售税费} - \text{开发利润}$$

相对应的成本法公式为：

$$\text{熟地价值} = \text{毛地价值} + \text{毛地取得税费} + \text{由毛地开发成熟地的成本} + \text{管理费用} + \text{销售费用} + \text{投资利息} + \text{销售税费} + \text{开发利润}$$

②适用于将毛地开发成熟地并进行房屋建设的公式：

$$\text{毛地价值} = \text{预期完成的价值} - \text{毛地取得税费} - \text{由毛地建成房屋的成本} - \text{管理费用} - \text{销售费用} - \text{投资利息} - \text{销售税费} - \text{开发利润}$$

相对应的成本法公式为：

$$\text{房地价值} = \text{毛地价值} + \text{毛地取得税费} + \text{由毛地建成房屋的成本} + \text{管理费用} + \text{销售费用} + \text{投资利息} + \text{销售税费} + \text{开发利润}$$

(3) 求熟地（或净地）价值的公式（适用于在熟地或净地上进行房屋建设）。

$$\text{熟地价值} = \text{预期完成价值} - \text{熟地取得税费} - \text{由熟地建成房屋的成本} - \text{管理费用} - \text{销售费用} - \text{投资利息} - \text{销售税费} - \text{开发利润}$$

相对应的成本法公式为：

$$\text{房地价值} = \text{熟地价值} + \text{熟地取得税费} + \text{由熟地建成房屋的成本} + \text{管理费用} + \text{销售费用} + \text{投资利息} + \text{销售税费} + \text{开发利润}$$

4. 求在建工程价值的公式（适用于将在建工程续建成房屋）

$$\text{在建工程价值} = \text{续建完成的价值} - \text{在建工程取得税费} - \text{续建成本} - \text{管理费用} - \text{销售费用} - \text{投资利息} - \text{销售税费} - \text{续建利润}$$

相对应的成本法公式为：

$$房地价值 = 在建工程价值 + 在建工程取得税费 + 续建成本 + 管理费用 + 销售费用 + 投资利息 + 销售税费 + 续建利润$$

5. 求旧房价值的公式（适用于将旧房更新改造或改变用途成新房）

$$旧房价值 = 更新改造后的价值 - 旧房取得税费 - 更新改造成本 - 管理费用 - 销售费用 - 投资利息 - 销售税费 - 更新改造利润$$

相对应的成本法公式为：

$$新房价值 = 旧房价值 + 旧房取得税费 + 更新改造成本 + 管理费用 + 销售费用 + 投资利息 + 销售税费 + 更新改造利润$$

第二节　土地补偿与评估方法

一、国有土地使用权

企业经营场地多为国有土地，企业取得国有土地使用权的方式主要有以下三种，不同的土地补偿及评估方法有所不同。

（一）以划拨方式取得国有土地使用权

国有土地使用权划拨是指县级以上人民政府依法批准，在特定条件下将国有土地的使用权无偿或在土地使用者缴纳安置补偿等费用后，交付给土地使用者使用的行为。其核心特点在于，划拨土地使用权不需要使用者直接出资购买，而是经过国家批准后，可以无年限限制地使用国有土地。然而，当城市建设发展需要或城市规划要求变更时，对于以划拨方式取得的国有土地使用权，有的地方政府会选择无偿收回，这种做法有待商榷。

2019年5月31日公布实施的《划拨国有建设用地使用权地价评估指导意见（试行）》，对划拨国有建设用地使用权的价值评估作出了专门规定。评估方法有成本逼近法、市场比较法、公示地价系数修正法、收益还原法、剩余法。划拨地价评估，应至少选用以上评估方法中的两种。除遵循《城镇土地估价规程》一般规定外，各方法还可按以下要点评估：

1. 成本逼近法

（1）采用成本逼近法评估划拨地价，应选用客观的土地取得及开发成本数据，包括土地取得费、土地开发费、税费、利息、利润等分项。

（2）合理确定土地取得费。结合估价对象所处区位及周边区域用地结构，分析在估价期日模拟获取估价对象类似用地可能采用的土地取得方式，测算相应土地取得费。

估价对象位于城市建成区外或远郊区域的，以估价对象周边区域平均征收补偿安置费用作为土地取得费。

估价对象位于城市建成区内的，可合理选择估价对象周边区域或类似地区的土地收储、国有土地上房屋征收或集体建设用地拆迁等案例，经期日、区位等修正后，算术平均确定估价对象土地取得费。有存量工业用地收储案例的，可优先选择使用。

2. 市场比较法

（1）运用市场比较法时，应选择与估价对象同类型的比较实例。比较实例主要来源于政府实际划拨供地案例，选择实例时可不考虑供后实际用途。

（2）原则上应在同一供需圈内或类似地区收集不少于三个实例。同一供需圈内可比实例不足时，可适当扩大供需圈范围直至满足条件。原则上应采用三年以内的实例，三年内可选实例不足时，可将选择年限适当扩大直至满足条件，评估时根据市场情况进行期日修正。需要增加比较实例来源时按照先调整范围后调整时间的原则处理。

（3）选择比较实例时应注意因各地供地政策不同造成的价格内涵不同，应保障比较实例能够修正到估价对象同一价格内涵。

3. 公示地价系数修正法

（1）待估宗地所在区域，政府已公布划拨土地使用权基准地价时，可选用基准地价系数修正法评估划拨地价。采用已完成更新但尚未向社会公布的划拨土地使用权基准地价，需经市、县自然资源主管部门书面同意。

（2）在已公布划拨土地使用权标定地价的城市，可运用标定地价系数修正法进行评估。

4. 收益还原法

地方政府对划拨土地收益有处置政策或通过研究测算能够明确收益构成

的，可依据《城镇土地估价规程》运用收益还原法。

5. 剩余法

在《城镇土地估价规程》剩余法思路上衍生技术路线，通过出让土地使用权价格扣减土地增值收益的方法评估划拨地价，可定义为剩余（增值收益扣减）法。

地方已经公布经科学论证的土地增值收益的，可用出让土地使用权价格直接扣减相对应的土地增值收益。

对未公布土地增值收益的地区，估价机构可在满足数理统计要求的前提下，选择案例和技术路线测算土地增值收益。

对于仅在地方政府文件或基准地价中规定出让金缴纳比例的，不宜将其作为经科学论证的土地增值收益，不得直接扣减该比例测算划拨地价。

6. 其他规定

公共管理与公共服务用地、交通运输等用地，在运用上述方法评估划拨地价时，应统筹考虑当地出让案例实际，合理确定划拨地价水平。

（二）以出让方式取得国有土地使用权

以出让方式取得国有土地使用权，是指国家将国有土地使用权在一定年限内出让给土地使用者，土地使用者向国家支付相应的土地使用价款。《土地管理法》第55条第1款规定，以出让等有偿使用方式取得国有土地使用权的建设单位，按照国务院规定的标准和办法，缴纳土地使用权出让金等土地有偿使用费和其他费用后，方可使用土地。土地使用权的出让，可以采取拍卖、招标或者协议的方式。

对于企业以出让方式取得的国有土地使用权，因企业作为土地使用者向国家支付了地价款，在拆迁过程中，对企业场地的土地使用权应当结合其使用年限给予补偿。

由于法律规定模糊，全国各地的拆迁工作中，土地使用权的补偿存在作价不规范与偏低的问题，如将土地使用权的价值统一按亩计算，给予偏低的定价，而将土地上的房屋单独列为重置成新价。此种做法违反了《国有土地征收条例》第17条关于国有土地上被征收房屋价值的补偿的计算方式。合理的做法是将土地与地上房屋总体作价，参照周边同类型房屋的市场价值进行补偿。实践中还有虽将土地补偿与地上房屋计算在一起，但其土地价值存在低于当地的区位价导致房屋补偿总价较低的情况。

(三) 以租赁方式取得国有土地使用权

国有土地租赁是指国家将国有土地出租给使用者使用，由使用者与县级以上人民政府自然资源主管部门签订一定年期的土地租赁合同，并支付租金的行为。根据《土地管理法实施条例》（国务院令第743号）和《关于印发〈规范国有土地租赁若干意见〉的通知》（国土资发〔1999〕222号），国有土地有偿使用的方式包括国有土地租赁方式。承租人在按规定支付土地租金并完成开发建设后，经有关行政主管部门同意，根据租赁合同约定，可将承租土地使用权转租、转让或抵押。也有企业通过租赁其他公司或个人国有土地生产经营。

因租赁的土地使用权并非拆迁企业所有，对拆迁企业来说，不存在土地使用权补偿的问题，但对于到期前已支付的土地租赁费出租方应当结合其剩余租赁期限进行退还。

而对剩余租赁期限的租金与市场客观租金之间的差价损失存在争议，是否有权主张，根据具体情况具体分析。根据《城镇土地估价规程》（GB/T 18508-2014），国有土地的承租土地使用权评估方法与土地租赁权类同，但应注意权能差异对地价的影响。评估国有租赁土地使用权经常采用的评估方法有市场比较法和收益还原法，具体应用中，两种方法也存在一定的差异：

（1）运用市场比较法评估时，应选择相邻地区的类似土地租赁权转让实例，并且在情况修正中特别注意租赁契约的内容、已使用时间和剩余期限、租金调整情况及特别约定对租赁权价格的影响。

（2）运用收益还原法评估时，租赁权的纯收益为市场租金高于合同租金的差额，即盈余租金；在土地还原率取值中，要考虑租赁权的投资风险较出让土地使用权大、收益不确定性高的特点。

二、集体建设用地使用权

（一）企业占用的集体建设用地补偿款归属

1. 集体建设用地分类

1. 根据《土地管理法》第59条和第63条的规定，将集体建设用地分成四类：一是宅基地；二是乡（镇）村公共设施、公益事业用地；三是乡镇企业用地；四是出让的集体经营性建设用地。

企业占用的第一类宅基地用地建设厂房，改变了土地用途，属于违法建筑，宅基地安置补偿款归登记的宅基地使用人所有。

第二类乡（镇）村公共设施、公益事业用地，例如村民活动中心等，所有权和使用权属于集体，土地补偿款归集体所有。

第三类乡镇企业用地比较复杂。《土地管理法》第 63 条规定，农民集体所有的土地的使用权不得出让、转让或者出租用于非农业建设；但是，符合土地利用总体规划并依法取得建设用地的企业，因破产、兼并等情形致使土地使用权依法发生转移的除外。因此，很多企业使用的为乡镇企业破产、兼并、改制后的集体经营性建设用地。关于该土地权属问题实践中比较突出，原因是乡镇企业破产兼并时建设用地使用权并未办理过户。在建设用地使用权未办理过户的情况下怎样认定土地使用权的归属呢？要依据当时的协议来判定，即如果乡镇企业破产兼并时包含了集体建设用地使用权，那土地补偿款归土地使用人所有；如果不包含，土地补偿款归村集体所有。

第四类出让的集体经营性建设用地。2019 年修正的《土地管理法》，对工业、商业等经营用途的集体建设用地入市作出了明确规定，该制度确立至今五年时间了，但集体土地出让的案例并不多。因土地使用权人是通过法定公开出让程序取得的土地使用权，因此这类集体建设用地使用权的补偿款归使用权人所有。

2. 以出租方式取得集体建设用地使用权

企业租赁的集体土地生产经营，因集体土地所有权并非企业所有，因此在遇征收时企业无权获得集体土地的补偿款，但对于租赁期满之前已支付的租金应当结合租赁期限对被征收企业予以返还。

（二）集体建设用地评估中存在的问题

1. 房地产之间缺乏可比性

由于集体建设用地的开发建设缺乏统一规划，即便是相同地区也很少找到同类型的交易房地产，因为产权性质的特殊性，使得买受人的条件有限制，交易市场相对窄小。

2. 集体建设用地使用年限难以确定

国有土地国家都规定了最高的法定使用年限，而集体建设用地的使用大都没有土地使用年限。虽然有些土地所有者和使用者，在用地协议中自己设定了使用年限，但是，这些使用年限不是法律承认的使用年限，所以也就不科学，即便在估价中采用了这些使用年限后得出的价格也不是客观合理的价格。

3. 集体建设用地没有入市，缺乏有效的市场资料

集体建设用地与国有土地不同，国有土地在符合法律程序条件下随时可以进入市场交易，而且交易的频率极高，交易时体现的内容也较丰富，市场上的交易资料相对容易搜集。而集体建设用地缺乏市场交易，较难搜集到可比实例，评估出的价格也极难反映市场的价格水平。

三、土地价值常用评估方法

（一）市场比较法

市场比较法是土地估价最基本的方法，也是经典估价方法之一。判断一块土地的价值，最直接的方式是把它放在市场上去衡量。俗话说，货比三家，也就是这个道理。市场比较法的基本原理是替代原理，采用市场比较法进行土地估价的基本原理可以概括为：根据替代原则，将土地交易实例与估价对象土地的条件差异转换成两者的价格差异，并以土地交易实例的价格为基础修正转化到估价对象土地上的价格。

1. 适用市场比较法估价的土地类型

第一，未开发或已经完成一级开发，可以买卖的土地。这类土地没有太多的地上物，如农地、适合建设住宅和厂房的土地等，其条件简单，用途及使用条件调整空间较大，市场限制少，吸引力较强，市场案例较多。一是用于居住小区建设，往往由开发商统一开发和建设，规模较大，很少有被切割成小块土地进行转让的单一土地案例。二是用于工业开发，一般离主要城区有一定的距离。工业开发区的土地一般也是统一开发，但与居住用地不一样的是，工业开发用地大多是由政府组织，并在开发完成后分块出售，所以交易实例也就相对多一些。工业用地开发程度相对较低，地块与地块之间的差异往往很小，所以可比性较好。三是城市内拆迁改造的土地，如果有相当数量的交易实例就可以采用市场比较法估价。但实际上城市中这类改造项目并不多，特别是中小城市，可以用于比较的案例更少，所以从这一点看拆迁改造的土地不是特别适合市场比较法评估。

第二，可以单独买卖带有建筑物的土地，如别墅、小型独栋住宅、写字楼、商场等用地。

第三，标准化的带有地上物的小型企业用地，如加油站、小型连锁商场、

餐饮、维修站等用地。这类小企业交易频繁,转让的情况经常发生,所以交易实例较多。

2. 市场比较法的使用限制

运用市场比较法评估土地价格时有以下几个方面的限制:

第一,当市场不活跃、土地交易数量不足时,市场比较法的应用将受到限制。比如,一些特殊交易目的土地,由于在一定的市场中可能没有相同目的交易,也就不存在可比较的案例,无法采用市场比较法。

第二,政策的异常变化会影响市场比较法的可靠性。如近期土地经营财务成本、税收及土地利用政策、公共设施开发等发生较大变化,而近期没有反映这些因素变化的土地交易实例,如果使用较早的土地交易实例,将很难找到作为修正依据的可靠市场资料。

第三,强劲的通货膨胀或经济衰退,也可能影响市场比较法的可靠性。在强劲的通货膨胀或经济衰退中,土地市场价格可能会大起大落。今天取得的交易实例,明天可能因市场价值大幅上涨或下跌而不具有比较的可操作性,在这种状况下,土地的真实价值很难把握,市场比较法是不适用的。

第四,规模较大、土地利用情况复杂的土地,可能影响市场比较法的可靠性。越是大宗的土地交易,买卖双方的决策因素和条件会越复杂,可比的条件要求也会越苛刻。而大宗土地的增值潜力和变化空间又是很大的。另外,大宗土地的价值往往是各种不同要素综合影响的结果,可能包含其他的价值。这些复杂的情况在土地交易价格中不会直接表现出来,估价师难以得知土地交易双方决策的充分信息并客观准确地估价。

3. 市场比较法基本算式

估价对象地价=比较实例价格×情况修正系数×期日修正系数×区域修正系数×个别修正系数×相关修正系数

4. 市场比较法估价程序

(1) 收集宗地交易实例。交易实例,是指在与估价对象土地类似的土地中选定的、用作比较对象的、条件相似的实际交易地块。

(2) 确定比较实例。比较实例是基础,所以,市场比较法估价首要的任务是,以估价对象的条件、估价目的和要求为依据,从众多的市场交易实例中选择符合条件的交易实例。确定比较实例要求根据规范最少确定三个比较实例，比较实例与估价对象的评估基准日一般在 2 年以内，如果市场比较稳定，最长不超过 3 年。

（3）建立价格可比基础。

（4）交易情况修正。交易情况修正是为了排除土地交易行为中由一些特殊动机和因素所造成的加价或者减价，其实质是把估价对象与交易实例放在同一交易目的和交易环境中进行价格比较。

（5）估价期日修正。交易期日，是指交易实例实际交易时价格所对应的日期。期日修正是为了排除因为市场波动带来的价格差异，其实质是把估价对象与案例放在同一交易时间点中进行价格比较。

（6）区域因素修正。区域因素，是指估价对象土地所在区域的自然条件、社会、经济、行政、文化等因素共同形成的，能够对土地价格水平产生影响的地区性特征，包括地区的繁华程度、交通状况、基础设施状况、区域环境条件、城市规划、土地使用限制、区域产业集聚程度等。区域因素修正是排除土地所在区域条件和环境不同所带来的价格差异，其实质是把估价对象与案例放在同一位置进行价格比较。

（7）个别因素修正。个别因素，是指能够对土地价格具有影响作用的，土地自身的一些特性，也称宗地条件，包括规划用途、容积率、限高、宽度、污染情况、基础设施等。

（8）土地使用年期修正。土地使用年期是指土地使用权剩余合法使用期限，如待估宗地的使用权期限与比较实例宗地的使用权期限不同，在运用市场比较法时需要进行土地使用年期修正。修正是将各比较实例的不同使用年期修正到待估宗地使用年期，消除因土地使用年期不同而对价格带来的影响。

（二）成本逼近法

从成本的角度看，土地价值由土地的各项成本共同作用形成。成本逼近法的基本原理是贡献原则。使用成本逼近法估价的主要原因是，估价对象的成本构成比较接近市场价值，使用成本逼近法不会给估价结果带来太大的偏差。如果估价对象成本偏离市场价值很远，即使没有充足的市场资料，成本逼近法也不一定就适用。另外一点是估价目的十分重要，是选择和决定估价方法的关键，比如抵押、担保等估价目的就很适合采用成本逼近法。使用成本逼近法还有一个基本前提，就是估价对象土地的取得方式、开发方式和利用方式必须与周边情况具有相似性，并能够找到相关资料。

1. 成本逼近法适用范围

成本逼近法适用范围大致可以分为两种情况：一是对新开发土地的估价；二是对于市场不发育、土地成交实例不多的情况，特别是那些没有收益的学校、公园以及公共建筑、公益设施等具有特殊用途土地的估价。当然，已有的建设用地改良也可以使用成本逼近法。成本逼近法的应用并不是一成不变的，要根据具体情况确定。

具体来说，下列类型的土地比较适合采用成本逼近法估价。

（1）新征用并开发完成的土地。新征用并开发完成的土地一般分布在城市边缘地带，比如城市周边的工业用地、居住用地，都属于这一类型。这类土地的使用方向已经非常明确，一般情况下不是为了交易。更重要的是，这类土地由于分布在城市周边，土地市场波动不是太大，市场价值相对稳定，当土地开发完成后，其成本比较接近市场价值，所以适用成本逼近法估价。另外，这类土地交易的市场案例不多，而征地及开发的案例较多，而且所有成本都是新近发生的，具有很强的现实性，为成本逼近法的使用提供了条件。

（2）新征用但没有进行开发的土地。新征用但没有进行开发的土地存在较大的风险，比如政府是否收回，规划条件是否改变，财产和产权是否有纠纷等，不确定因素较多，市场价值的稳定性较差，应该按照保守的估计，采用成本估算比较合理。另外，这类土地可能征用后会被较长时间搁置，不能及时开发，一般情况下属于市场竞争性不好的土地，对市场不是很敏感，即使采用市场比较法或其他方法进行估价，估价师也很难找到其真实的市场价值。

（3）计划征用的土地。可能由于可行性研究和策划的需要，必须对计划征用的土地进行预估，提出一个参考价。一般情况下，这种目的的估价需要从成本出发，采取比较稳健的评价态度，因为未来的情况很难预测，土地的利用也都处于假设之中，所以对市场风险有一个比较高的指标估计。这种情况下，用成本逼近法进行估价至少能够找到一个价值的底线。

（4）农地。包括林地、草地等非建设用地，由于用途的限定和市场的管制，以及大部分农地都远离城市，其市场竞争程度都不会太大，市场价值的波动性很小，成本与市场价值差距较小，加之市场交易案例少，所以，运用成本逼近法，以成本为基础进行估价比较能够把握土地的市场价值。

（5）基础设施使用的土地。基础设施用地，比如道路、广场、绿化用地、水面用地、机场、车站等，无论是位于城市中还是城市外，一般都由政府建设和管理，其产权不会归企业所有。虽然有些基础设施可能有企业投资的情况，但是总体上这类用地的流通性是比较低的，因而也缺乏市场竞争力，其价值很难通过市场信息判断。基础设施的估价目的一般是为资产核算、融资、补偿、政府预算等提供价值参考，对价值判断的态度以保守为主，因此采用成本逼近法确定价值较为合适。

（6）公共建筑的土地。和基础设施用地一样，公共建筑土地，如学校、图书馆、医院、博物馆、政府行政及事业办公楼等，也都是缺乏市场竞争的，很难找到与其相当的市场价值案例。这类土地估价的目的也多涉及资产核算、补偿、财政预算等，所以采用成本逼近法估价比较合适。当然，这些公共设施也有可能被出让，比如，一些政府将老的办公楼出让，然后另外购置。这种情况下，土地已经改变了公共设施的性质，其使用及流动限制已经被取消，所以可以参照完全市场价格进行评估。

（7）远离城市的建设用地。一些单独选址的建设用地，或者是独立的建设用地，比如工矿用地、电厂用地、农产品和畜牧加工企业用地、农村加油站用地等，虽然在使用和流通上完全市场化，但是，周边没有任何可以参照的市场信息，实质上也没有市场竞争，价值难以通过市场判断。这些土地如果以成本为基础进行估价不会有太大的偏离，使用成本逼近法比较合适。另外，一些大的工矿用地，比如油田，可能有非常多的土地，但是由于基本上同属于一个企业，其市场竞争性也很差，运用成本逼近法估价仍然是比较好的选择。

（8）拆迁的土地。成本逼近法并不是只能解决缺乏市场竞争的土地估价，如果对市场掌握得好，市场竞争很强的土地也能够适用其估价，比如拆迁的土地。事实上这是成本逼近法运用的扩展，对此曾经有一些争议，认为拆迁的土地不太适用成本逼近法估价。确实有一些估价案例采用成本逼近法后发现结果偏离客观价值很多，但这些并不是方法适用本身的问题，而是运用过程中一些关键参数和指标的把握有问题。比如对成本的界定过宽或窄，则会引起估价结果的偏高。不过经过近几年大规模的城市改造之后，现在拆迁的案例越来越少见，拆迁成本及参数也就越来越难以寻找，估价有一定的难度。

(9) 购买的成熟建设用地。成本逼近法对购买的成熟建设用地估价也是适用的，不过这里的成熟建设用地指的是二手建设用地，没有直接的现实征地成本。这类土地如果在郊区或者是其他市场不发达的地区，也可以采用成本逼近法进行估价。但是这里的成本与征用农地中的成本是不一样的，需要估价师特别注意。

2. 成本逼近法公式

$$P = A + B + T + R_1 + R_2 + R_3$$

公式中：P 为土地价格；A 为土地取得费，指征用农地或者购买土地的费用，包括土地补偿和人员安置补偿及相关税费；B 为土地开发费，指为使土地达到能够使用状况的改良投入，比如平整费用、道路修建费用、水电费用等；T 为土地税费，是指征地中发生的相关税费，比如耕地占用税、菜田基金等，各地有所不同；R_1 为利息，指土地取得费及土地开发费投入资金按照利息率计算的利息，是一种机会利息，或者是利息损失，开发商或土地购买者并不需要另外支付；R_2 为利润，指以土地取得费及土地开发费的投入资金量为基础，按照土地开发市场平均收益率计算的利润；R_3 为土地增值收益，指集体土地转变为国有土地所产生的土地增值，以土地成本价格为基础计算。

价格构成要素的含义如下：

(1) 土地取得成本。是指土地开发商或者土地使用者为获得某种土地权利所支付的代价。在农用地征用中，土地取得成本指政府从农民集体征收土地所有权时支付的土地补偿费、人员安置补助费、地上附着物和青苗补偿费。在土地拆迁过程中，土地取得成本指政府为收回国有土地使用权支付给被拆迁人土地使用权补偿、房屋拆迁补偿安置费用（房屋建筑物市场价值、装修费用、搬迁补助费、安置补助费）、停产停业补偿费以及其他相关费用。

(2) 土地开发成本。是指为提高土地使用能力，改善周边环境所投入的相关费用，包括修建道路、供水、供电、排水、供气、供暖、通信等配套设施、土地平整等方面所投入的人力、物力和财力等成本。

(3) 土地开发程度。是指土地基础设施建设和开发的状况，一般根据道路、供电、供水、通信、排水、通气、供暖的配套情况和场地是否平整等进行衡量，比如通常所说的"三通一平""五通一平"或"七通一平"等。

(4) 土地开发相关税费。指土地取得和土地开发过程中必须支付的税收和费用，不同的土地取得方式下税费有所不同。农用地转用征收方式下政府征收的税费包括耕地占用税、耕地开垦税、新菜地开发建设基金、土地管理费等。拆迁方式下政府征收的税费包括房屋拆迁管理费、房屋拆迁服务费、房屋拆迁估价服务费以及政府规定的其他费用。

(5) 土地开发利润。是以开发商土地开发过程中所获得的资本收入（投入的土地取得成本、开发成本，以及相关的税费和财务利息为基础，按照一定的投资利润率所计算的资本收益）。

(6) 土地增值。是由于土地权属性质转变、流转限制解除、用途的改变，以及进一步开发后所发生的价值增加额，在数值上，土地增值等于土地开发后的市场价值与土地成本价值的差。

3. 成本逼近法评估地价程序

成本逼近法评估地价的程序可分为以下几个步骤：（1）调查并计算土地取得费用。（2）调查并计算土地开发费用。（3）调查并计算税费。（4）计算资金利息。（5）计算投资利润。（6）确定土地增值收益。（7）计算土地价格并修正。（8）计算建筑物及地上物价值。

（三）剩余法

剩余法也是土地估价基本方法之一。剩余法是基于土地价值剩余原理产生的估价方法，根据这一原理一般认为，土地经过建筑开发形成不动产及价值，如果需要确定不动产中土地所分摊的价值量，可以在不动产总的价值量中扣除建筑开发费用得到。一般而言，建筑开发费用包括建筑成本、成本利息、开发利润以及相关税费等。

1. 剩余法基本公式

根据剩余法原理，剩余法的基本计算式为：

$$V = A - B - C - D - E$$

式中：V 为购置开发场地的价格；A 为总开发价值或开发完成后的不动产资本价值；B 为建筑物开发成本；C 为不动产开发成本利息；D 为不动产开发相关税费；E 为本动产开发利润。

如果土地已有建筑物，基本计算式为：

$$V = A - B$$

式中：V 为购置开发场地的价格；A 为总开发价值或开发完成后的不动产资本价值；B 为建筑物价值。

价格构成要素含义如下：

（1）不动产价值。指土地及其改良物一体的市场价值，在剩余法中主要是指土地和建筑物一体的价值。但是，不动产价值不能简单地理解为土地价值与地上建筑物价值之和，而是两者共同发挥作用带来收益所产生的价值。不动产价值是剩余法计算土地价值的基础。

（2）建筑物现值。是指在估价时点或观测时点建筑物所具有的市场价值。在剩余法中，如果一个刚刚开发完成的全新建筑物，理论上其现值应该为截至同一时点该建筑物的开发成本、利息、利润及相关费用之和。

（3）建筑物开发成本。主要是指用于完成建筑物所支出的直接费用，基本包括购买建材的费用、人工费用、设备使用费用、专业设计与勘测费用、相关管理费用等。

（4）建筑物开发利润。一般把建筑物开发看成一个生产过程，所以，在这一过程中所投入的资金也会产生利润，这就是建筑物开发利润。值得注意的是，不能够将土地开发过程中成本产生的利润计入建筑物开发利润之中。

（5）建筑周期。是指正常条件下完成建筑物开发全过程所花费的时间。在剩余法中，这一时间指的是一个应该的、标准的时间，并不是某个建筑物开发的实际耗费时间。建筑周期一般以年为单位量度。

2. 剩余法的应用范围

采用剩余法估价的一个基本要求是，包括土地在内的不动产的市场价值能够被确定并符合市场水平。所以，剩余法适合一般性的、常见用途的和市场流通性较好的建设用地的估价，比如待开发土地的估价，或者是已有建筑物但需要对土地单独估价的情况等。具体来说，包括下面几种情况：

（1）具有明确规划条件的待开发土地。在国土空间规划或城乡规划中，已经完成了详细规划的土地，各项建设指标已基本确定，比如用途、建筑密度、建筑容积率、建筑物布局等。虽然没有建筑物实体，但土地上的虚拟建筑物已经形成，估价师可以通过预测未来建成后的不动产价值来估算土地价值。比如，开发商在一个房地产项目决策前需要估算最高可承受的土地成本，就可以根据预期的不动产价值扣除相关建设成本得到,既方便直观,也能够与未来的开发模式很好地匹配和对应,这就是剩余法的运用。政府在进行土地成片开发时,为了更好地控制开发成本和合理确定开发所带来的土地收益等,也会使用剩余法来测算土地价格,包括出让底价、最高预期价格和最可能预期价格等。

(2)没有明确规划条件的待开发土地。如果一块土地,规划条件不明确,判断其价值可以根据周边的土地利用情况、市场情况,以及有关规划的基本方向判断其最佳利用条件,也可以按照最一般的情况,假定为土地的最佳利用条件并模拟不动产开发,根据上面的方法测算土地价值。当然,这样的土地估价结果不能用于鉴证性评估项目,一般在项目可行性分析和论证中,或者非正式估价中使用。比如,要对一块处于较成熟区域的土地进行估价,没有具体规划条件,可以充分分析周边土地的利用情况,确定其最佳利用条件,采用剩余法估价。

(3)具有建筑物但不能够正常使用,需要更新改造的土地。如果是将旧建筑物拆除后重新开发建设,规划条件明确,则与前述第一种情况类似。在评估时,估价师可以假定建筑物已经不能够产生价值,也不能够限制土地的使用,所面对的相当于一块空地。比如,一栋办公楼,由于结构老化,虽然仍在使用,但是不能带来土地的最佳收益。在这样的状况下,如果按照现状利用条件进行估价,很显然会忽视土地的潜在价值。为了充分体现土地的潜在价值,可采用剩余法估价。即以土地的最有效利用为假定前提,预测更新改造后的不动产市场价格,从而估算出最有效利用条件下的土地市场价值。

(4)具有建筑物且处于有效利用状态下的土地。严格意义上,具有建筑物的土地一般不适合将土地和建筑物分开估价。前文已论及,由于单纯的建筑物(指假定与土地分离的建筑物)没有独立的市场价值,将土地价值与建筑物价值人为分开本身会有很多不确定因素,很难对土地价值进行准确的判断。所以,在这种情况下,如果使用剩余法必须有一个基本的前提,就是所估土地价值具有被看作一个独立的市场价值的必要和假定。比如说,为满足记账的需求,将土地作为一种独立资产,可以对土地进行单独估价。或者由于土地使用权人和建筑物所有者不属于同一主体,如果需要以土地使用权进行投资,在征得建筑物所有者的同意后,可以进行单独的土地估价。

3. 剩余法评估待开发或再开发土地价格的基本程序

①调查待估宗地的基本情况。②确定最有效利用方式及相关指标。③估计开发建设周期和投资进度安排。④测算开发完成后的不动产价值或土地价值。⑤估算开发成本及合理利润。⑥测算土地价格。

4. 剩余法评估现有不动产中所含土地价格的基本程序

①调查待估不动产的基本情况。②测算不动产交易价格。③测算建筑物现值。④测算交易税费。⑤测算待估土地价格。

(四) 基准地价系数修正法

基准地价是对市场具有指导性的地价标准,我国法律规定基准地价由政府发布,并且每隔一段时间需要更新。基准地价系数修正法,是通过比较估价对象与所在级别或区段土地的区位及个别条件,以级别或区段平均地价为基础,修正确定宗地价格的估价方法。

1. 基准地价系数修正法的计算公式

$$P = P_{16} \times (1 \pm \sum k_i) \times K_j + D$$

式中:P 为宗地价格;P_{16} 为某一用途、某级别(均质区域)的基准地价;$\sum k_i$ 为宗地地价修正系数;K_j 为估价期日、容积率、土地使用年期等其他修正系数;D 为土地开发程度修正值。

2. 基准地价估价的适用范围

基准地价并不十分适合用来估算宗地价格,特别是涉及市场交易的估价目的。但是,这并不意味着它完全不能用于估价,比如,在下面一些情况或者估价目的下,应用基准地价对宗地估价就是较好的选择。

(1) 适宜市场不发达情况下的宗地估价。这些地区市场活跃程度较低,使用基准地价进行估价不会出现太大的偏差。比如,城市的边沿地区、新的开发区,或者是一些正处于衰败期的老城区,以及需要改造的棚户区等,都有可能是市场不发达区域,如果有基准地价,对于宗地估价来说,也是一个好的选择。而且,在这些区域,基准地价可能比其他地价信息更加客观和可靠。

(2) 适宜税收、抵押等保守性宗地估价目的。保守原则要求尽量排除市场特别活跃和特别低迷时期的地价特征,比如税收,一般是针对一个时间周期征收，如果计税期地价正好处于最高点，按此计税显然会使纳税人的税收负担增加，因此需要对土地价格进行处理，排除这些最高值，使其具有均值性。基准地价的最大特点就是中庸和平均，这正好与保守原则相匹配。

（3）适合批量评估。由于基准地价是区片的，所以，凡是在同一级别范围之内的宗地，都可以采用该级别基准地价估价，也就是可以同时采用相同的方式和价值基础，实现多宗土地同时估价，是快速评估多宗土地价格的最有效手段。比如，一个新的开发区在完成一级开发后，按照规划分割成多宗土地，这些土地可能价值水平相近，状况也差不多，为满足招商引资的需要，必须尽快确定每块土地的价格。这个时候，如果以基准地价为基础，再适当考虑各地块的具体条件进行修正，便能够快速完成任务。税收估价中其实也存在批量估价的问题，特别是不动产税，一般是逐块征收的，又要确保同一区域各地块的差异不能太大，使用基准地价估价就能很好地解决这些问题。

（4）适合作为一些政策性地价标准制订的依据，比如工业用地出让最低限价、土地出让底价、限价房中的最高限地价、补交地价、征购地价等，都适合采用基准地价作为依据，这不仅仅因为基准地价的中庸性，还因为基准地价是政府公布的，具有公信力，能够使人信服。

3. 基准地价估价的使用限制

（1）没有公布基准地价的地区或者区域不适合使用基准地价估价。一般情况下，基准地价适用于具有基准地价的城镇中的土地估价，经常会遇到这样的情况，比如城市的边缘地区，正好在基准地价覆盖区域之外，一些估价师会直接使用相邻区域的基准地价。这样的做法其实不妥，因为基准地价及其影响因素具有严格的区域对应性，如果离开了所在区域，会有很多影响地价的不确定因素，很难简单认定它们的地价水平具有一致性。

（2）过期的基准地价不适合使用基准地价估价。基准地价具有时效性，法定期限是2年至3年，每个城市在测算时会有具体的规定，如果超过规定的年期，基准地价与市场情况差异可能很大，会失去客观性。即使是变化不大，也不适合使用，因为过期的基准地价不具有法定效力。

（3）修正体系不全或者没有的情况下不适宜使用基准地价估价。修正系数是在分析基准地价所在区域每一块土地条件的基础上形成的，实际上它建立的是区域内基准地价与每一块土地之间的关系，所以，如果没有修正体系，估价师是不能够确认估价对象土地条件与基准地价之间的正确关系的，那么在这种情况下要依据基准地价准确地判断宗地的价格也是不可能的。

4. 估价程序

应用基准地价系数修正法估价的基本程序如下：①收集有关基准地价资料。②确定待估宗地所处土地级别（均质区域）的基准地价。③分析待估宗地的地价影响因素。④编制待估宗地地价影响因素条件说明表。⑤依据宗地地价影响因素指标说明表和基准地价修正体系，确定待估宗地地价修正系数。⑥进行估价期日、容积率、土地使用年期等其他因素修正。⑦测算待估宗地价格。

第三节 装饰装修补偿与评估方法

《国有土地上房屋征收评估办法》第 14 条第 2 款规定，被征收房屋室内装饰装修价值，机器设备、物资等搬迁费用，以及停产停业损失等补偿，由征收当事人协商确定；协商不成的，可以委托房地产价格评估机构通过评估确定。因此，装饰装修损失是法定的补偿项目。

一、评估方法的选择

根据《房地产估价规范》的规定，对房地产的估价方法一般选择比较法、收益法、成本法等。而在房屋装饰装修评估过程中，可分别对以下几种方法的适用性进行分析：

（一）比较法

比较法是选取一定数量的可比实例，将它们与估价对象进行比较，根据其各因素的差异对可比实例的成交价格进行处理后得到估价对象价值或价格的方法。在装修评估中，估价对象的装饰装修往往是根据业主的经济状况、习惯偏好等呈现出多种类型的装修风格，个性化较强。难以收集与估价对象类似的可比实例，且在个别因素修正时往往难以找到一个可供量化的标准，难以确定修正的幅度。

（二）收益法

收益法是预测估价对象未来的收益，利用报酬率或资本化率、收益乘数将未来收益转化为价值得到估价对象价值或价格的方法。一般情况下，一套商品房完成装饰装修后可以给出租方带来收益，那么房屋的装饰装修工程价值可以用收益现值化来衡量。而根据装饰装修材料的耐用年限，远远低于房地产建筑物的使用年限，且装饰装修工程带来的收益价值呈日渐递减趋势，与房屋租金的涨幅相背离，在收益法测算中往往难以单独剥离出装修部分的价值。

（三）成本法

成本法是测算估价对象在价值时点的重置成本或重建成本和折旧，将重置成本或重建成本减去折旧得到估价对象价值或价格的方法。在房屋装饰装修评估中，直接按照装饰装修工程量来计算材料的成本费用，再减去折旧等费用，以此估算估价对象合理的价值或价格。

综合以上分析，成本法能够较客观反映出房屋装修价值，通过细分装修工程量，计算主材料、辅料、人工费等成本及管理费、利润、税金等费用得到估价对象于价值时点的价值。

在房屋装饰装修评估业务中，较多地采用成本法进行评估价值。在分析成本法测算过程中主要考虑：①需要清楚的是评估范围；②了解委托方的实际需求；③确定待估房屋装饰装修工程量；④对装饰装修材料细分定价得出客观合理的评估价值。

二、确定评估范围

在评估过程中，一般按照建筑装饰的部位分类来确定评估内容，根据建筑物的不同装饰部位，分为室外装饰和室内装饰两类。

室外：外墙装饰材料：外墙、阳台等建筑物全部外露的外部装饰所用的材料。

室内：①吊顶材料：铝扣板、石膏板、铝方通等；②内墙材料：墙面挂网批荡、乳胶漆、壁纸等；③地面材料：地砖、木板、地毯等装饰材料；④隔断材料：不锈钢钢化玻璃隔断、轻钢龙骨石膏板隔断、移动隔断等；⑤室内装饰用品及配套设备：装饰灯具、空调设备、卫生洁具等；⑥电气设备材料：变配电系统、照明系统、监控系统、灯具及相关管线等；⑦给排水：给水系统、污水排水系统、卫生洁具及相关管线等；⑧消防：消防栓系统、烟感喷淋系统及相关管线等。

三、装饰装修工程计价方式

房屋装饰装修工程属于建筑工程中单位工程的一项。工程计价的方法适用于房屋装修工程材料成本的统计与计算。工程造价计价分为定额计价和工程量清单计价两种方法。

（一）定额计价

是指工程造价中材料为定额的直接费、间接费、税费及利润的计价形式。定额计价是依据政府部门公布的各种工程预算定额来计算工程造价。在实际评估业务中，随着装修水平的提高和材料的选择多样化，定额计价的方式往往不能真实反映材料的价格，并难以根据估价对象的实际情况进行修正调节。因此，若要准确反映装修材料成本，还需制定相关的工程量、成本标准，便可以得到不同建筑结构和装饰层次类别的重置成本公式。

（二）工程量清单计价

是在统一的工程量计算规则的基础上，根据具体工程的施工图纸计算出各个清单项目的工程量，再根据所获得的工程造价信息和经验数据计算得到工程造价。工程量清单由分部分项工程量清单、措施项目清单、其他项目清单、规费项目清单、税金项目清单组成，工程量清单计价方法以综合单价为基础，即包括材料费、人工费、机械使用费、管理费、利润。

工程量清单计价是将各种原材料分部分项的单个计算，能够直接反映原材料的成本，但一般会加大工作量。在接触到的装修评估业务中，若估价委托人未提供关于待评估房屋室内装饰材料的清单，则计算材料数量一般采用工料测量法，即通过估价师实地测量得到评估范围内的各装饰材料的数量或面积（如隔断墙的面积、铺设地砖的数量等）。若估价委托人有提供相关的装修材料清单，则可以在估价委托人的带领下，在现场依次核查清点材料的装修情况，并整理出材料清点表。确定单一材料成本时，可通过相关网站查询材料价格，同时需要估价师自身积累丰富的评估经验，才能够准确判断装饰装修材料的合理成本。

（三）综合考虑人工费、折旧等因素

（1）人工费，即房屋装饰装修过程中产生的人工费用。一般按照当地市场建筑工程人工费用计算。

（2）折旧因素，指房屋装饰装修材料同房地产一样，存在时间及功能的折旧。一般是指根据各类装饰装修材料的磨损消耗而确定装饰装修项目的耐用年限，结合装饰装修材料性质和强度的变化，随着装修材料多样化的更新，原有材料在某些功能上的落后造成价值的损失。

第四节 机器设备损失补偿与评估方法

一、机器设备评估的定义

机器设备评估，是指资产评估机构及其评估人员遵守相关法律法规及资产评估准则的要求，根据委托对在评估基准日特定目的下单独的机器设备，或者作为企业资产组成部分的机器设备价值进行评定、估算，并出具评估报告的专业服务行为。

二、机器设备评估的特点

（1）机器设备类资产一般是企业整体资产的一个组成部分，通常与企业的其他资产如房屋建筑物、土地、流动资产、无形资产等，共同实现某项特定的生产经营目的，一般不具备独立的获利能力。所以在进行机器设备评估时，收益法的使用受到一定的限制，通常采用重置成本法和市场法。

（2）机器设备的存在形式，可以是独立实现某种功能的单台设备，也可以是由若干机器设备组成的有机整体，如一条生产线、一个生产车间、一个工厂等。评估应注意资产之间的有机联系对价值的影响，整体的价值不仅仅是单台设备的简单相加。

（3）资产按其可移动性可分为动产和不动产。对于设备，一部分属于动产，不需安装，可以移动使用；一部分属于不动产或介于动产与不动产之间的固置物，需要永久地或在一段时间内以某种方式安装在土地或建筑物上，移动这些资产可能导致机器设备的部分损失或完全失效。

（4）设备的贬值因素比较复杂，除实体性贬值外，往往还存在功能性贬值和经济性贬值。科学技术的发展，国家有关的能源政策、环保政策等，都可能对设备的评估价值产生影响。

三、机器设备损失的评估方法

(一) 重置成本法

1. 重置成本法含义及公式

重置成本法,是指通过估算机器设备的重置成本,然后扣减其在使用过程中的自然磨损、技术进步或外部经济环境等导致的各种贬值,即设备的实体性贬值、功能性贬值、经济性贬值,估算机器设备评估值的方法。

用公式表示为:

$$P = RC - D_P - D_F - D_E$$

式中:P 为评估值;RC 为重置成本;D_P 为实体性贬值;D_F 为功能性贬值;D_E 为经济性贬值。

2. 复原重置成本与更新重置成本

复原重置成本,一般用于评估机器设备的制造工艺、材料等与原来完全相同的情况,评估时设备重置成本的变化主要是由物价水平变化引起的。在这种情况下,只需要将设备历史成本中的人工费、机械费、材料费调整到目前的价格水平,即复原重置成本。

由于技术进步的原因,设备的制造工艺、材料在不断发展。如有些设备,原来使用的材料已淘汰,目前的市场无法得到这些材料;有些设备尽管可以进行复原重置,但是其成本要高于更新重置成本,而性能却低于更新重置方式建造的设备。在这种情况下,复原重置是没有意义的,一般使用更新重置成本。

在已发生技术进步的情况下,复原重置的方式是没有意义的。因为以更新重置的方式建造的设备(厂房),可以得到成本更低、性能更高的产品。

3. 重置成本的估算

(1) 重置成本的基本构成。机器设备的重置成本包括购置或购建设备所发生的必要的、合理的直接成本、间接成本和因资金占用所发生的资金成本。包括以下内容:

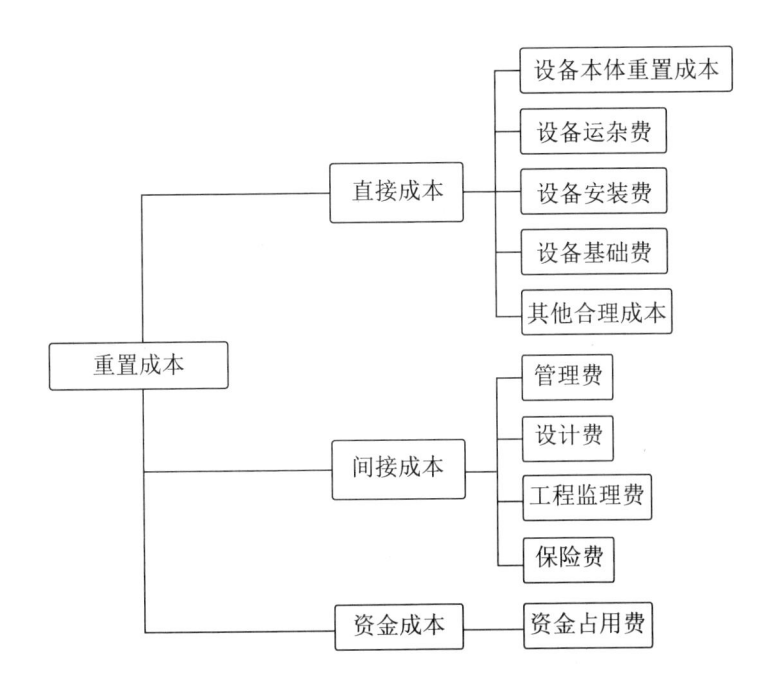

```
                    ┌─ 设备本体重置成本
                    ├─ 设备运杂费
         ┌─ 直接成本 ─┼─ 设备安装费
         │          ├─ 设备基础费
         │          └─ 其他合理成本
         │
重置成本 ─┤          ┌─ 管理费
         │          ├─ 设计费
         ├─ 间接成本 ─┼─ 工程监理费
         │          └─ 保险费
         │
         └─ 资金成本 ─── 资金占用费
```

（2）设备本体重置成本。不包括运输、安装等费用。计算方法有市场途径询价法、物价指数调整法、重置核算法、综合估价法、重量估价法、类比法/指数估价法六种。

（3）运杂费。

第一，国产设备运杂费：是指从生产厂家到安装使用地点所发生的装卸、（运输）采购保管保险及其他有关费用。其计算方式有两种：一是根据设备的生产地点、使用地点以及重量、体积、运输方式，并根据相应部门的运费计费标准计算；二是按照设备本体重置成本的一定比率计算。

第二，进口设备的国内运杂费：是指进口设备从出口国运抵我国后，从所到达的港口、车站、机场等地，将设备运至使用目的地所发生的港口费用、装卸费用、运输费用、保管费用、国内运输保险费等有关费用，不包括运输超限设备时发生的特殊措施费。其计算公式为：进口设备国内运杂费=进口设备到岸价×进口设备国内运杂费率。

第三，设备安装费：是指为安装设备而发生的人工费、材料费、机械费及全部取费。设备安装费可以用设备的安装费率计算。

国产设备安装费=设备原价×设备安装费率

进口设备安装费=进口设备到岸×进口设备安装费率

进口设备安装费率一般低于国产设备安装费率。如机械行业建设项目概算指标中规定，进口设备的安装费率可按相同类型国产设备的30%至70%选取。

第四，基础费。设备的基础，是指安装设备而建造的特殊构筑物。设备基础费是指为建造设备基础所发生的人工费、材料费、机械费等。评估实践中，有些特殊设备的基础列入构筑物范围时，应该分清设备的基础费用是否已在房屋建筑物评估值中考虑了，不应重复计算。

国产设备基础费=国产设备原价×国产设备基础费率

进口设备基础费=进口设备到岸价×进口设备基础费率

进口设备基础费率一般低于国产设备基础费率。如机械行业建设项目概算指标中规定，进口设备的基础费率可按相同类型国产设备的30%至70%选取。

第五，进口设备从属费用：包括国外运费、国外运输保险费、关税、消费税、增值税、银行财务费、公司代理手续费、车辆购置税等。

4. 设备贬值的估算

设备贬值，包括实体性贬值、功能性贬值、经济性贬值。

设备在使用过程中和闲置存放过程中所产生的磨损称为有形磨损，有形磨损使得设备的生产能力下降或使用价值降低，由此引起的贬值称为实体性贬值，或物理性贬值。

由无形磨损引起的资产价值减少称为功能性贬值，主要体现在超额投资成本和超额运营成本两方面。第一个方面，由于技术进步，新技术、新材料、新工艺出现，相同功能的新设备的制造成本较过去降低，即超额投资成本，复原重置成本与更新重置成本之差即为第一种功能性贬值。第二个方面，由于新技术发展，新设备在运营费用上低于老设备，即超额运营成本，超额运营成本的折现值称为第二种功能性贬值。

由外部因素引起的贬值称为经济性贬值，外部因素包括：市场竞争加剧、产品需求减少，导致设备开工不足，生产能力相对过剩；原材料、能源涨价，成本提高，国家有关能源、环境等政策调整，导致设备强制报废，设备正常使用寿命缩短等等。

设备的实体性贬值、功能性贬值和经济性贬值三种贬值的情况如下表所示。

设备三种贬值概况				
	类型		原因	
实体性贬值	第Ⅰ种有形磨损	设备使用	设备在使用过程中，零部件受到摩擦、冲击、振动或交变载荷的作用，使得零件或部件产生磨损、疲劳等破坏，其结果是零部件的几何尺寸发生变化，精度降低，疲劳寿命缩短等	这种损耗与工作负荷、工作条件。维修保养状况有关
	第Ⅱ种有形磨损	设备闲置	设备在闲置过程中，由于受自然界中的有害气体、雨水、射线、高温、低温等的侵蚀、老化、生锈、变质等现象	这种损耗与设备闲置和存放的时间、环境、条件有关
功能性贬值	第Ⅰ种功能性贬值	超额投资成本	由于技术进步，新技术、新材料、新工艺出现，相同功能的新设备的制造成本比过去降低。反映为更新重置成本低于复原重置成本。复原重置成本与更新重置成本之间即为超额投资成本，即第Ⅰ种功能性贬值	
	第Ⅱ种功能性贬值	超额运营成本	由于新技术出现，新设备在运营费用上低于老设备。超额运营成本引起的功能性贬值就是设备未来超额运营成本的折现值	分析研究设备的超额运营成本，应考虑下列因素；新设备与老设备相比，生产效率是否提高，维修保养费用是否降低，材料消耗是否降低，能源消耗是否降低，操作工人数量是否降低等

续表

设备三种贬值概况			
经济性贬值	成本增加	运营成本增加的外部因素包括材料成本增加、能源成本增加等。其中，国家对超过排放标准排污的企业征收高额的排污费，设备能耗超过限额的，按超限额浪费的能源两加价收费，导致高污染、高能耗设备运营费用的提高	
	使用寿命缩短	国家有关能源、环境保护等政策调整设备强制报废	
	生产能力过剩	市场竞争加剧、产品需求减少，导致设备开工不足	

（二）市场法

1. 基本概念

市场法是根据目前公开市场上与被评估对象相似的或可比的参照物的价格来确定被评估对象的价格。如果参照物与被评估对象不完全相同，则需要根据评估对象与参照物之间的差异对价值的影响做出调整。

使用市场法的前提条件有：符合公开市场条件；市场有效；评估对象与市场参照物是相似或可比的。

2. 比较因素

比较因素是指可能影响机器设备市场价值的因素，一般来讲，设备的比较因素可分为个别因素、交易因素、时间因素、地域因素四大类。

（1）个别因素。在评估实践中，常用于描述机器设备的指标一般包括：名称、型号规格、生产能力、制造厂家、技术指标、附件、设备的出厂日期、役龄、安装方式、实体状态。这些指标从不同方面反映了设备的"量"与"质"。如型号规格反映设备类别、特征代号、组别、主参数、设计序号、设计变更和变形产品等方面信息。生产厂家在某种意义上反映了设备的制造品质、产品的信誉、售后服务等信息。

（2）交易因素。设备的交易因素是指交易动机、背景等对价格的影响，不同的交易动机和交易背景都会对设备的出售价格产生影响。如清算、快速变现或带有一定优惠条件的出售，其售价往往低于正常的交易价格。另外，交易数量也是影响设备售价的一个重要因素，大批量的购买价格一般要低于单台购买。

（3）时间因素。不同交易时间的市场供求关系、物价水平等都会不同，评估人员选择与评估基准日最接近的交易案例，并对参照物的时间影响因素做出调整。

（4）地域因素。由于不同地区市场供求条件等因素的不同，设备的交易价格也受到影响，评估参照物应尽可能与评估对象在同一地区。如评估对象与参照物存在地区差异，则需要做出调整。在评估实务应用中，比较因素是一个指标体系，它要能够全面反映影响设备价值的因素，不全面的或仅使用个别指标所做出的评估是不合理的。

3. 市场法评估的具体方法

市场法评估的具体方法有直接比较法、相似比较法和比率估价法三种：

（1）直接比较法。直接比较法是根据与评估对象基本相同的市场参照物，通过直接比较来确定评估对象价值的评估方法。例如，评估一辆汽车时，在二手汽车交易市场能够发现与评估对象基本相同的汽车，它们的制造商、型号、年代、附件都相同，只有行驶里程和实体状态方面有些差异。在这种情况下，评估人员一般直接将评估对象与市场上发现的汽车作比较，确定评估对象的价值。由于此时评估对象与市场参照物差异小，使用直接比较法评估相对比较简单，对市场的反应却最为客观，能最准确地反映评估对象的价值。

该方法可用公式表示为：

$$V = V' \pm \Delta i$$

式中：V 为评估值；V' 为参照物的市场价值；Δi 为差异调整。

（2）相似比较法。相似比较法是将与评估对象相似的市场参照物作为评估的基础，通过比较、调整评估对象与市场参照物之间的因素差异确定评估对象价值的评估方法。在难以找到与评估对象基本相同的市场参照物，但存在与评估对象相似的市场参照物时，相似比较法就成为具有操作可行性的评估方法。但对相似性设备间存在差异因素的分析、调整过程，相对于直接比较法而言，显得更为重要。

（3）比率估价法。比率估价法是在市场上无法找到基本相同或相似的参照物时，利用从大量市场交易中统计分析的同类型设备使用年限与售价的关系，确定评估对象价值的评估方法。这种方法基于同类型设备的贬值程度与使用年限之间存在基本相同函数关系的统计规律。但不同类型设备的这种函数关系是不同的，采用比率估价时需要判断相关比率数据是否适合评估对象。

二手设备的交易价格与它的已使用年限相关，通过对大量市场交易数据的统计，可得到不同类型设备的变现系数。评估人员可以用变现系数乘以全新设备的价格得到被评设备的价值。

公式为估值=全新设备的价格×变现系数。

4. 评估步骤

（1）对评估对象进行勘察，获取评估对象的基本资料。

（2）进行市场调查，选取市场参照物。

（3）确定适当的比较因素，进行差异调整。

（4）计算评估值。

（三）收益法

收益法评估机器设备，是通过预测设备的获利能力，对未来带来的净利润或净现金流量按一定的折现率折为现值，作为机器设备的评估价值。使用收益法的前提条件：一是能够确定机器设备的获利能力如净利润或净现金流量；二是能够确定合理的折现率。大部分单项机器设备，一般不具有独立获利能力。因此，单项设备通常不采用收益法评估。对于生产线、成套设备等具有独立获利能力的机器设备可以使用收益法评估。另外，在使用资产基础法评估整体企业价值时，收益法也经常作为一种补充方法，用来判断机器设备是否存在功能性贬值和经济性贬值。

用收益法评估租赁设备，首先，要对租赁市场上类似设备的租金水平进行市场调查，分析市场参照物设备的租金收入，经过比较调整后确定机器设备的预期收益，调整的因素一般包括时间地点、规格和役龄等。其次，根据被评估机器的状况，估计其剩余使用寿命，作为确定收益年限的依据。最后，根据类似设备的租金及市场售价确定折现率，并根据被评估设备的收益年限，运用上述公式计算评估值。

1. 不可移动的机器设备

在拆迁过程中，由于特殊性质或安装环境，存在一类设备因无法进行搬迁而可能面临废弃的情况。对于这类不可搬迁的设备，需要特别关注并合理计算其补偿价值。补偿计算应基于设备的新旧程度以及当前的市场环境,来确定其重置成本价,从而确保设备所有权人得到公平合理的补偿。

首先要评估设备的新旧程度,包括其使用年限、技术状况、维护状况等,以准确判断其剩余价值。其次,结合当前的市场行情和类似设备的重置成本,计算出该设备的重置成本价。最后,以此为依据,向设备所有权人提供相应的补偿,以弥补其因拆迁而导致的设备损失。

这样的补偿计算方法不仅公平合理,而且能够确保设备所有权人的合法权益得到充分保障,同时也为拆迁工作的顺利进行提供了有力支持。

实践中,机器设施设备方面的补偿争议很大,主要有以下几个原因:其一,政府拆迁政策和一般操作规程对此项目是适当补偿,而不是充分补偿;其二,没有相应机构能够进行专业评估,无法出具评估报告;其三,被拆迁的企业无法提供大量详细的损失资料,所以虽然已有拆迁单位委托资产评估机构对此项目进行评估,但评估所得的价值与企业实际损失差距较大,企业的不可移动机器设备无法得到全面的补偿。

2. 可移动机器设备

对于可移动的设备,补偿过程中需考虑搬迁费用。搬迁费用通常按照当地制定的搬迁费标准进行计算,或者根据实际发生的装卸费用、运输费用等具体费用进行计算。这样的补偿方式能够确保企业在搬迁过程中产生的合理费用得到覆盖,从而减轻企业的经济负担。

第五节 搬迁费、临时安置费

《国有土地征收条例》第 17 条规定:因征收房屋造成的搬迁、临时安置的补偿应当给予被征收人。

搬迁费和临时安置费作为法定的补偿事项,一般由征收人制定的拆迁安置方案确定,各地有所不同。如《北京市住房和城乡建设委员会关于国有土地上房屋征收与补偿中有关事项的通知》第 14 点规定,区、县房屋征收部门应当对被征收人或者公房承租人支付搬迁费;由区、县房屋征收部门负责搬迁的,不再支付搬迁费。被征收房屋为住宅的,搬迁费标准为每建筑平方米 40 元;被征收房屋为非住宅的,搬迁费标准为每建筑平方米 50 元。

对于企业而言,搬迁费主要针对企业可移动的机器设备。对于可搬迁的设备，应当遵循继续利用的原则，进行易地搬迁安装，以确保其能够继续投入使用。在设备搬迁安装的过程中，相关费用应当严格按照国家和当地规定的货物运输价格、设备安装价格进行计算，以确保费用的合理性和公正性。

在评估可搬迁设备因拆迁而引起的损失费时，需要将其细分为实物损失费和功能损失费。实物损失费主要包括设备的拆卸费用、运输费用、重新安装费用以及调试费用等，这些费用是直接与设备的物理搬迁过程相关的。

而功能损失费则是指因搬迁过程中可能导致的设备性能下降、机器精度降低或不合格产品增多等间接损失。这些损失可能会对设备的长期运行和企业的生产效率产生影响，因此在计算损失费时也需要给予充分考虑。

为了确保搬迁过程的顺利进行和企业的利益得到保障，建议在搬迁前对设备进行全面的评估和检查，以确定其搬迁的可行性和可能产生的损失。同时，在搬迁过程中应当遵循专业、规范的操作流程，以减少不必要的损失和费用。

第六节　停产停业损失补偿

《国有土地征收条例》第23条规定：对因征收房屋造成停产停业损失的补偿，根据房屋被征收前的效益、停产停业期限等因素确定。具体办法由省、自治区、直辖市制定。

《土地管理法》《土地管理法实施条例》并未作出征收集体土地上的非住宅规定，从全国范围看仅有少数地方政府或人大对非住宅的拆迁以及停产停业损失进行了规定。

以下是一些常见的计算停产停业损失的方法，实践中并不限于这几种方法。

一、按照实际经营面积计算

《北京市国有土地上房屋征收停产停业损失补偿暂行办法》第8条规定，使用住宅房屋从事生产经营活动，按照实际经营面积每平方米给予800元至3000元一次性停产停业损失补偿费。也有的地方补偿标准是每平方米300元至400元，具体的补偿标准按照规定执行。

二、按照企业经营利润计算

对于商铺、企业来说，因拆迁导致不能生产经营所造成的损失，包括利润、租金等。以经营利润来计算停产停业损失是比较常见的方法，这与其在一定期限内的平均利润以及停产停业期限有关。但如何确定平均利润和停产停业期限，各地规定存在差别。例如2019年《马鞍山市集体土地征收补偿安置办法》第30条规定，如果以平均利润为标准，对纳税企业按照征收公告日前一年税后月平均利润，一次性给予3个月停产停业损失补偿。《北京市国有土地上房屋征收停产停业损失补偿暂行办法》第5条确定的停产停业损失补偿评估的计算公式为：停产停业损失补偿费=（用于生产经营的非住宅房屋的月租金+月净利润×修正系数+员工月生活补助）×停产停业补偿期限。其中，月净利润按征收决定发布前12个月的损益表确定。

三、按照房屋评估价值计算

将停产停业损失与房屋评估价值相关联也很常见，地方上通常会规定按照房屋评估价值的一定比例来给予停产停业损失的补偿。如《上海市国有土地上房屋征收与补偿实施细则》第35条规定，停产停业损失的补偿标准，按照被征收房屋市场评估价的10%确定。《铁岭市国有土地上房屋征收与补偿办法》第26条规定，停产停业损失按照被征收房屋评估价格的8%计算补偿。

但是，直接规定一个比例，对企业的实际经营状况却没有给予充分考虑，就可能导致停产停业损失补偿的不合理。因此，在采用此种方法时，应结合企业的经营状况、停产停业期限来加以修正。

有的地区直接规定了停产停业损失不低于被征收房屋价值的一定比例，并根据房屋被征收前的效益、停产停业期限等因素给予补偿。如《浙江省国有土地上房屋征收与补偿条例》第29条规定，停产停业损失补偿的标准不低于被征收房屋价值的5%；《内蒙古自治区国有土地上房屋征收与补偿条例》第34条规定，停产停业损失的补偿标准不低于被征收房屋价值的3%。

四、由评估机构评估确定

很多地方规定，在当事人对停产停业损失的补偿无法协商时，相应的损失可以由评估机构评估确定。如《山西省国有土地上房屋征收与补偿条例》

第 28 条规定，当事人可以协商选择以房屋评估总价、平均净利润、房屋租金收益等标准计算停产停业损失；协商不成的，可以委托具有相应资质的评估机构通过评估确定。《郴州市市城市规划区国有土地上房屋征收与补偿实施办法》第 28 条，规定了停产停业损失需要评估的，由房屋征收部门委托评估房屋价值的同一房地产价格评估机构进行评估。

第七节　搬迁奖励

搬迁奖励作为拆迁政策的一部分，通常涵盖提前搬迁奖励费，旨在鼓励被拆迁人尽快完成搬迁。相较于整体的拆迁补偿，这些奖励费往往显得微不足道。法律对搬迁奖励标准没有明确规定，因此具体奖励标准以拆迁政策为准。

第三章

企业税务合规和争议解决

第一节 企业拆迁款纳税种类

一、企业拆迁补偿款需缴纳企业所得税

《企业所得税法》第6条规定,企业以货币形式和非货币形式从各种来源取得的收入,为收入总额。企业因拆迁取得货币补偿和产权置换的回迁安置房市场价值属于企业收入,根据规定应缴纳企业所得税。第4条规定,企业所得税的税率为25%。

拆迁补偿款收入加上各类拆迁固定资产的变卖收入、减除各类拆迁固定资产的折余价值和处置费用后的余额计入企业当年应纳税所得额,计算缴纳企业所得税。

二、政策性搬迁的企业享受税收优惠政策

《企业政策性搬迁所得税管理办法》规定,属于本管理办法规定的政策性搬迁,企业取得拆迁补偿时可暂不计入当期应纳税所得额,而在完成搬迁的年度,将搬迁所得(搬迁收入-搬迁支出)计入当年应纳税所得额。企业的搬迁收入,扣除搬迁支出后的余额,为企业的搬迁所得。企业应在搬迁完成年度,将搬迁所得计入当年度企业应纳税所得额计算纳税。

《企业政策性搬迁所得税管理办法》的适用范围,仅限于企业政策性搬迁过程中涉及的所得税征收管理事项,不包括企业自行搬迁或商业性搬迁等非

政策性搬迁的税务处理事项。适用本管理办法的搬迁指涉及国防外交、基础设施、保障性安居工程建设的需要，公共事业的需要：由政府组织实施的科技、教育、文化、卫生等公共事业的需要；由政府依照《城乡规划法》有关规定组织实施的对危房集中、基础设施落后等地段进行旧城区改建的需要等。

三、企业拆迁补偿款无需缴纳营业税和增值税

（一）营改增前不缴纳营业税

国家税务总局《关于单位和个人土地被国家征用取得土地及地上附着物补偿费有关营业税问题的批复》（国税函［2007］969号）规定：对国家因公共利益或城市规划需要而收回单位和个人所拥有的土地使用权，并按照《土地管理法》规定标准支付给单位和个人的土地及地上附着物（包括不动产）的补偿费不征收营业税。因此，营改增前，企业取得房屋拆迁补偿不征收营业税。

（二）营改增后不缴纳增值税

财政部、国家税务总局《关于全面推开营业税改征增值税试点的通知》（财税［2016］36号）规定：土地所有者出让土地使用权和土地使用者将土地使用权归还给土地所有者免征增值税。

财政部、国家税务总局《关于全面推开营业税改征增值税试点的通知》（财税［2016］36号）规定：在我国境内销售服务、无形资产或者不动产的单位和个人，作为增值税纳税人，应当按照本办法缴纳增值税。

财政部、税务总局《关于明确无偿转让股票等增值税政策的公告》（财政部、税务总局公告2020年第40号）规定：土地所有者依法征收土地，并向土地使用者支付土地及其相关有形动产、不动产补偿费的行为，属于《营业税改征增值税试点过渡政策的规定》（财税［2016］36号印发）第1条37项规定的土地使用者将土地使用权归还给土地所有者的情形。

综上，根据财税［2016］36号文，对于土地使用权补偿明确规定免征增值税，对于其他拆迁补偿款是否需要征增值税？这里就涉及拆迁补偿是否属于财税［2016］36号文规定的销售行为和是否属于增值税暂行条例的销售行为，如是，征增值税；如不是，不征增值税。对拆迁补偿与销售区别分析如下：

（1）拆迁具有强制性，被拆迁企业意思表示并不自由，存在"不同意也

得同意"的现象,因此不同于销售。

(2)拆迁当事人地位并不平等,而销售当事人地位平等。对此,从2014年修正的行政诉讼法可见一斑,拆迁人和被拆迁人之间签订的拆迁补偿安置协议纠纷属于行政诉讼受案范围。

经分析,拆迁补偿不同于销售,无法适用财税〔2016〕36号文的规定。因此除土地使用权的拆迁补偿款免征增值税外,其他拆迁补偿款不征增值税。

四、企业拆迁补偿款免征土地增值税

《土地增值税暂行条例》第8条规定,因国家建设需要依法征用、收回的房地产,免征土地增值税。

(一)什么是因国家建设需要依法征用、收回的房地产?

《土地增值税暂行条例实施细则》第11条第3款规定,该条例第8条所称的因国家建设需要依法征用、收回的房地产,是指因城市实施规划、国家建设的需要而被政府批准征用的房产或收回的土地使用权。因城市实施规划、国家建设的需要而搬迁,由纳税人自行转让原房地产的,比照本规定免征土地增值税。符合上述免税规定的单位和个人,须向房地产所在地税务机关提出免税申请,经税务机关审核后,免予征收土地增值税。

(二)什么是城市实施规划、国家建设的需要?

财政部、国家税务总局《关于土地增值税若干问题的通知》(财税〔2006〕21号)第4条规定,关于因城市实施规划、国家建设需要而搬迁,纳税人自行转让房地产的征免税问题,《土地增值税暂行条例实施细则》第11条第4款所称:因"城市实施规划"而搬迁,是指因旧城改造或因企业污染、扰民(指产生过量废气、废水、废渣和噪音,使城市居民生活受到一定危害),而由政府或政府有关主管部门根据已审批通过的城市规划确定进行搬迁的情况;因"国家建设的需要"而搬迁,是指因实施国务院、省级人民政府、国务院有关部委批准的建设项目而进行搬迁的情况。

五、企业拆迁补偿款无需缴纳印花税

《印花税法》第1条第1款规定,在我国境内书立应税凭证、进行证券交易的单位和个人,作为印花税的纳税人,应当依照本法规定缴纳印花税。第2条规定,本法所称应税凭证,是指本法所附《印花税税目税率表》列明的合

同、产权转移书据和营业账簿。

由于印花税属于列举征收,而拆迁安置协议、搬迁补偿协议等不在《印花税税目税率表》列举范围内,因此拆迁补偿款不需要缴纳印花税。

六、个人拆迁补偿款免征个人所得税

财政部、国家税务总局《关于城镇房屋拆迁有关税收政策的通知》(财税〔2005〕45号)第1条规定:对被拆迁人按照国家有关城镇房屋拆迁管理办法规定的标准取得的拆迁补偿款,免征个人所得税。由于自然人、个体工商户、个人独资企业和合伙企业均是个人所得税的纳税人,根据该规定,此类纳税人均为免税对象。

第二节 企业拆迁款纳税风险

一、多缴税款的风险

企业未按规定核算日常经营过程中的成本费用,有可能虚增利润,多缴纳企业所得税;也可能未享受政策性搬迁的税收优惠政策,造成多缴纳企业所得税。

《税收征收管理法》第51条的规定:纳税人超过应纳税额缴纳的税款,税务机关发现后应当立即退还;纳税人自结算缴纳税款之日起3年内发现的,可以向税务机关要求退还多缴的税款并加算银行同期存款利息,税务机关及时查实后应当立即退还;涉及从国库中退库的,依照法律、行政法规有关国库管理的规定退还。当拆迁企业发现自己多缴纳了税款,可以在3年内向税务机关申请办理退税手续,以维护自己的合法权益,避免税款上的损失。

二、少缴税款的风险

(一)偷逃税的法律风险

《税收征管法》第63条明确规定:纳税人伪造、变造、隐匿、擅自销毁账簿、记账凭证,或者在账簿上多列支出或者不列、少列收入,或者经税务机关通知申报而拒不申报或者进行虚假的纳税申报,不缴或者少缴应纳税款的,是偷税。对纳税人偷税的,由税务机关追缴其不缴或者少缴的税款、

滞纳金，并处不缴或者少缴的税款 50% 以上 5 倍以下的罚款；构成犯罪的，依法追究刑事责任。

（二）典型案例

1. 取得拆迁补偿款未申报纳税，税局向个独和投资人追缴税款

案例名称：税务责令案

案情简介

林某某是福州市原某木材加工厂（以下简称"木材厂"）的唯一股东，持有该厂全部股份。2018 年 3 月至 10 月期间，木材厂因城市更新项目获得了总额为 14 639 678.75 元的拆迁补偿款。然而，这笔巨额收入在收到后并未被纳入税务申报范畴，长期处于未纳税状态。

2020 年 8 月 7 日，木材厂完成了工商登记注销手续。在注销前的税务清查阶段，林某某作为唯一股东，在《注销登记申请书》中签字确认了无未结清税款的情况，但实际上该笔拆迁补偿款并未进行纳税申报，存在明显的虚假申报行为，从而顺利骗取了工商注销登记。

通知发出

随着税务机关对木材厂税务情况的进一步核查，国家税务总局福州市仓山区税务局东升所（以下简称"东升所"）于 2023 年 7 月 7 日正式向林某某发出了编号为榕仓税东升通［2023］06××××号的责令通知。

该通知首先明确指出，经核查确认木材厂在 2018 年获得的拆迁补偿款共计 14 639 678.75 元，至今仍未进行纳税申报。同时，通知强调木材厂已于 2020 年完成注销登记，但注销前存在虚假申报税费已缴清的情况。

法律责任与要求

通知对林某某提出了具体要求：

（1）立即申报纳税：要求林某某在收到通知书之日起 15 日内，向东升所就上述拆迁补偿款进行纳税申报，并完整提交所有相关纳税资料。

（2）法律责任告知：明确指出，如林某某逾期未进行纳税申报，东升所将依据《税收征收管理法》第 62 条之规定，对其采取包括罚款在内的相应行政处罚措施。

（3）配合调查：要求林某某积极配合东升所的后续调查工作，提供必要

的文件和信息，以确保税务事项的准确、高效处理，避免产生不必要的法律后果。

案例影响

此通知不仅是对林某某个人税务违规行为的正式警告与要求，也体现了税务机关对税收征管工作的严格执法态度。通过此案例，社会各界应进一步认识到依法纳税的重要性，以及逃避或虚假申报税款的严重后果。同时，也提醒企业在注销前务必进行全面的税务清查，确保无遗漏税款，以免给股东个人带来不必要的法律风险。

2. 未缴纳非政策性拆迁企业所得税1亿元，税局追缴并申请强制执行

案例名称：宁波鼎德源机电工业有限公司税务强制执行案

案情简介

宁波鼎德源机电工业有限公司（以下简称"鼎德源公司"），前身为宁波春和机电工业有限公司，位于浙江省宁波高新区。该公司因涉及一笔大规模的土地及建筑物收购交易，引起了税务部门的关注。

2014年至2016年期间，鼎德源公司的坐落于市科技园区龙山村的A、B地块（共计219 529平方米，含地上建筑物）被宁波高新技区土地储备中心分三次收购，总金额达到5.94亿余元人民币。然而，在交易过程中，鼎德源公司未能提供政策性搬迁的相关文件证明资料，因此被税务部门认定为非政策性搬迁，并需对所得的土地收购款依法缴纳企业所得税。

经过详细核查，宁波市原国家税务局第二稽查局（现职能由国家税务总局宁波市税务局第二稽查局承担）发现鼎德源公司在上述三年间应分别并计所属年度应纳税所得额计算缴纳企业所得税，但公司未依法履行纳税义务。2017年10月24日，该稽查局作出甬国税稽二处［2017］×××号税务行政处理决定，要求鼎德源公司追缴2014年企业所得税107 974 584.57元，并责令调增2016年应纳税所得额12 547 321.13元，同时按日加收万分之五的滞纳金。

鼎德源公司在收到处理决定书后，既未在规定期限内申请行政复议或提起行政诉讼，也未自动履行决定书所确定的义务。2018年4月17日，税务部门向鼎德源公司送达了催告执行通知书，但公司仍未履行。鉴于此，国家税务总局宁波市税务局第二稽查局依法向浙江省宁波市鄞州区人民法院申请强

制执行。

法院判决

浙江省宁波市鄞州区人民法院受理该案后，依法组成合议庭对案件进行了审查。法院认为，宁波市原国家税务局第二稽查局作出的甬国税稽二处［2017］×××号税务行政处理决定认定事实清楚，适用法律正确，执行程序合法。同时，税务部门在申请强制执行前已依法进行了催告，且不存在《行政强制法》第58条规定的不予执行的情形。

据此，浙江省宁波市鄞州区人民法院依据《行政强制法》《行政诉讼法》及相关司法解释的规定，裁定对申请执行人宁波市原国家税务局第二稽查局于2017年10月24日作出的甬国税稽二处［2017］×××号税务行政处理决定准予强制执行。该裁定要求鼎德源公司必须按照税务处理决定的要求，履行相应的纳税义务及滞纳金缴纳责任。

第三节　企业拆迁款税务合规与纳税筹划

税务合规是企业经营管理的重要组成部分，加强企业税务合规建设，有效管控税务风险，是企业安全、稳健、高效运营的必要保障。税务合规，是指企业及员工在生产经营管理中的涉税行为符合税收法律法规、税收政策、税务监管规定等方面的要求。纳税筹划是指通过对涉税业务进行策划，制作一整套完整的纳税操作方案，从而达到节税的目的。纳税筹划的前提是合规，并不是逃税。

一、企业拆迁税务合规

(一) 正确处理账务

税务合规依托企业各项经营活动的诚信守法，以及企业会计核算制度和内部控制制度的健全完善，两者相辅相成。企业应健全财务会计制度，不得设置账外账，不得私设小金库。要准确核算各类收入，正确确认和计算增值税、企业所得税、个人所得税的计税依据，防范虚增销售收入、应作收入未作收入、不报瞒报少报收入、混淆收入类别等情形发生。要准确区分不同业务适用的税率、各税种纳税义务发生的时间、视同销售与混合销售行为。

要严格审核记账凭证、发票等涉税资料，确保合法、有效、完整。注意对与企业生产经营无关业务的识别，正确审核进项抵扣与进项转出的项目和金额，准确计算收入总额、准予扣除项目等准确核算各税种的应纳税额。

（二）做好税法定性

土地收购还是土地收回，是两种不同的法律行为，适用的税收政策也是截然不同的。土地收回属于政府为了公共利益需要依照法律规定的权限和程序提前收回土地，本质是一种行政行为，享受增值税、土地增值税免征税款的优惠政策。

土地收购与公共利益无关，土地收储中心与土地使用权人经过平等协商签订土地收购协议，按照评估价格确定收储价格，属于平等主体之间达成土地使用权转让的民事行为，按照《土地增值税暂行条例》及实施细则规定应当缴纳土地增值税，不享受免税优惠政策。

（三）做好税收定量分析

举例：某企业2009年度发生政策性搬迁业务，搬迁中拆除厂房净值、灭失土地使用权折余价值600万元，发生搬迁设备拆卸、运输、安装费用70万元，发生职工安置费10万元，取得搬迁补偿收入1000万元，五年内完成搬迁，重置固定资产850万元。

1. 会计处理

（1）取得搬迁补偿收入。

借：银行存款（其他应收款）1000万元

贷：专项应付款1000万元

（2）拆除厂房净值、灭失土地使用权折余价值处理。

借：专项应付款600万元

贷：固定资产清理、无形资产600万元

（3）支付搬迁设备拆卸运输安装费和职工安置费用。

借：专项应付款80万元

贷：银行存款80万元

（4）结转搬迁补偿收入余额。

借：专项应付款320万元

贷：资本公积320万元

（5）重置固定资产。

借：固定资产 850 万元

贷：在建工程（银行存款）850 万元

2. 企业所得税处理

（1）搬迁项目完成年度，结算搬迁收入余额。

搬迁收入余额＝1000－850－70－10＝70（万元）

（2）该余额 70 万元应计入结算年度应纳税所得额。

（3）如企业未按规定将拆除厂房、灭失土地使用权等账面剩余价值、支付的职工安置费等支出计入专项应付款，而直接计入当期损益，应在计入损益年度作纳税调增。

（4）确定重置固定资产计税基础为 850 万元。

（四）按时按期做好纳税申报、缴纳税款

要根据税收征管法、各税种法的申报期限、申报内容如实办理纳税申报，完整报送纳税资料，在规定的期限缴纳或者解缴税款。

（五）企业拆迁款税务合规注意事项

企业政策性搬迁的环节较多，涉及的税种也很多。因此，符合规定的企业，要准确把握政策性搬迁的各类税收政策法规与实践要求，规范操作政策性搬迁的有关涉税事宜，合规享受相关税收优惠，避免额外的税收负担或涉税风险。

1. 合规履行相关申报程序

企业在实务中，应当认真判断自身是否符合政策性搬迁的情形，对符合规定的搬迁按照规定程序积极申报。以企业所得税为例，符合政策性搬迁的，企业应当自搬迁开始年度至次年 5 月 31 日前，向主管税务机关报送政府搬迁文件或公告、搬迁重置总体规划、拆迁补偿协议、资产处置计划等相关材料。另外，搬迁完成当年，企业向主管税务机关报送企业所得税年度纳税申报表时，应同时报送《企业政策性搬迁清算损益表》及相关材料。实务中，部分地区的税务机关取消了材料的报送要求，建议企业及时与主管税务机关沟通确认。值得关注的是，享受其他税种的减免优惠，也存在资料留存或报送的要求，企业应当予以重视，按照规定时间准备、申报相关资料。

2. 单独管理、核算相关事项

企业应按国家税务总局《关于发布〈企业政策性搬迁所得税管理办法〉

的公告》（国家税务总局公告 2012 年第 40 号）等规定的要求，就政策性搬迁过程中涉及的搬迁收入、搬迁支出、搬迁资产税务处理、搬迁所得等所得税事项，单独进行税务管理和核算。不能单独进行税务管理和核算的，将被税务机关视为企业自行搬迁或商业性搬迁等非政策性搬迁，进行相应的所得税处理。

3. 计税纳入拆迁所得

企业的搬迁收入，包括搬迁过程中从本企业以外（包括政府或其他单位）取得的搬迁补偿收入，以及本企业搬迁资产处置收入等。而企业的搬迁支出，分为费用类支出和成本性支出，即搬迁费用支出和搬迁资产处置支出。企业在搬迁期间发生的搬迁收入和搬迁支出，可以暂不计入当期应纳税所得额，而在完成搬迁的年度，对搬迁收入和支出进行汇总清算。企业的搬迁收入，扣除搬迁支出后的余额，为企业的搬迁所得。企业应在搬迁完成年度，将搬迁所得计入当年度企业应纳税所得额计算纳税。

4. 准确确认搬迁完成年度

企业搬迁收入扣除搬迁支出后的余额，为企业的搬迁所得。企业应在搬迁完成年度，将搬迁所得计入当年度企业应纳税所得额计算纳税。如果企业滞后申报，可能会被税务机关追缴税款并征收滞纳金，情节严重的甚至可能会被视为偷税，给企业带来较大的涉税风险。因此，企业应根据自身情况，准确确认搬迁完成的年度。

具体的判断标准是：如果从搬迁开始的 5 年内（包括搬迁当年度，下同）任何一年完成搬迁，则完成当年被视为搬迁完成年度；如果从搬迁开始，搬迁时间满 5 年，则满 5 年当年被视为搬迁完成年度；如果搬迁规划已基本完成，且当年生产经营收入占规划搬迁前年度生产经营收入 50% 以上，则当年被视为搬迁完成年度；如果企业边搬迁、边生产，则搬迁年度以实际开始搬迁的年度计算。

二、企业拆迁纳税筹划

（一）充分利用拆迁的税收优惠政策

拆迁企业充分利用搬迁政策享受税收优惠。企业政策性搬迁是指由于社会公共利益的需要，在政府主导下企业进行整体搬迁或部分搬迁。政策性搬迁的项目可以递延缴纳企业所得税，一般也可以满足增值税和土地增值税免征政策。

（二）充分利用企业所得税的核定征收政策

根据国家税务总局《关于印发〈企业所得税核定征收办法〉（试行）的通知》（国税发〔2008〕30号）第3条的规定，纳税人具有下列情形之一的，核定征收企业所得税：①依照法律、行政法规的规定可以不设置账簿的；②依照法律、行政法规的规定应当设置但未设置账簿的；③擅自销毁账簿或者拒不提供纳税资料的；④虽设置账簿，但账目混乱或者成本资料、收入凭证、费用凭证残缺不全，难以查账的；⑤发生纳税义务，未按照规定的期限办理纳税申报，经税务机关责令限期申报，逾期仍不申报的；⑥申报的计税依据明显偏低，又无正当理由的。

特殊行业、特殊类型的纳税人和一定规模以上的纳税人不适用本办法。上述特定纳税人由国家税务总局另行明确。

如果拆迁企业的企业所得税征收方式经税务机关审批为核定征收，就可以按照取得补偿收入的应税所得率计算缴纳企业所得税，而核定的应税所得率一般在10%左右，将会大大降低拆迁补偿的税收负担，因为房地产升值一般也在几倍以上，按照0.1的增值计算企业所得税远远低于按照实际增值计算的税款数额。

（三）账务调整：以前年度发生的成本费用是否正确财务处理

个人股东拿机器设备等投资入股未入账：个人以其机器设备、汽车等固定资产进行投资入股的情形不应作"视同销售"处理。

考虑在正常日常经营中是否有因未取得发票而未入账的资产、货物、费用支出等情况，是否存在购买原材料、机器设备、办公用品等未取得发票而未入账的情况，股东实际参加企业经营而未发放工资薪金的情况。

第四节 企业政策性搬迁所得税操作指引

一、政策性搬迁的内涵

1. 企业政策性搬迁，是指由于社会公共利益的需要，在政府主导下企业进行整体搬迁或部分搬迁。企业由于下列需要之一，提供相关文件证明资料的，属于政策性搬迁：

(1) 国防和外交的需要。

(2) 由政府组织实施的能源、交通、水利等基础设施的需要。

(3) 由政府组织实施的科技、教育、文化、卫生、体育、环境和资源保护、防灾减灾、文物保护、社会福利、市政公用等公共事业的需要。

(4) 由政府组织实施的保障性安居工程建设的需要。

(5) 由政府依照《城乡规划法》有关规定组织实施的对危房集中、基础设施落后等地段进行旧城区改建的需要。

(6) 法律、行政法规规定的其他公共利益的需要。

2. 政策性搬迁不包括企业自行搬迁或商业性搬迁等非政策性搬迁。

3. 企业应按《企业政策性搬迁所得税管理办法》(以下简称《管理办法》) 的要求，就政策性搬迁过程中涉及的搬迁收入、搬迁支出、搬迁资产税务处理、搬迁所得等所得税征收管理事项，单独进行税务管理和核算。不能单独进行税务管理和核算的，应视为企业自行搬迁或商业性搬迁等非政策性搬迁进行所得税处理，不得执行《管理办法》的规定。

二、搬迁收入的确定

1. 企业的搬迁收入，包括搬迁过程中从本企业以外（包括政府或其他单位）取得的搬迁补偿收入，以及本企业搬迁资产处置收入等。

2. 企业取得的搬迁补偿收入，是指企业由于搬迁取得的货币性和非货币性补偿收入。具体包括：

(1) 对被征用资产价值的补偿。

(2) 因搬迁、安置而给予的补偿。

(3) 对停产停业形成的损失而给予的补偿。

(4) 资产搬迁过程中遭到毁损而取得的保险赔款。

(5) 其他补偿收入。

3. 企业搬迁资产处置收入，是指企业由于搬迁而处置企业各类资产所取得的收入。

企业由于搬迁处置存货而取得的收入，应按正常经营活动取得的收入进行所得税处理，不作为企业搬迁收入。

4. 搬迁支出的确定。

(1) 企业的搬迁支出，包括搬迁费用支出以及由于搬迁所发生的企业资产处置支出。

（2）搬迁费用支出，是指企业搬迁期间所发生的各项费用，包括安置职工实际发生的费用、停工期间支付给职工的工资及福利费、临时存放搬迁资产而发生的费用、各类资产搬迁安装费用以及其他与搬迁相关的费用。

（3）资产处置支出，是指企业由于搬迁而处置各类资产所发生的支出，包括变卖及处置各类资产的净值、处置过程中所发生的税费等支出。

企业由于搬迁而报废的资产，如无转让价值，其净值作为企业的资产处置支出。

三、搬迁资产税务处理

1. 企业搬迁的资产，简单安装或不需要安装即可继续使用的，在该项资产重新投入使用后，就其净值按《企业所得税法》及其实施条例规定的该资产尚未折旧或摊销的年限，继续计提折旧或摊销。

2. 企业搬迁的资产，需要进行大修理后才能重新使用的，应就该资产的净值，加上大修理过程所发生的支出，视为该资产的计税成本。在该项资产重新投入使用后，按该资产尚可使用的年限，计提折旧或摊销。

3. 企业政策性搬迁被征用的资产，采取资产置换的，其换入资产的计税成本按被征用资产的净值，加上换入资产所支付的税费（涉及补价，还应加上补价款）计算确定。

企业搬迁中被征用的土地，采取土地置换的，换入土地的计税成本按被征用土地的净值，以及该换入土地投入使用前所发生的各项费用支出，为该换入土地的计税成本，在该换入土地投入使用后，按《企业所得税法》及其实施条例规定年限摊销。

4. 企业搬迁期间新购置的各类资产，按以下处理：

（1）凡在《管理办法》生效后签订搬迁协议的政策性搬迁项目，企业发生的购置资产支出，不得从搬迁收入中扣除，应按《企业所得税法》及其实施条例等有关规定，计算确定资产的计税成本及折旧或摊销年限。

（2）凡在《管理办法》生效前已经签订搬迁协议且尚未完成搬迁清算的企业政策性搬迁项目，企业在重建或恢复生产过程中购置的各类资产，可以作为搬迁支出，从搬迁收入中扣除。但购置的各类资产，应剔除该搬迁补偿收入后，作为该资产的计税基础，并按规定计算折旧或费用摊销。

四、应税所得的处理

1. 企业在搬迁期间发生的搬迁收入和搬迁支出，可以暂不计入当期应纳税所得额，而在完成搬迁的年度，对搬迁收入和支出进行汇总清算。

2. 企业的搬迁收入，扣除搬迁支出后的余额，为企业的搬迁所得。

企业应在搬迁完成年度，将搬迁所得计入当年度企业应纳税所得额计算纳税。

3. 有下列情形之一的，为搬迁完成年度，企业应进行搬迁清算，计算搬迁所得：

（1）从搬迁开始，5年内（包括搬迁当年度）任何一年完成搬迁的。

（2）从搬迁开始，搬迁时间满5年（包括搬迁当年度）的年度。

4. 企业搬迁收入扣除搬迁支出后为负数的，应为搬迁损失。搬迁损失可在下列方法中选择其一进行税务处理：

（1）在搬迁完成年度，一次性作为损失进行扣除。

（2）自搬迁完成年度起分3个年度，均匀在税前扣除。

上述方法由企业自行选择，但一经选定，不得改变。

5. 企业同时符合下列条件的，视为已经完成搬迁：

（1）搬迁规划已基本完成。

（2）当年生产经营收入占规划搬迁前年度生产经营收入50%以上。

6. 企业边搬迁、边生产的，搬迁年度应从实际开始搬迁的年度计算。

7. 企业以前年度发生尚未弥补的亏损的，凡企业由于搬迁停止生产经营无所得的，从搬迁年度次年起，至搬迁完成年度前一年度止，可作为停止生产经营活动年度，从法定亏损结转弥补年限中减除；企业边搬迁、边生产的，其亏损结转年度应连续计算。

五、征收管理

1. 企业应当自搬迁开始年度，至次年5月31日前，向主管税务机关（包括迁出地和迁入地）报送政策性搬迁依据、搬迁规划等相关材料。逾期未报的，除特殊原因并经主管税务机关认可外，按非政策性搬迁处理，不得执行《管理办法》的规定。

2. 企业应向主管税务机关报送的政策性搬迁依据、搬迁规划等相关材料，包括：

(1) 政府搬迁文件或公告。

(2) 搬迁重置总体规划。

(3) 拆迁补偿协议。

(4) 资产处置计划。

(5) 其他与搬迁相关的事项。

3. 企业迁出地和迁入地主管税务机关发生变化的，由迁入地主管税务机关负责企业搬迁清算。

4. 企业搬迁完成当年，其向主管税务机关报送企业所得税年度纳税申报表时，应同时报送《企业政策性搬迁清算损益表》及相关材料。对于发生政策性搬迁纳税调整项目的企业，应在完成搬迁年度及以后进行损失分期扣除的年度填报年度申报表（A类）的附表A105110《政策性搬迁纳税调整明细表》。

第五节　税企争议解决

一、拆迁与资产转让的区别

拆迁行为与房地产转让行为有什么本质区别？因拆迁而取得补偿款是否属于应税行为缴纳税款？

1. 《营业税改征增值税试点实施办法》第10条规定销售服务、无形资产或者不动产，是指有偿提供服务、有偿转让无形资产或者不动产。《销售服务、无形资产、不动产注释》规定，销售不动产，是指转让不动产所有权的业务活动。从该文件规定可以得知，销售不动产是有偿转让不动产的所有权。拆迁补偿属于房屋不动产所有权的消灭，并非转让。所有权消灭与转让是两个不同的概念，是两种不同的法律行为。

《民法典》第二编第一分编第二章标题为"物权的设立、变更、转让和消灭"，第209条第1款规定不动产物权的设立、变更、转让和消灭，经依法登记，发生效力；未经登记，不发生效力，但是法律另有规定的除外。由此可见，在民法典的口径上，物权的"转让"和"消灭"是两个并列概念，不能混为一谈，《营业税改征增值税试点实施办法》明确规定的应税税目是"转让"不动产所有权，对"消灭"物权的行为并未纳入征税范围。

2. ［2017］最高法民再 407 号最高人民法院判决认为，当房屋被征收时，卖房人作为登记的房屋所有权人，与征收部门签订的征收补偿协议合法有效，但其在该协议中享有的权利为其出卖给买房人的房屋及土地使用权的对价。在此情况下，买房人可选择解除房屋买卖合同，也可选择主张所购房屋产权消灭的对价，即拆迁补偿款（实践中，征收部门可直接与实际买受人签订征收补偿协议）。

由此可以得知拆迁补偿款属于房屋产权消灭（收回先前的国有土地使用证并予以注销）的对价，拆迁与资产转让是两种不同的法律行为，拆迁的权利标的物消灭，而资产转让的标的物在不同民事主体之间发生了转移。

3. 《行政判决书》揭示：房屋拆迁补偿非商品交易，无需开具购房发票。相关案例为徐某春与淮安市地方税务局第六税务分局、江苏省淮安地方税务局一审《行政判决书》［2016］苏 0804 行初 28 号。

判决书认为："本案中，原告获得涉案房屋的合法依据系与城投公司签订的《淮安市城市房屋拆迁补偿安置协议书》，其本质属于被拆迁房屋通过产权调换取得的对价。被告在庭审中出具的证据能够证明原告与华德力公司签订的两份《商品房买卖合同》仅为方便原告办理相应的房屋所有权证书，已明确排除了商品房买卖合意，原告对此亦明知。故本院认为，原告与华德力公司之间并不存在真实的房屋买卖关系。根据《发票管理法》第 19 条的规定，销售商品、提供服务以及从事其他经营活动的单位和个人，对外发生经营业务收取款项，收款方应当向付款方开具发票。本案中，华德力公司根据约定已于 2008 年将涉案房屋交付清浦区人民政府，城投公司作为清浦区政府依法设立的管理政府资产的单位，依据安置协议将涉案房屋转让于原告，实际交易发生在原告与城投公司之间，华德力公司与原告并未发生真实的交易，不应当向原告开具发票。被告地税六分局接到原告的举报，查明事实后作出被诉《税收违法行为检举查处结果告知书》，并无不当。"

二、政策性搬迁与非政策性搬迁的区别

（一）搬迁原因

1. 政策性搬迁是由于社会公共利益的需要，在政府主导下企业进行整体搬迁或部分搬迁。企业由于下列需要之一，提供相关文件证明资料的，属于

政策性搬迁：

（1）国防和外交的需要。

（2）由政府组织实施的能源、交通、水利等基础设施的需要。

（3）由政府组织实施的科技、教育、文化、卫生、体育、环境和资源保护、防灾减灾、文物保护、社会福利、市政公用等公共事业的需要。

（4）由政府组织实施的保障性安居工程建设的需要。

（5）由政府依照《城乡规划法》有关规定组织实施的对危房集中、基础设施落后等地段进行旧城区改建的需要。

（6）法律、行政法规规定的其他公共利益的需要。

2. 非政策性搬迁则是企业的市场行为，通常是由于企业自身发展需要或市场变化等原因而进行的搬迁。这种搬迁不涉及政府政策性的要求，而是企业根据自身经营战略和市场需求作出的决策。

（二）搬迁收入和税费处理

1. 政策性搬迁：企业应取得拆迁公告及政府收回土地使用权的证明文件，按照有关规定标准从政府取得拆迁补偿收入。这些收入在税务处理上通常可以享受相关税收优惠政策，如暂不计入企业当年应纳税所得额等。

企业应向主管税务机关报送的政策性搬迁依据、搬迁规划等相关材料，包括：

（1）政府搬迁文件或公告。

（2）搬迁重置总体规划。

（3）拆迁补偿协议。

（4）资产处置计划。

（5）其他与搬迁相关的事项。

2. 非政策性搬迁：其搬迁收入由双方商定，按转让不动产或土地使用权缴纳相关税费。具体税费标准可能因地区而异，但一般而言，非政策性搬迁不享受政策性搬迁的税收优惠政策。

（三）搬迁过程中的税务管理和核算

1. 政策性搬迁：企业需要就搬迁过程中涉及的搬迁收入、搬迁支出、搬迁资产税务处理、搬迁所得等所得税事项单独进行税务管理和核算。这是为了确保企业能够合规地享受税收优惠政策，并准确反映搬迁对企业财务状况的影响。

2. 非政策性搬迁：企业没有重置或改良固定资产、技术改造或购置其他固定资产的计划或立项报告，应将搬迁收入加上各类拆迁固定资产的变卖收入、减除各类拆迁固定资产的折余价值和处置费用后的余额计入企业当年应纳税所得额，计算缴纳企业所得税。

（四）其他相关事项

1. 政策性搬迁：还可能涉及政府提供的搬迁补助、奖励等优惠政策，以及搬迁过程中的特殊安排和保障措施。

2. 非政策性搬迁：主要关注搬迁过程中的成本控制和风险管理，以确保搬迁的顺利进行和企业的稳定发展。

三、特定企业类型拆迁的税务优惠

根据财政部、国家税务总局《关于城镇房屋拆迁有关税收政策的通知》（财税〔2005〕45号）的规定，被拆迁人按照国家有关城镇房屋拆迁管理办法规定标准取得的拆迁补偿款，免征个人所得税。个体工商户、个人独资、合伙企业取得拆迁补偿在国家税务总局没有政策明确之前，可参照执行财税〔2005〕45号文件的规定执行。由于自然人、个体工商户、个人独资企业和合伙企业均是个人所得税的纳税人，根据该规定，此类纳税人均为免税对象。

四、拆迁补偿款的税务发票问题

营改增前，国有土地收储过程中涉及的土地使用权收回而取得的拆迁补偿，不征收营业税。

相关案例为A企业土地收归国有补偿税务合规性探讨。2016年，某市政府根据城市规划将A企业所在的地块收归国有。2017年，甲公司通过挂牌出让的方式取得了该宗土地，并与国土资源部门签订了土地出让合同。经资产评估机构评估，A企业土地搬迁补偿的评估价值为2亿元。甲公司据此向A企业支付拆迁补偿款2亿元并取得了收据。甲公司将上述支出计入了土地成本。

甲公司主管税务机关认为，2亿元支出中的土地补偿款和房屋拆迁补偿款，属于销售无形资产和不动产，属于增值税应税范围，应当取得增值税发票，否则不能在土地增值税清算时计入土地成本扣除。

甲公司认为，该宗土地系由国土资源部门收储后挂牌出让，双方并未发生交易行为，不属于增值税应税范围，不应当开具或取得增值税发票。

分析：营改增前，依据国家税务总局《关于单位和个人土地被国家征用取得土地及地上附着物补偿费有关营业税问题的批复》（国税函〔2007〕969号）和国家税务总局《关于土地使用者将土地使用权归还给土地所有者行为营业税问题的通知》（已失效，下同）（国税函〔2008〕277号）的规定，因国有土地收储过程中涉及的土地使用权收回而取得的拆迁补偿，不征收营业税。

但营改增之后，政策应当如何执行？

《增值税暂行条例》第1条规定，在我国境内销售货物或者加工、修理修配劳务，销售服务、无形资产、不动产以及进口货物的单位和个人，作为增值税的纳税人，应当依照本条例缴纳增值税。销售服务、无形资产或者不动产，是指有偿提供服务、有偿转让无形资产或者不动产。《发票管理办法》第18条规定，销售商品、提供服务以及从事其他经营活动的单位和个人，对外发生经营业务收取款项，收款方应当向付款方开具发票；特殊情况下，由付款方向收款方开具发票。

那么，A企业是否发生了销售不动产和无形资产的经营业务？国有土地根据城市规划被依法收回，不属于商业行为，不应当认定为被拆迁人向支付拆迁补偿方"销售"不动产和无形资产，取得的拆迁补偿款，也并非经营性收入，而是补偿性收入，不论拆迁补偿款的支付方是政府部门还是其他单位，都不应认定为市场上平等交易主体之间转让资产所有权取得的经营性收入，也不应开具发票。这一业务的性质并没有因为营改增发生变化，原营业税中对该业务作出的原则性规定依然适用。

拆迁补偿费用是否开具发票，应从以下三个方面进行分析：

（1）要判断取得协议约定拆迁补偿费、停业补偿、搬家费用等费用项目是否属于经营行为。

（2）判断经营行为是否属于增值税征税范围，判断开具发票的类型。

（3）如果属于增值税征税范围，应区分开具应税发票还是开具免税发票。

第六节　相关税收法规

一、营业税

1. 国家税务总局《关于印发〈营业税税目注释（试行稿）〉的通知》（国税发〔1993〕149号）

转让土地使用权，是指土地使用者转让土地使用权的行为。

土地所有者出让土地使用权和土地使用者将土地使用权归还给土地所有者的行为，不征收营业税。

土地租赁，不按本税目征税。

2. 国家税务总局《关于单位和个人土地被国家征用取得土地及地上附着物补偿费有关营业税问题的批复》（国税函〔2007〕969号）

国家因公共利益或城市建设规划需要收回土地使用权，对于使用国有土地的单位和个人来说是将土地使用权归还土地所有者。

根据《营业税税目注释（试行稿）》（国税发〔1993〕149号）的规定，土地使用者将土地使用权归还给土地所有者的行为，不征收营业税。

因此，对国家因公共利益或城市规划需要而收回单位和个人所拥有的土地使用权，并按照《土地管理法》规定的标准支付给单位和个人的土地及地上附着物（包括不动产）的补偿费不征收营业税。

3. 国家税务总局《关于土地使用者将土地使用权归还给土地所有者行为营业税问题的通知》（国税函〔2008〕277号）

纳税人将土地使用权归还给土地所有者时，只要出具县级（含）以上地方人民政府收回土地使用权的正式文件，无论支付征地补偿费的资金来源是否为政府财政资金，该行为均属于土地使用者将土地使用权归还给土地所有者的行为，按照《营业税税目注释（试行稿）》（国税发〔1993〕149号）的规定，不征收营业税。

二、增值税

1. 《营业税改征增值税试点过渡政策的规定》（财税〔2016〕36号）

第一条　下列项目免征增值税：

……………

（三十七）土地所有者出让土地使用权和土地使用者将土地使用权归还给土地所有者。

2.财政部、税务总局《关于明确无偿转让股票等增值税政策的公告》（财政部、税务总局公告2020年第40号）

第三条 土地所有者依法征收土地，并向土地使用者支付土地及其相关有形动产、不动产补偿费的行为，属于《营业税改征增值税试点过渡政策的规定》（财税〔2016〕36号印发）第一条第（三十七）项规定的土地使用者将土地使用权归还给土地所有者的情形。

三、企业所得税

1.《企业所得税法》

第六条 企业以货币形式和非货币形式从各种来源取得的收入，为收入总额。包括……（九）其他收入。

2.《企业所得税法实施条例》

第二十二条 企业所得税法第六条第（九）项所称其他收入，是指企业取得的除企业所得税法第六条第（一）项至第（八）项规定的收入外的其他收入，包括企业资产溢余收入、逾期未退包装物押金收入、确实无法偿付的应付款项、已作坏账损失处理后又收回的应收款项、债务重组收入、补贴收入、违约金收入、汇兑收益等。

3.《企业政策性搬迁所得税管理办法》（国家税务总局公告2012年第40号）

第二条 本办法执行范围仅限于企业政策性搬迁过程中涉及的所得税征收管理事项，不包括企业自行搬迁或商业性搬迁等非政策性搬迁的税务处理事项。

第三条 企业政策性搬迁，是指由于社会公共利益的需要，在政府主导下企业进行整体搬迁或部分搬迁。企业由于下列需要之一，提供相关文件证明资料的，属于政策性搬迁：

（一）国防和外交的需要；

（二）由政府组织实施的能源、交通、水利等基础设施的需要；

（三）由政府组织实施的科技、教育、文化、卫生、体育、环境和资源保护、防灾减灾、文物保护、社会福利、市政公用等公共事业的需要；

（四）由政府组织实施的保障性安居工程建设的需要；

（五）由政府依照《中华人民共和国城乡规划法》有关规定组织实施的对危房集中、基础设施落后等地段进行旧城区改建的需要；

（六）法律、行政法规规定的其他公共利益的需要。

第四条 企业应按本办法的要求，就政策性搬迁过程中涉及的搬迁收入、搬迁支出、搬迁资产税务处理、搬迁所得等所得税征收管理事项，单独进行税务管理和核算。不能单独进行税务管理和核算的，应视为企业自行搬迁或商业性搬迁等非政策性搬迁进行所得税处理，不得执行本办法规定。

第五条 企业的搬迁收入，包括搬迁过程中从本企业以外（包括政府或其他单位）取得的搬迁补偿收入，以及本企业搬迁资产处置收入等。

第六条 企业取得的搬迁补偿收入，是指企业由于搬迁取得的货币性和非货币性补偿收入。具体包括：

（一）对被征用资产价值的补偿；

（二）因搬迁、安置而给予的补偿；

（三）对停产停业形成的损失而给予的补偿；

（四）资产搬迁过程中遭到毁损而取得的保险赔款；

（五）其他补偿收入。

第七条 企业搬迁资产处置收入，是指企业由于搬迁而处置企业各类资产所取得的收入。

企业由于搬迁处置存货而取得的收入，应按正常经营活动取得的收入进行所得税处理，不作为企业搬迁收入。

4. 国家税务总局《关于企业政策性搬迁所得税有关问题的公告》（国家税务总局公告 2013 年第 11 号）

四、个人所得税

1. 国家税务总局《关于个人取得被征用房屋补偿费收入免征个人所得税的批复》（国税函［1998］428 号）

按照城市发展规划，在旧城改造过程中，个人因住房被征用而取得赔偿费，属补偿性质的收入，无论是现金还是实物（房屋），均免予征收个人所得税。

2. 财政部、国家税务总局《关于城镇房屋拆迁有关税收政策的通知》（财税［2005］45号）

对被拆迁人按照国家有关城镇房屋拆迁管理办法规定的标准取得的拆迁补偿款，免征个人所得税。

五、土地增值税

1. 《土地增值税暂行条例》

第八条 有下列情形之一的，免征土地增值税：

（一）纳税人建造普通标准住宅出售，增值额未超过扣除项目金额20%的；

（二）因国家建设需要依法征用、收回的房地产。

2. 《土地增值税暂行条例实施细则》

第十一条 条例第八条（一）项所称的普通标准住宅，是指按所在地一般民用住宅标准建造的居住用住宅。高级公寓、别墅、度假村等不属于普通标准住宅。普通标准住宅与其他住宅的具体划分界限由各省、自治区、直辖市人民政府规定。

纳税人建造普通标准住宅出售，增值额未超过本细则第七条（一）（二）（三）（五）（六）项扣除项目金额之和百分之二十的，免征土地增值税；增值额超过扣除项目金额之和百分之二十的，应就其全部增值额按规定计税。

条例第八条（二）项所称的因国家建设需要依法征用、收回的房地产，是指因城市实施规划、国家建设的需要而被政府批准征用的房产或收回的土地使用权。

因城市实施规划、国家建设的需要而搬迁，由纳税人自行转让原房地产的，比照本规定免征土地增值税。

符合上述免税规定的单位和个人，须向房地产所在地税务机关提出免税申请，经税务机关审核后，免予征收土地增值税。

3. 财政部、国家税务总局《关于土地增值税若干问题的通知》（财税［2006］21号）

关于因城市实施规划、国家建设需要而搬迁，纳税人自行转让房地产的征免税问题。

《中华人民共和国土地增值税暂行条例实施细则》第十一条第四款所称：因"城市实施规划"而搬迁，是指因旧城改造或因企业污染、扰民（指产生过量废气、废水、废渣和噪音，使城市居民生活受到一定危害），而由政府或政府有关主管部门根据已审批通过的城市规划确定进行搬迁的情况；因"国家建设的需要"而搬迁，是指因实施国务院、省级人民政府、国务院有关部委批准的建设项目而进行搬迁的情况。

六、印花税

《印花税法》

第一条 在中华人民共和国境内书立应税凭证、进行证券交易的单位和个人，作为印花税的纳税人，应当依照本法规定缴纳印花税。

…… ……

第二条 本法所称应税凭证，是指本法所附《印花税税目税率表》列明的合同、产权转移书据和营业账簿。

第四章

企业谈判策略及准备工作

当被征收企业面临谈判时,要意识到谈判不仅是与政府之间的对话,更是关乎企业生存与发展的关键抉择,因此更应秉持"策略先行,准备为王"的理念方法。要深入了解征收谈判的每一个环节,从法律框架的解读对市场趋势的把握,捕捉心理博弈的微妙、掌握资源调动的艺术,才能帮助企业在拆迁浪潮中稳健前行,实现和谐共赢的局面。

第一节 企业十大谈判策略

一、明确拆迁项目属性

如果征收项目是政府建设道路、公园或其他市政项目等,其性质属于政府建设的公益事业,往往政府的积极性会比较高,会命令土地、建设、规划、征收办、公安等部门全力开展工作,工作人员的执行力度大,相应被征收企业所面临的压力也很大。公益项目建设结束后,审计部门会进行专项审计,这类项目中,被征收企业获得的额外补偿通常比较少,企业应做好心理准备。

如果是商业类项目,政府及各部门对商业项目的支持力度较低,被征收企业和开发商则有较大的洽谈空间。这种情况下,征收期限将直接影响整个项目的成本及收益,包括融资成本、管理成本、时间成本等。为了尽早完成征收及建设,项目开发商可能会多支付补偿款,以尽快推进征收进度。被征收企业可以积极和开发商进行沟通,搭建良性的谈判空间。

二、评估房屋位置价值

如果企业的房屋位置在项目正中央、新项目楼座等重要位置,那么,企业的谈判筹码是较大的。企业若不搬拆,开发商无法建设新项目,这意味着项目成本会直接上升。

如果企业的房屋位置在项目的边缘等不重要位置,或在回迁区的学校、活动中心等公益建筑位置,企业的谈判筹码就小一些。即便被征收企业不搬迁,也不影响新项目的建设,这时,开发商完全可以先在被征收房屋的周边地区进行开发,可能会给被征收企业会带来一定的心理压力。

一些规模较大的征收项目,涉及部分市政道路(不是小区内道路),如果企业房屋正好处在规划的市政道路上,企业的谈判筹码也会小一些。因此,被征收企业应厘清自己房屋在整个项目所处的区域及所在的位置,才能真正做到有的放矢,避免合法权益受到损失,或错失关键良机。

三、核实土地房屋合法性

如果被征收房屋是合法建筑,无疑将受到《民法典》等法律的保护,被征收企业则可以和开发商进行谈判。但若房屋是违法建筑,则很难受到法律保护,建筑人对房屋的占有、使用和处分等收益权在实践中的维权成本也很高。根据法律法规的规定,违法建筑是不予补偿的,但征收方为了尽快完成征收,也会给被征收企业一部分补偿或按期搬迁奖励,只是钱款较少。因此,如果是违法建筑,被征收企业应当及时按照规定搬迁,以取得一部分补偿或奖励。

四、学习法律法规依法办事

与征收方谈判过程中,如果项目在征地、拆迁、建设等手续审批及其他方面存在违法行为,企业就可以对该项目存在的违法行为进行举报、投诉、诉讼。

当然,项目存在的违法行为需要搜集证据证实,被征收企业应当通过合法途径和法律手段维护企业自身权益。因此,要学习法律法规并且掌握项目存在的相关证据,才能与征收方进行有效谈判。

五、主动调查项目合规性

经过前期对项目的调查了解,企业掌握了征收方开发项目、文件存在的违法之处,如果征收补偿谈判不顺利,可择机对政府的违法之处进行重点调查。

举例:2017年10月29日,某区政府作出《关于对某机械厂宿舍片区改造项目实施房屋征收的决定》,项目占地面积约420亩,涉及被征收居民2087户,涉及某机械厂厂区土地187亩。2018年,政府委托评估公司对厂区资产评估了8.2亿元,但机械厂认为补偿较低,经过多轮谈判,拒绝签订征收补偿协议。区政府采取种种措施向机械厂施压,机械厂聘请到律师后,律师对《房屋征收决定》的合法性展开调查,查明区政府作出的房屋征收决定与《房屋征收计划》不一致,区政府作出的房屋征收决定违法。以此主动出击,变被动为主动,最终企业获得了高额补偿。

六、坚持"三不"原则

"一不",即不要轻易签字。企业在面对征收通知时,应保持冷静与审慎,不急于接受任何未经充分协商和评估的搬迁条件。不签字可以为企业争取宝贵的时间,用于深入研究征收政策、评估企业资产价值、制定谈判策略,并寻求专业法律咨询帮助。

"二不",即不要轻易搬迁。先搬迁再补偿的做法往往会让企业处于被动地位,因为一旦企业搬离了原址,就可能失去了谈判的筹码,面临补偿金额被压缩的风险。同时,搬迁过程中产生的各项费用,如搬迁费、临时安置费、停产停业损失等,也需要企业在搬迁前得到明确的补偿承诺或协议,以确保企业的正常运营不受影响。

"三不",即不要主动报价。不报价并不意味着企业完全处于被动地位,而是企业在遵循相关法律法规、政策指导及与征收方协商的基础上,可以有充裕时间了解双方对报价预期情况,采取更为策略性和专业性的方式来保障自身合法权益。

七、客观认识信访

在征收补偿标准过低、征收程序违法、政府决策损害企业合法权益等情况下，信访作为一条关键路径，能够有效传达企业诉求，通过政府监督力量推动问题解决。

企业应根据实际情况准备信访材料，确保内容翔实、有理有据，同时选择合适的信访渠道，确保信息直达关键部门。通过信访，企业可以直接反馈问题，若能通过信访获得有利于自身的信访答复意见，有利于更好地进行沟通谈判，也可以以此作为征收机关存在违法征收的证据使用。结合其他谈判策略，保障企业利益最大化。

但以此种方式出具的调解书或者信访意见答复等文件在实践中不具有强制执行力，若企业决定向法院提起诉讼，应注意避免耽误行政起诉的期限而增加后续维权的难度。

八、充分利用复议与诉讼救济途径

复议与诉讼作为策略之一，是企业在面对不公正待遇或无法通过协商达成共识时的重要法律武器。

使用复议策略时，企业应精准定位问题点，收集充分证据，依据法定程序向有权机关提出申请，力求通过行政内部监督纠正不当决策。而诉讼则更为直接，企业需构建完整证据链，聘请专业律师团队，制定周密诉讼策略，向法院提起诉讼，通过司法程序维护自身权益。

在运用这两种策略时，企业应保持冷静与理性，灵活应对，同时注重与对方沟通，争取以最小成本达成最优解决方案。

九、审时度势，灵活应变

企业在面对征拆谈判时，需具备高度的敏感性和前瞻性，准确把握时局变化，审时度势，从而灵活调整谈判策略。

"审时"，即要密切关注政策导向、市场动态以及社会舆论的变化，了解征拆项目的背景、目的及进展情况，以便在谈判中占据有利地位。"度势"，则要求企业深入分析自身实力、资源条件及谈判对手的情况，评估谈判的难易程度及潜在风险，从而制定出切实可行的谈判方案。

通过审时度势，企业能够在征拆谈判中做到进退有据，最终实现双赢或多赢的局面。

十、避免暴力对抗

企业征拆谈判过程中，明确"暴力对抗不可取"的原则是维护企业声誉、保障合法权益的关键。

暴力行为不仅无法解决问题，反而可能激化矛盾，导致谈判破裂，甚至引发法律纠纷和公众舆论的负面关注。企业作为社会的一分子，应始终秉持合法合规、和谐共赢的谈判理念，通过理性沟通、专业协商来寻求双方都能接受的解决方案。

第二节　企业谈判准备工作

一、企业自身准备

知己知彼，百战不殆。企业在遇到征地拆迁时，应先审视、梳理自身的情况，抓紧解决已存在的问题，提前做好准备。

（一）收集证件合同等资料

在收到征收通知时，企业应该及时查询行政机关核发的土地、房屋等各类证件，厘清企业自身的财产状况，制定财产清单，对自己拥有的土地、房屋及其他相关财产，做到心中有数。

根据企业性质及经营状况，一般需准备以下资料：

1. 企业资质证件

包括：《营业执照》、《安全生产许可证》、《质量监督报告》、《社会保险登记证》、《外商投资企业批准证书》（外资企业必须）、《质量管理体系认证》、《专利证书》、《获奖荣誉证书》等。

2. 企业土地、厂房等固定资产证件手续

证件类包括：《国有土地使用证》《建设用地规划许可证》《建设工程规划许可证》《建筑工程施工许可证》《不动产权证书》《消防验收合格证书》等。

合同类包括：《租地合同》《建筑施工合同》等。

3. 企业生产设备设施清单

根据清单准备《生产设备购买合同》及付款记录。

4. 企业主要进货、销售合同清单

根据清单准备企业主要进货、销售合同及资金往来记录。

5. 近三年企业税务报表

税务报表涉及企业的经营情况及纳税情况,包括但不限于资产损失的计算和补偿款的纳税处理,需提前进行筹划。

6. 其他资料

(二) 了解土地性质是否发生变化

不同的土地性质所适用的法律不同。土地的性质对于可以获得的补偿将起到决定性作用,查询各类证件可以让企业了解其土地性质是国有土地还是集体土地,从而了解企业被征收时可以采取的救济手段,以及可以获得的相应补偿。在登记使用之初,涉及土地的性质往往能够确定,但是不排除在长期使用土地的过程中,土地性质因政策变动或经营流转发生变化的情况,这里的变化在法理上,仅能是由集体转化为国有。

(三) 了解权属登记用途与实际用途是否一致

除证件登记的面积外,还需要注意土地登记用途。在实务中,有争议的一类情况是"住改商"。一般而言,房改之后实际用作商业经营并取得工商营业执照的房屋,可以将其认定为住改商,具体可以提供有效营业执照、税务登记及纳税凭证予以证明。同时,被征收企业在经营期间一直按照商业用水、用电的价格支付相关费用的凭证,也可以佐证"住改商"。

关于"住改商"房屋的补偿,我国现行的法律法规均没有作出专门或具体的规定。2003年,国务院办公厅作出的《关于认真做好城镇房屋拆迁工作维护社会稳定的紧急通知》(以下简称《通知》) 的相关规定,可以视为对法律法规的必要补充,并成为行政机关处理"住改商"房屋补偿问题时的依据之一。《通知》指出:各地要本着实事求是的原则,采取积极有效的措施,切实解决城市房屋征收中久拖不决的遗留问题。对征收范围内产权性质为住宅,但已依法取得营业执照的经营性用房的补偿,各地可根据其经营情况、经营年限及纳税等实际情况给予适当补偿。

因此,各地在实施房屋征收补偿过程中,应当结合《国有土地征收条例》和上述《通知》的相关规定以及本地的地方性法规、规章,综合确定"住改商"房屋的补偿标准,并根据其经营情况、经营年限及纳税等实际情况给予适当补偿。例如《南京市国有土地上房屋征收与补偿办法》第30条规定,被征收人擅自改变房屋用途的，按照房屋原用途予以补偿。2010年7月1日《江苏省城乡规划条例》实施前被征收人将住宅房屋改变为经营性用房的，凭其合法有效的工商营业执照、完税凭证，按照省、市相关规定给予补偿。

再比如，《广州市国有土地上房屋征收与补偿实施办法》第32条，作出了更为详细、具体的规定：拥有合法产权，但被征收人自行"住改商"的住宅房屋，按以下方式给予补偿：

（1）1987年1月1日《广州市城市规划管理办法》施行前已改变为经营性用房，被征收人能提供合法有效的工商执照、依法纳税证明，并实际正在营业的，房屋征收部门可按照经营性用房房地产市场评估价的70%给予补偿。

（2）1987年1月1日《广州市城市规划管理办法》施行后至1997年4月1日《广州市城市规划条例》施行前已改变为经营性用房，被征收人能提供合法有效的工商执照、依法纳税证明，并实际正在营业的，房屋征收部门可按照经营性用房房地产市场评估价的60%给予补偿。

（3）1997年4月1日《广州市城市规划条例》施行后至2001年2月6日《广州市住宅建筑改变使用功能规划处理办法》施行前已改变为经营性用房，被征收人能提供合法有效的工商执照、依法纳税证明，并实际正在营业的，房屋征收部门可按照经营性用房房地产市场评估价的50%给予补偿。

（4）2001年2月6日《广州市住宅建筑改变使用功能规划处理办法》施行后改变为经营性用房的，房屋征收部门按照住宅房屋给予补偿。

按上述前三项计算的货币补偿总额低于按照本办法有关住宅房屋计算处理的补偿总额（即房屋价值补偿加上奖励）的，应当按照住宅房屋的补偿总额确定补偿。

虽然经营性用房的补偿标准理应高于普通住宅，但鉴于规定中不同年代"住改商"所带来的补偿计算"折扣"，打完折后的数额能否真的高于普通住宅，需要针对具体个案进行分析计算。

（四）勘测确定面积，评估损失

在实务中，并非所有房屋、土地在征收时的实际面积均与证载相同，实践中，大多数情况下两者并不一致。此时，勘测登记或者评估的结果就成为确定被征收面积的重要证据。按照《国有土地上房屋征收评估办法》的规定，在评估过程中，应当进行入户勘察，此时就是政府为确定补偿结果所进行的第一步工作。

当然，此时的评估工作除由征收部门委托评估公司进行外，企业还可自行咨询评估相关事宜，以对自身的财产情况做到了然于胸。在房屋征收过程中，当企业因条件限制无法自行评估时，积极配合征收方的评估机构进行入户测量显得尤为重要。许多被征收人在面临入户测量评估时，可能会选择消极抵抗，如拒绝评估公司进门或阻止入户测量。

然而，根据《国有土地上房屋征收评估办法》的规定，如果被征收人不配合评估工作，房地产价格评估机构有权在评估报告中说明相关情况，且企业因不配合评估工作而导致评估房屋及附属物价值的误差，这些后果将由被征收人自行承担。因此，为了确保自己的权益不受损害，企业应当积极配合评估机构的工作，并在整个过程中保留相关证据。

对于由征收部门委托的评估公司所作出的评估报告是否会出现不合法或结果偏低等疑虑，企业应当及时寻求专业人士的帮助。这些专业人士可以为企业提供有关评估程序合法性的咨询，并代理审查评估报告。通过专业人士的协助，企业可以更加准确地了解自己的权益和应得的补偿，从而确保在征收过程中得到公平合理的对待。

二、人员准备

(一) 确定征迁事项跑办人员

征收拆迁要经过诸多法定环节，涉及征收补偿的维权工作也是漫长而又复杂的系统工程。面临征收的企业有必要安排专门的工作人员，以应对维权过程中与征收方、本单位员工乃至外部律师长期、繁琐的沟通与协调。

为应对征迁事项沟通工作，企业对接人员数量应以一至两人为宜，且对企业具有一定的决策权限，便于及时应对各种状况，人员过多可能会导致决策效率的降低而错过协调机会。除决策权限之外，专门沟通的跑办人员应当具备以下几个方面的素质：

1. 较强的证据意识

征收维权的难点之一正是打破被征收人作为民事主体与开展征收工作的行政机关之间的信息不对称，以在后续的协商谈判中为己方的补偿观点提供强有力的支撑。企业中负责征收沟通工作的专门人员务必要增强证据意识，及时获取充分的证据，为后续的维权工作打下良好的基础。

证据的种类见《行政诉讼法》第33条：证据包括：①书证；②物证；

③视听资料；④电子数据；⑤证人证言；⑥当事人的陈述；⑦鉴定意见；⑧勘验笔录、现场笔录。以上证据经法庭审查属实，才能作为认定案件事实的根据。

以下就征收维权领域中三种常见证据的收集和保存进行如下提示：

（1）书证。书证是指以文字、符号、图形等形式所记载的内容或表达的思想来证明案件事实的证据，征收过程中常常体现为征收方发布的各类决定、方案、实施口径等形式公告于公共场所的相关文件，对于这类文件需要进行复印或拍照，完整记录下相关文字内容。书证也包括征收过程中相关机构送达被征收人的各类型手册、通知、清点登记材料、评估报告等文书，专门人员务必妥善保存送达的文件原件，同时尽量复印或扫描成电子版进行备份。

（2）视听资料。即通过录音、录像记载的声音、语言、形象或行为等来证明案件事实的证据。法律意义上的视听资料限定于以模拟录音录像设备如磁带录像机、磁带录音机、胶卷相机等设备形成的数据。

在与征收方进行现场协商谈判、电话通信或对涉征房屋进行强制拆除的过程中，企业沟通人员应当注意通过录音录像的方式记录下相应的过程。录音录像的制作应当注意以下几个方面：

第一，录音、录像内容要尽量能够体现对方的主体身份，可以通过主动询问对方的姓名、单位、职务的形式，或重点拍摄对方的工牌、制服、车辆标志、带队领导等方式锁定对方身份和单位。

第二，尽量确保录音、录像的声音、画面清晰，一方面要注意录制、摄制设备硬件的状况良好；另一方面也要注意录制、摄制人员能够熟练操作录制软件，在一些容易产生直接争执的场景下，有必要增加人员进行多角度、多机位的同步录制设置。

第三，无论是模拟信号录音录像设备，还是电子数据存储的录音录像设备，都要保存好录音、录像证据的原始载体。因录音录像有易于被剪辑修改的特性，行政诉讼中的录音录像一般都需要提交录音录像的原始载体进行质证，如果无法提出就会给对方留下不认可证据真实性的可能性。所以，录音录像证据的原始录像带、录音带等务必注意不能遗失，电子数据中的录音录像文件也不能从用于录制、摄制的设备如手机、录像机、录音笔等设备中删除，电子数据的录音录像同时也要注意将文件及时拷贝到其他硬盘、上传到网盘等形式进行整理或刻录成光盘，以便后续提交给法院进行举证。

（3）电子数据。电子数据是指通过电子邮件、电子数据交换、网上聊天记录、博客、微博、手机短信、电子签名、域名等形成或者存储在电子介质中的信息。在当今社会，微信等即时通信软件的使用极其频繁，征收人员与被征收方的微信聊天记录也成了一类常用证据出现在各类法律程序当中。

在收集这一类型证据时，也有两点需要重点注意。其一，注意通过交流锁定对方的身份，比如要求对方上传工作证件等，避免只有头像和软件账户名，无法确认对方的身份而难以达到证明目的。其二，要确保聊天记录证据在原始载体上不被删除，必要时可以进行公证。

2. 较强的沟通能力

沟通是解决征收补偿争议的核心环节，企业的征迁事项沟通人员要具有良好的沟通能力。以下从沟通对象的维度，对企业沟通人员开展工作进行简要建议。

（1）与征拆工作人员的沟通。

第一，清晰表达补偿诉求。企业征收主要涉及的征收补偿包括企业不动产价值的补偿、附属设施及不可移动设备的价值补偿、停产停业损失补偿、搬迁过渡费用补偿、征收项目的奖励费用补偿等方面。在与征收方进行实质性的征收补偿协调之前，企业沟通人员应当合理确定本企业的补偿诉求，包括补偿总价值和各项目的补偿价值方面，都应当有一个初步价值预估。固定资产可以以评估价值为基本依据，其他补偿项目则需要以项目方案为基础，或参照邻近的类似补偿实例确定补偿价值。

做好沟通前的补偿价值预估之后，当企业进入协调过程中，沟通人员在能够准确报出补偿总价和各项补偿价格的具体数额的同时，也要尽量梳理出各项数据的计算过程以及计算依据，使报价方案让人信服。

第二，准确叙述事实情况。在企业征收维权过程中，需要叙述事实情况的场景主要涉及两个方面。一为补偿协商，为了支撑己方的补偿费用的报价观点，增强各项诉求的说服力，企业的沟通人员需要对企业的相关事实情况具有充分的了解，具体涉及的事实情况主要包括几个方面：企业取得涉征土地房屋、开展建设的过程、建设规模、各项时间节点，这些情况可能涉及对房屋建设流程合法性的判断；对于购置的各项资产的种类、数目、单价和购置时间的规模的初步了解，这些情况可能会影响资产价值、搬迁费用补偿等价值的确定；企业经营状况，历年收益情况，这些情况可能会影响停产停业损失补偿的确定。

二为面临强制拆除等紧急情况时的沟通。这时与征收方或强拆方的沟通要建立在保障自身人身安全的前提下，保持冷静、克制，要求对方出具合法的强制执行手续以及发表对于强制执行合法性的意见。此外还要及时报警，和警方进行沟通时，也要清楚表明企业位置，企业正面临重大财产损害的风险，要求警方出警。警方如答复案涉拆除是政府征收拆迁行为无权出警，则可进一步追问对方是哪级政府，哪个政府部门，要求警方明确释明。与警方的通话录音也可能成为确定强拆主体并提起后续诉讼赔偿程序的关键证据。

第三，敏锐捕捉进展信息。在征收补偿协商过程中，企业的沟通人员在输出观点的同时，也要注意倾听，获取征收方透露的信息，以确定后续谈判的重点突破方向。具体应当关注如下方面的信息：

对于企业补偿价值确定的倾向性意见，包括对补偿总价值的价值区间，以及各个补偿项目的调整空间。

在实务操作中，各项补偿奖励费用往往是征收方最容易松动的地方，这些项目是否可以由征收方提交审查予以落实；对于企业固定资产的价值，是否可以协商共同委托评估机构重新评估确定，这些信息都可以成为后续补偿协商的重点方向。

第四，征迁及后续建设项目的急迫程度。征收维权是征收双方博弈的过程，征迁及后续建设项目愈发急迫，征收方越有可能提出更为优厚的补偿方案。急迫程度可以通过征收方提到的上级部门、领导布置的工作进度指标情况、后续项目施工单位的工作进展情况，乃至征收人员与企业方沟通人员的沟通频度来进行确认。需要明确的是，企业在维权过程中也不能做无理由拒绝搬迁的"钉子户"，而是应当在法律的限度内，充分利用好法律规定的各项救济措施，争取企业自身的合理利益。

第五，项目合法性的情况。无论是集体土地还是国有土地上房屋，行政机关进行征收补偿都应当遵循特定的程序。企业沟通人员在沟通过程中，要留意征收人员所提及的项目的各项决定、批复、公告程序是否已经作出。这些信息都有可能发掘出违法点，从而在后续有针对性地提起法律程序，以争取更有利的谈判地位。当然，沟通协调过程中能获取到的项目流程信息往往较为有限，也较难取得书面形式的证据，所以对于获取项目信息以及判断项目合法性，通常还需要申请政府信息公开。

第六，准确把握协商节奏。在征收维权的博弈过程中，要使得协商高效率、有效果，需要企业的沟通人员准确把握好协商节奏。在项目前期或项目急迫开工的情况下，征收人员频繁上门要求搬离，拒绝就补偿问题进行实质性协商，那么企业的沟通人员完全可以将这类无效沟通进行"冷处理"。而征收方愿意就补偿问题进行协商时，一定要保持耐心，争取沟通协商工作在理性的氛围下进行。

（2）与企业内部人员的沟通。

企业设置的征收事项专门沟通人员，也要注意与企业内部人员及时沟通。具体包括与企业主或合伙人等及时转达协商及维权进度，交换对于企业具体补偿方案的意见，及时调整后续工作的重点方向和策略。同时，专门沟通人员也要注意及时与企业其他员工进行沟通，一方面要及时向员工宣讲，在企业面临征拆这一特殊时期的基本注意事项，比如将可能送达企业的涉及征收的相关文件及时转交给主管领导，面对违法强拆时要保护好自身安全，尽量协助录音录像进行取证，等等。另一方面，一旦企业因征拆无法继续经营，也应当与员工及时沟通征拆的现实情况，并就劳动关系处理提出解决方案，保障劳动者的基本权益，避免产生劳动纠纷。

（3）与企业委托律师的沟通。

如企业在征迁维权过程中委托律师推进各项法律事务，那么，征迁事项沟通人员与律师的沟通工作也十分关键。除前文提到的清晰表达补偿诉求、准确叙述事实情况、敏锐捕捉进展信息外，沟通人员还需要注意以下几点：

第一，保证沟通的及时性。行政案件涉及的各项文件往往会设置严苛的救济时限，一旦错过相应时限就会导致救济权利的丧失，企业沟通人员收到文件后，务必及时转交给律师，让律师有充足的时间准备法律文书提起救济程序。

第二，提升归纳总结能力。企业沟通人员要善于提炼重点信息，供律师进行快速准确的决策；对于律师反馈的法律意见，应及时向企业主和企业其他工作人员进行传达。

3. 较强的应变能力

企业的专门沟通人员需要与各方进行沟通，汇总各方的消息，对征拆方表达的重点意见要能及时准确地回应，对强拆等紧急行为要及时与各方沟通，向企业人员布置应对方案，等等。

4. 较强的责任感

征拆维权的事务繁琐而又漫长，沟通人员要承受相当大的压力，因此要有为企业争取合理补偿利益的责任感，要有足够的细心和耐心投入各项维权事务当中。企业主如果本人不担任专门沟通人员，而是安排其他工作人员负责这一工作，应当给予沟通人员充分的信任，理解其工作的难点重点，以维持工作人员为企业维权的决心和动力。

（二）确定征拆资产看守人员

企业在面临征拆时，为了应对各类突发情况，例如突发性的违法强拆、偷拆，以及拆除涉征房屋时连带砸毁企业其他资产等情况，有必要设置专门人员对涉征资产进行看护。企业看守人员应当具备以下几个素质：

1. 较高的安全意识

看守人员长期驻守在企业一线，直接面临着可能发生的违法行政强制行为等风险，加上随着项目的推进，征拆地块周边配套设施被破坏，往往环境杂乱、治安恶化，甚至可能断水断电，看守条件极为艰苦。在这样复杂的环境和严峻的形势下，看守人员需要具备较高的安全意识，要把个人的人身安全放在首位，保障好个人安全是为企业争取合理诉求的基础条件；看守人员遇到紧急情况要第一时间报警，并与企业其他人员取得联系，避免与人数众多的破坏分子起直接冲突。在日常看守过程中，也要注意避暑保暖。其次是企业财产安全，对于直接破坏企业财产或者可能危及企业财产的行为，在保障人身安全的前提下及时出面制止，同时也要报警并与企业其他主管人员联系。

2. 较强的证据意识

与企业设置的专门沟通人员一样，资产看守人员同样应当具备证据意识。看守人员更应当注意的是，要对直接送达企业地址的各项文书及时接收和传达。在企业征拆实务中，一些征迁方明知程序违法，故意采取"留置送达"手段，将文书张贴在企业隐蔽处的墙体上，甚至张贴后又马上撕掉，让涉征企业难以察觉文书已经进行过所谓的"送达"，导致企业无法第一时间采取应对措施甚至错过救济期限，给维权工作带来麻烦。这就需要看守人员增加巡查的频度，细心留意。

看守人员另一个需要收集证据的侧重点，在于应对突发性强拆等破坏性事件过程中，及时进行录音、录像、拍照等，记录下对企业财产破坏的过程并锁定实施破坏行为的主体。具体注意事项，可参见前文专门沟通人员的证据意识部分。

(三) 聘请律师、评估师、税务师等专业人士的前瞻意识

由于征拆维权工作的复杂性，企业有必要聘请具有相关专业知识和经验丰富的律师，协助企业处理维权过程中各个环节各个阶段的法律事务。企业的最终目的是取得补偿或提高补偿，为了获得谈判主动，在律师的协助下，企业应自行委托评估公司，对资产及损失的证据进行查漏补缺并作出合理的评估结果，为证据保全、谈判做好准备。另外，企业征收款需要加纳25%的企业所得税，为了避免政府指令税务机关施压征收，企业也要聘请税务筹划师提前进行税务合规和税务筹划服务。

三、心理准备

(一) 经营受阻的心理准备

《国有土地征收条例》《关于进一步严格征地拆迁管理工作切实维护群众合法权益的紧急通知》《关于加强监督检查进一步规范征地拆迁行为的通知》等诸多法规、文件，均明确要求保护征拆过程中被征收人的合法权益，不得采取暴力或非暴力形式逼迫被征收人进行搬迁，征拆项目的规范化程度也在逐渐提高。但令人遗憾的是，个别地区行政机关对被征收人的逼迁情况仍然存在。

常见的逼迁手段有断水、断电、断天然气、断路等破坏基础设施的逼迁；以企业违建或违反消防、税务、卫生等规定进行行政处罚的逼迁；征拆人员长时间频繁上门或长期滞留等形式的逼迁，等等。企业以效益为生命，逼迁行为往往会直接或间接地影响企业效益，包括制造业企业的生产受阻、服务业企业的客流量减少等。

一旦遭遇逼迁行为，企业可及时报警或拨打市长热线等反映情况，要求处理，也可以提起诉讼要求排除妨害，停止逼迁行为，撤销错误的行政处罚等。同时，企业也要注意及时调整生产规模，尽可能减少逼迁行为对经营带来的损失。另外，也要注意规范经营行为，避免自身的经营违法为对方实施逼迁行为提供机会。

征拆项目启动，不可避免地会导致周边环境的恶化，已签约搬迁户建筑的大量拆除导致的建筑废料堆砌、施工粉尘噪声污染、工程车辆频繁出入，

以及征拆范围内常住人员减少导致的治安状况恶化，也往往会给尚未搬迁的企业继续经营带来诸多不便。

（二）面对暴力的心理准备

如果被征收企业长时间拒绝搬迁，将严重影响项目的进度，项目财务成本急剧上升，开发商面对压力，很可能会采取非法措施，例如聘请拆迁公司强拆等，势必会对被征收企业人员的身体、心理造成巨大的压力。

（三）长期谈判的心理准备

从开始拆迁直到拿到补偿款，一般会经过一年甚至更长时间。在谈判过程当中，被征收企业还可能采取司法、信访等途径，都要走很长的路。因此必须有强壮的身体素质和心理素质，才能实现自己的部分或全部要求。

（四）合理让步的心理准备

在国内经济下行压力增大、地方政府财政较为紧张的大背景下，企业决策者在为企业主张合理补偿价值的同时，在协商过程中要抓住双方利益的平衡点，就补偿利益作出适当合理的让步，促成争议的尽快解决，将更多精力投入企业后续的生产经营之中。

第三节　常见的拆迁手段及应对技巧

一、常见的拆迁手段

（一）以政策压人

相信经历过拆迁的人都知道，每家每户，尤其是企业征收，各项标准、补偿金额很难完全公平公开透明地按照法律的规定执行，很多厂房建筑条件差不多的经营者，最后签订补偿协议的补偿标准可能相距甚远。而在双方谈判初期，拆迁办或行政机关工作人员往往会以不符合政策或当地没有这种政策为由，拒绝就补偿问题进行协商。

政策从概念来讲是行政机关为了实现行政管理职能或实现行政管理目的而采取的方法、策略或制定的行动准则，常见于行政机关的决定、决议、纲领、通知、会议纪要等，其和法律无论从制定主体、程序、表现形式上都有着根本区别。法律是由国家机关依照法定职权及程序加以制定的，具有强制力；而政策有所不同，政策是行政机关依有关规定制定的，是行政机关意志的集中体现，不具有国家意志的属性，其主要通过思想工作、宣传教育、党的纪律，以及人民对政策的信任、支持而贯彻执行。虽然地方政策具有一定的强制力，但强制力较弱。

具体到征收当中，常见的政策主要是当地政府制定的地方性文件、征收安置方案以及对历史遗留问题的处理文件。例如，《国有土地征收条例》规定，对于未经登记的建筑物，由有关部门进行调查、认定和处理，但是具体如何处理，很大程度上需要依靠地方性的政策，例如平湖市人民政府制定《平湖市国有土地上房屋征收涉及未经不动产登记建筑等问题调查、认定和处理办法》，就是为了解决当地征收中涉及的未经登记建筑物的认定、处理等问题。

征收实践中，大部分地方政策都没有具体的文件载体，俗称"土政策"。例如，对于没有产权登记的一律不予补偿，一律按照违法建筑予以处理；对于没有纳税记录或营业执照但实际正在经营的，一律不给停产停业损失；对于装饰、装修损失，一律按照规定标准予以补偿。征收方常常利用政策作为逼拆的手段，从一开始就强调这是政府制定的政策，当遇到意见分歧时，更是以政策为借口，强调其不可更改性。征收方倾向于以政策压人，认为被征收企业没有权力质疑或改变政府制定的政策，反对即被视为不配合政府工作。

然而，需要明确的是，政策与法律是两个不同的概念。政策虽然具有指导作用，但并不具备法律同等的约束性与强制性。依据《宪法》第5条，我国实行依法治国，所有国家机关、武装力量、政党、社会团体、企业事业组织都必须遵守宪法和法律，任何违反宪法和法律的行为，都将受到法律的追究。因此，地方性政策不得违反法律规定，更不得剥夺公民依法享有的补偿权利。

被征收企业在面对征收方以政策为借口的逼拆行为时，应保持冷静，了解自己的权益和法律规定。同时，政府和相关部门也应加强监管，确保征收过程依法进行，保障被征收企业的合法权益。

(二)"三断"手段

在企业征收补偿工作中，常见的违法方式主要有断水、断电、断路等，此外还有"株连公职亲属""诽谤、侮辱""散布谣言"等非法方式。《国有土地征收条例》第31条规定，采取暴力、威胁或者违反规定中断供水、供热、供气、供电和道路通行等非法方式迫使被征收人搬迁，造成损失的，依法承担赔偿责任。

上述违法方式中对企业影响比较大的，就是断水、断电、断路的"三断"手段。供水、供电才能保障企业的日常经营生产需要，道路畅通才能保障企业的原材料供给顺利，以及产品销售畅通，所以在企业征收中，若双方无法就补偿问题协商一致，征收方或征收方授意的施工方常常会采取断水、断电、断路等方式，逼迫企业尽快搬迁。

实践中比较常见的就是施工方"不小心"把路挖断了、把供水管道挖断了，因为征收方很清楚，断水、断电、断路会影响企业的正常生产经营，经营者若无法坚持就不得不作出让步，被迫签字。

(三) 以拆违促拆迁

"以拆违促拆迁"是企业征收中经常会遇到的现象，之所以会出现这种现象，主要有两个原因。

第一，从企业角度来看，很多企业建造时间较早，或规划审批意识不强，导致一些"无证"厂房或仓库的出现，这些建筑物在遇到征收时就会出现"补"与"不补"的问题，甚至很多企业存在租赁村集体经济组织的土地修建厂房问题，这部分建筑物不仅存在"无证"建筑的问题，也存在"非法改变土地用途"等问题。另外，实践中还存在因行政机关不作为导致的企业"无证"建筑的出现，比较常见的是，部分企业家响应当地招商引资政策，耗费大量的人力物力资源在当地进行建设，当地政府部门也发文明确表示协助办理相关的建设手续，但直到征收时都未能办理。

第二，从征收方角度来看，如果按照正常的企业征收流程，征收方并没有对征收范围内建筑物进行拆除的权利，只能在作出补偿决定后申请人民法院强制执行，但因征收方各种手续不全等问题，无法达到申请强制执行的程度，往往导致征收进度无限期拖延。在此情况下，认定拆迁范围内建筑物为"违法建筑"，不失为一种比较高效的办法。为了提高惩治违法建筑行为的效率，及时消除违法建筑产生的影响，《城乡规划法》赋予了行政机关在一定条件下强制拆除"违法建筑"的权力。"申请法院强制执行"和"直接拆除"两种方式，拆迁方往往都会选择直接拆除，不仅可以缩短拆迁进度，还能规避补偿规定。根据《国有土地征收条例》第24条第2款的规定，对认定为违法建筑和超过批准期限的临时建筑的，不予补偿。很多被拆迁户在法律意识不足的情况下，无法正确区分"无证建筑"和"违法建筑"，慌乱之下便同意了拆迁方不合理的补偿标准。

（四）强拆、偷拆

所谓强拆、偷拆，均是在未经人民法院准予强制执行、未给予合理补偿的情况下，征收方组织人员强制拆除被征收范围建筑物的行为。强拆、偷拆经常发生在征收方和被征收企业就补偿数额无法协商一致、待建项目急于开工建设的情形中，征收方或项目施工方往往会铤而走险，采取强制拆除措施。

（五）强拆威胁

强拆威胁是征收方在征收过程中最常用、最有力度的心理战术。

在征收过程中，基于法律规定以及防止矛盾激化的考虑，征收方和施工方往往不敢大肆使用强拆手段，但这并不妨碍征收方经常以强拆为威胁，对被征收企业的人员进行心理施压。

许多企业经营者由于缺乏征收经验，对强制征收的底线并不清晰。征收方往往利用这一点，通过警告和威胁的方式，试图迫使他们接受。这种策略往往能引发企业经营者的恐惧心理，他们担心最终可能不仅无法获得期望的补偿，甚至可能连厂房都无法保住。在这种压力下，许多企业经营者不得不接受不满意的安置补偿协议。

在征收过程中，每位被征收人都希望在规避强拆风险的同时实现利益最大化。然而，征收方恰恰利用被征收企业对于风险控制的需求，以及对强拆及其后果的不确定性和心理恐慌，进行心理施压。他们通过不断发起强拆威胁，让被征收人感觉仿佛有一把悬在头顶的利剑，随时可能落下。尽管多数情况下这把"利剑"并未真正落下，但许多被征收人已在这种心理战术下选择了屈服。

面对这种情况，被征收人应保持冷静和理性，充分了解自己的权益和法律规定，必要时寻求专业律师的帮助，以确保自己的合法权益得到最大限度的保障。同时，政府和相关部门也应加强监管，确保征收过程合理、合法进行。

（六）置之不理

征收项目进行到一定程度，如果被征收企业始终不向征收方妥协，征收方可能会突然转变态度，并表示准备另行规划，改变征收范围，水电不通，让企业无法经营下去。其实征收范围不是任何一个征收工作人员就能确定的，征收方说变就变的态度就是为了给被征收企业施加压力，让人心生畏惧而主动向征收方妥协。

通常，被征收企业在面对征收的过程中，经历长时间的等待、焦虑和紧张，心理承受能力会逐渐达到极限。如果此时征收方突然宣布征收计划取消，这无疑会给被征收企业一种"前期所有努力付诸东流"的错觉，从而迫使他们在这个关键时刻选择妥协。

（七）取消奖励、补助

在征收工作中，奖励和补助的意义是给予被征收人在原有合法补偿的基础上的额外的经济补偿，以促使被征收人积极配合征收工作，减少征收过程中因补偿产生的争议，促使征收工作顺利快速进行。

房屋征收工作所涉及的问题是十分复杂的，不同城市的政府所面临的征收情况也是不同的，为了顺利完成房屋征收工作，制定适当的补助和奖励办法是必要的。为此《国有土地征收条例》第17条第2款规定："市、县级人民政府应当制定补助和奖励办法，对被征收人给予补助和奖励。"但奖励和补助，往往都有一定的前提条件，比如按期搬迁或者提前搬迁。

需要注意的是，奖励和补助并不能代替征收补偿，而且多数情况下，奖励和补助都不会很高。奖励和补助存在的前提一定是征收补偿合理合法，如果征收补偿合理，奖励和补助也会在一定的范围内；如果奖励和补助超过了正常范围，被征收人就要注意了，因为这很可能是从征收补偿中提取出来的。

实践中，补助和奖励已经成为某些征收方使被征收人搬迁的方法之一。例如，若在公告期内迟迟不搬迁的，征收方便会告诉被征收企业，再不签字就没有奖励和补助了。在此情况下，被征收人一定要先审查自己的房屋等建筑物补偿、停产停业损失、搬迁费合不合理，如果补偿不合理，远远无法保障企业以后的生产经营，则无论奖励、补助是否存在，都会对被征收人的权益产生一定的损害。

（八）报价极低

正常的征收流程必须先制定征收安置补偿方案，并在被征收范围内公布，以便征求被征收方意见，然后在安置补偿方案的基础上对被征收的建筑物等进行评估。对于初步的评估结果，也应该在被征收范围内公示，随后双方再就评估价格进行协商。

但在实践中，不少征收项目在执行中缺乏透明度和公正性。征收方往往不公布征收安置补偿方案，也不公示初步评估结果，而是直接给出一个极低的补偿价格,甚至只是一个没有正式盖章的评估结果,仅供被征收企业短暂查看后便收回。这种做法不仅剥夺了被征收企业了解真实情况的权利,也为其后续的协商谈判设置了极大的障碍。

征收方首轮报价极低,其真实意图在于为征收补偿工作留下巨大的议价空间。他们希望通过这种策略彻底打压被征收企业的心理预期,使其不敢进行合理估价和主动要价。在征收方报价的基础上,双方经过反复谈判,最终达成的价格可能看似有所上涨,甚至翻了几倍或十倍,让被征收企业产生获得胜利的错觉。然而,这种价格可能往往仍然低于合理的市场补偿价格。

这是因为,在议价过程中,被征收企业往往只能参照征收方的首轮报价进行谈判,而不是基于自己对企业价值的合理评估。这种信息不对称和谈判策略的不公平,使得被征收企业在整个征收过程中处于弱势地位,难以维护自己的合法权益。

因此,为了保障被征收企业的合法权益,必须加强对征收过程的监管和透明度。征收方应公开征收安置补偿方案和初步评估结果,确保被征收企业能够充分了解真实情况并作出合理决策。同时,应建立公正的谈判机制,确保双方能够平等协商,避免被征收企业受到不公平的待遇。

二、应对技巧

(一) 强拆的应对方法

在征收拆迁的复杂过程中,强拆作为最后的手段,根据执行主体的不同,明确区分为行政强拆与司法强拆。行政强拆,即由行政机关,如城市管理部门或土地管理部门,在符合法定程序的前提下,对未能在规定时间内自行拆除的违法建筑或未达成征收协议的房屋进行强制拆除。这种方式体现了政府的行政执行力,旨在迅速解决征收难题,但也可能因程序透明度不足而引发争议。

而司法强拆,则是当征收双方无法就补偿事宜达成一致,且被征收人未在规定时间内采取法律救济措施时,由行政机关依法向人民法院申请,由法院审查并决定是否执行的强拆方式。司法强拆以其高度的法律性和程序性著称,确保了强拆行为的合法性与公正性。它不仅保护了被征收人的合法权益,也维护了社会的公平正义,是法治社会下解决征收纠纷的重要途径。

1. 行政强拆的应对

(1) 第一时间报警，保留报警证据，索要报警回执，条件允许时对出警过程录音、录像。

第一，行政机关组织的行政强拆，公安机关大多是知情并参与维持秩序的，甚至部分公安机关派员亲自参与强拆，导致很多被征收企业在面对强拆时，想不到或者根本不愿意报警，认为报警根本没有用。然而，报警的作用并非通过警察到场后就可立即制止强制拆除行为，而是通过这样的方式明确强制拆除的性质，即是否属于行政强制，也为维权保留证据。

第二，公安机关负有保护公私财产的法定职责，对破坏公私财产的违法行为负有调查处理的义务。若是其他民事主体实施的拆除行为，则该行为极有可能涉嫌故意损毁财物罪，公安机关更应当对该行为进行立案调查。如果公安机关对拆除行为不制止、不处理，其不作为行为本身就可以作为排除其他民事主体实施强拆的依据，可以作为行政机关实施强拆的佐证。

第三，依据最高人民法院公报案例精神以及司法解释的规定，发生在征收过程中的强拆，除非另有证据证明是其他民事主体实施，否则推定是行政机关实施的。

2018年，最高人民法院公报案例［2017］最高法行再101号"许某云诉金华市婺城区人民政府房屋行政强制及行政赔偿案"，确定了"除非市、县级人民政府能举证证明房屋确系在其不知情的情况下由相关民事主体违法强拆的，则应推定强制拆除系市、县级人民政府委托实施"的裁判精神。2018年2月8日开始施行的最高人民法院《关于适用〈中华人民共和国行政诉讼法〉的解释》第25条明确，市、县级人民政府确定的房屋征收部门在组织实施征收补偿过程中的行为责任由房屋征收部门承担。

(2) 自行或者委托他人拍照录像，固定现场证据。

强拆现场的视听资料，是被征收企业事后维权的重要证据，关系强拆主体的确定、赔偿事项能否被支持等。因此，一定要及时对强拆现场进行拍照录像。拍摄时要注意，不要靠太近，以免摄像设备被抢夺或损毁。不仅要拍摄强拆房屋、生产线的场面，更要拍摄强拆现场的工作人员，尤其是组织、领导、负责人员，有明显身份标志的车辆、工牌等也是重点拍摄对象。强拆发生后的现场废墟也要尽量拍照录像，尤其针对被掩埋或损坏的生产设备、物品等。

很多行政机关在实施强拆时,会进行设备、物品的清点、登记、转移。若被征收企业自己没有证据证明设备、物品全部被妥善转运,后期主张设备、物品遗失、损毁,则很难得到法院的支持。若被征收企业有设备被掩埋、损坏的视频或照片,则相对较容易推翻行政机关提供的清点材料。照片、视频拍好后,不要轻易从手机、相机中删除,可以在原始设备中保存的同时多备份几套。

（3）及时提起行政诉讼及赔偿程序。

当强拆行为发生后,单纯寄希望于通过协商的方式解决问题变得不切实际。对于征收方而言,企业厂房已经不存在,妨碍其征收进程的障碍已经消除,推动解决问题的动力已经不够强烈。在此情况下,被征收企业更要积极主动地提起法律程序,行使自己的诉权,避免因过度依赖于协商或其他方式而耽误起诉期限,导致诉权的丧失。

需要说明的是,这里所说的及时提起行政诉讼以及赔偿程序,是提醒被征收企业注意提起行政诉讼以及启动赔偿程序的期限。对行政机关实施的拆除行为不服的,起诉期限一般是6个月;没有告知起诉期限的,起诉期限最长不超过1年。也就是说被征收企业一般应当在6个月内起诉,若实施拆除行政机关没有告知被征收企业起诉期限,则被征收企业应当从知道拆除行为之日起1年内提起诉讼。

赔偿程序可以在复议或者起诉时一并提起,也可以在拆除行为确认违法后的2年内提起,但不建议被征收企业轻易地在复议或起诉确认拆除行为违法时一并提起行政赔偿程序。因为实践中,一旦企业遭遇非法强拆,之后直接通过行政赔偿的方式所获得的行政赔偿效果往往并不好。原因有以下几个方面：

第一,《国家赔偿法》中"合法权益"的界定将很多企业的赔偿排除在外。

《国家赔偿法》第2条第1款规定：国家机关和国家机关工作人员行使职权,有本法规定的侵犯公民、法人和其他组织合法权益的情形,造成损害的,受害人有依照本法取得国家赔偿的权利。

该条规定将国家赔偿的范围界定在"合法权益"的范畴,司法实践中,如果企业没有取得建设工程规划许可证、房产证、土地证等证件,人民法院往往会认为没有证据证明其厂房属于合法权益而判定不予赔偿,这就导致企业最为重要的资产得不到赔偿。这样的法律规定和司法实践所带来的社会影响就是：在实际征收中，行政机关对于证件齐全的企业，会很慎重地实施强拆，而对于手续不齐全的企业，往往会更倾向于通过实施强制拆除的方式解决征收问题。这样的社会现象足以证明，对于手续不齐全的企业而言，在强拆后直接提起行政赔偿并不是很理想的维权方式。

第二，企业的很多损失难以证明。

实践中，很多企业在被强制拆除后，其厂房面积、价值、生产设备价值、装饰装修、室内物品等，缺乏有效证据证明，既无法证明相关项目的存在和数量，更无法证明其价值，若此时行政机关提交与实际情况不符的调查、评估材料，法院大概率会采纳其提交的材料。即使行政机关未举证或法院未采纳其材料，又无法另行通过评估方式确定价值，此时只能交由法院自由裁量，自由裁量受法官个人认知、平衡双方利益的考虑，尤其在涉及行政机关利益时，裁量结果往往不尽如人意。因此，建议被征收企业在征收启动后，一定要对自己的企业进行全面、完整的拍摄，对于重要设备、财物可以在拍摄过程中重点介绍，有条件的最好提前委托评估机构对企业价值进行评估，包括但不限于厂房价值、土地使用权价值、生产设备价值、装饰装修、搬迁调试安装费用、停产停业损失等，从而避免陷入诉讼中无证可举的困境。

第三，不少损失内容难以纳入赔偿范围。

《国家赔偿法》第36条第8项规定：对财产权造成其他损害的，按照直接损失给予赔偿。

依据该条规定，对于因行政机关违法强拆而给被征收人造成的损失，仅仅按照直接损失予以赔偿。也就是说，对于企业的损失，仅赔偿厂房、生产设备、装饰装修、室内物品等价值，正常征收过程中的搬迁费（含安装调试费）、过渡费、停产停业损失、征收奖励、补助等，都不属于直接损失的范畴，因此不予赔偿。

2018年，最高人民法院的公报案例［2017］最高法行再101号"许某云诉金华市婺城区人民政府房屋行政强制及行政赔偿案"确立了"全面赔偿"的原则，即被征收人得到的赔偿不能低于依照征收补偿方案可以得到的征收补偿。

2022年3月20日，最高人民法院发布《关于审理行政赔偿案件若干问题的规定》，第28条、第29条进一步明确了"停产停业期间必要的经常性费用开支"和"直接损失"的范围,以法律形式纠正此前狭隘的直接损失范畴,这对企业经营者而言无疑是个利好消息。

但是仍然需要注意的是,对于盈利状况好的企业而言,征收所带来的损失仍然不仅于此,尤其是客户群流失所造成的经济损失,该部分损失并不在行政赔偿的范畴,企业很难通过行政赔偿程序获得该部分损失赔偿。

第四,在行政强制被确认违法后,及时申请违法追责。

在确认行政机关强拆违法后,被征收企业可以依据生效的裁判文书向有关部门申请追究征收负责人员滥用职权以及故意损毁公私财物的法律责任。尤其是长期经营的企业,其经营行为已经得到当地行政机关的允许,甚至不少是当地招商引资进来,建设之初也获得了不少税收优惠、政策扶持等,为当地创造了大量税收,提供了不少就业岗位,为当地的经济发展作出了很大贡献。在行政机关需要征收时却进行强拆,这已经属于一种政务失信行为。2016年12月22日,国务院颁布了《关于加强政务诚信建设的指导意见》,对政务诚信进行了严格的要求,一旦出现强拆并被确认违法,征收相关负责人要承担相应的责任。因此,可以通过要求追究相关人员滥用职权、失职、渎职的方式,来推进征收双方之间的协商。

2. 如何应对司法强拆

当进入司法强拆阶段,对于企业而言,其维权已经基本进入末路,因为司法强拆的前提是行政机关已经作出了征收补偿安置决定文件,而企业未及时复议、诉讼,或者诉讼后有生效裁判文书作出。一般而言,法律程序至此已经走到尽头。当然,也可以在行政机关申请强制执行后,尝试向法院提出异议、申请组织听证,再从听证材料中找寻诉讼点提起诉讼,以诉讼的方式申请中止执行的听证,进而中止执行程序。

张家界某水果加工企业在执行阶段委托在明律师,经过律师申请听证、起诉、申请中止,在执行过程中协商解决了补偿安置问题。当然,这只是个例,不建议被征收企业等到司法强拆阶段才想起维权,而应当在征收启动之初就积极通过法律方式进行维权。法律维权与协商相互配合,才能相对稳妥地解决问题。

(二) 偷拆的应对方法

偷拆在征收实践中并不鲜见。征收部门为快速实施征收,又想避免强拆所引发的直接人员冲突,减少社会影响,偷拆便成为某些行政机关的征收手段。

遇到偷拆后，被征收企业除第一时间报警外，还要积极向周边人员了解偷拆的时间、人员等信息，作为后期维权的线索。另外，要搜集各项征收文件以证明是因征收而发生的拆除行为。

相比遭遇强拆和偷拆后想办法应对，被征收企业更要注重对拆除行为的事前防范，主要有以下三点：

1. 必要的人员留守

必要的人员留守，是指企业在非生产经营时段，一定要有相应的人员留守企业。有人看守会让偷拆行为无所遁形，行政机关在实施强制拆除时会有一定程度的顾忌。

2. 有效的联络沟通

有效的联络沟通，是指看守人员在发现异常情况时能够及时通知企业相关人员到场交涉或者拍照录像取证，能够让企业主及时全面掌握有关拆除信息。

3. 有效的法律震慑

有效的法律维权震慑，是指在征收启动之初，企业就应当通过必要的法律方式进行维权，通过法律维权的方式向行政机关表明企业依法维权的决心和能力，让行政机关知晓一旦违法实施强拆或偷拆后，可能要承担的法律责任和引发的一系列后果，促使行政机关通过协商的方式解决补偿问题。

（三）以拆违代拆迁的应对方法

1. 明确企业主体情况，广泛收集有利材料

《国有土地征收条例》第 24 条第 2 款规定：市、县级人民政府作出房屋征收决定前，应当组织有关部门依法对征收范围内未经登记的建筑进行调查、认定和处理。对认定为合法建筑和未超过批准期限的临时建筑的，应当给予补偿；对认定为违法建筑和超过批准期限的临时建筑的，不予补偿。

这是国有土地上房屋征收中关于未经登记建筑的调查、认定、处理规定，各地的集体土地征收补偿政策中同样有类似规定。显然，无证建筑不等于违法建筑，并非必然不予补偿。

在征收中尤其是征收方有意采取拆违方式进行征收时，企业主尤其要重视对企业主体情况的了解，明确企业土地权属的来源、厂房建设时间、建设时进行过哪些审批流程，未取得权属证书的原因、未进行申报的原因，着重

搜集与占用土地、建设厂房有关的任何书面材料,包括但不限于租地协议、厂房转让协议、招商引资、报建手续等,以此来证明企业厂房存在的合理性基础。合理的基础是与行政机关进行有效协商的基础,若无任何合理性基础,如在基本农田里自行毁地建厂,则很难说服行政机关按照合法建筑予以处理。

2. 不卑不亢主张权益,推动双方谈判协商

行政机关无论是依据《土地管理法》作出相应行政处罚决定,还是依据《城乡规划法》等作出限期拆除决定等行政决定文书前,依据程序正当原则,都应当事先告知,听取相对人的意见。被征收企业应当充分利用该程序,对自己厂房长期存在的积极性、合理性进行阐述。这个过程很考验征收双方的心理。被征收企业要不卑不亢,既要表现出配合行政机关进行征收的诚意,有理有据地主张权益,不要让行政机关觉得协商不通而走拆违的路子;又要让行政机关知道被征收企业坚定的维权决心,让行政机关意识到拆违的方式是吓不退被征收企业的,若实施拆除将会引发一系列的诉讼、控告程序。需要注意的是,此时的协商需要其他法律程序相配合,以其他法律程序为协商筹码,否则单纯依靠谈判技巧、过硬的心理等解决问题,无异于缘木求鱼。

3. 收到行政决定文书,及时提起复议诉讼

一旦行政机关作出了《行政处罚决定》《限期拆除决定》等行政决定文书,被征收企业一定要放弃仅仅靠协商就能解决问题的想法,做好法律维权的思想和行动准备。因为此时若不积极行使复议、诉讼的权利,超出一定期限后行政机关就可以自行拆除或者申请人民法院强制拆除,使行政机关的拆除行为在形式上合法化,被征收企业就很难通过起诉确认强拆违法、申请行政赔偿的方式来解决问题。

需要注意的是,行政机关依据不同的法律规定作出的行政行为,起诉期限以及有权实施强拆的主体并不相同。《土地管理法》第83条规定:建设单位或者个人对责令限期拆除的行政处罚决定不服的,可以在接到责令限期拆除决定之日起15日内,向人民法院起诉;期满不起诉又不自行拆除的,由作出处罚决定的机关依法申请人民法院强制执行,费用由违法者承担。

依据该条规定,被征收企业在收到行政机关依据《土地管理法》作出的《行政处罚决定》或《责令限期拆除决定》后,应当在15日内起诉,否则期满后,行政机关就可以申请人民法院强制执行。

《行政强制法》第44条规定:对违法的建筑物、构筑物、设施等需要强

制拆除的，应当由行政机关予以公告，限期被征收企业自行拆除。被征收企业在法定期限内不申请行政复议或者提起行政诉讼，又不拆除的，行政机关可以依法强制拆除。

依据该条规定可知，行政机关依据《城乡规划法》作出《限期拆除决定》等行政决定文书后，若被征收企业在法定期限内不复议、不起诉，行政机关可以依法强制拆除，这里的起诉期限适用一般性的 6 个月的规定。

综合以上两条规定，被征收企业在收到行政机关作出的《行政处罚决定》《限期拆除决定》等文书后，及时提起复议或者行政诉讼，最直接的作用就是能够让行政机关不能自行实施强拆或者申请法院强拆，再配合其他适当法律程序争取依法中止《行政处罚决定》《限期拆除决定》的诉讼，就能够在相对较长的期限内保住企业厂房，从而争取与行政机关协商解决补偿问题的时间与机会。另外，被征收企业一定要留心以下几点：

（1）行政机关告知被征收企业《行政处罚决定》《限期拆除决定》仅仅是走个形式，不会真拆。对于这类言论，企业责任人不可轻信，倘若没有拆除意图，行政机关不可能作出要求拆除的文书。倘若不及时起诉，一旦超过期限，将导致无法起诉。

（2）行政机关告知被征收企业只要起诉就立即实施强拆，这其实是一种威胁。前面提到过，复议、诉讼期间不得强拆，被征收企业起诉后行政机关仍实施强拆的，其强拆行为明显违法。

（3）被征收企业起诉后，不要在补偿问题尚未解决的情况下就撤诉。部分行政机关和被征收企业口头达成补偿协议，让被征收企业先撤诉，不少企业撤诉后，口头协议却无法落实。依据《最高人民法院关于适用〈中华人民共和国行政诉讼法〉的解释》第 60 条的规定，人民法院裁定准许原告撤诉后，原告以同一事实和理由重新起诉的，人民法院不予立案。此时，被征收企业就无法再对行政机关的决定提起诉讼了，只能眼睁睁看着行政机关自行或者申请人民法院强制拆除了。

（4）行政机关依据《城乡规划法》《行政强制法》作出的《限期拆除决定》《强制拆除决定》都要起诉。不少地方法院认为《限期拆除决定》《强制拆除决定》是同一个机关针对同一个事项作出的，没有必要都起诉，不少被征收企业信以为真，就只起诉了其中一个行为，从而丧失对另一个行为的诉权。一般而言，《限期拆除决定》更多是对房屋合法性的认定，要求被征收企业将房屋自行拆除，而《强制拆除决定》体现的是行政机关决定强制拆除。两者虽然是针对同一房屋同一事项，但事实依据、适用法律和性质并不完全相同，属于两个不同的行政行为，一定要分别起诉。

（5）对行政机关以"通知"等名义作出相关决定，被征收企业误以为不可诉。行政机关作出的行政行为性质并不能单从其文件名称来判断，而要结合其文书的全部内容进行甄别，如是否明确了相对人的义务以及若不履行该义务会造成的后果。被征收企业若无法自行判断，应及时咨询专业律师进行甄别，以免耽误救济。

4. 提起其他法律程序，促进协商解决问题

对征收方而言，拆违只是一种手段，其根本目的在于顺利征收、拆除地上建筑，以实现土地的平整及交付。对被征收企业而言，维权的重点不仅在行政机关作出的《行政处罚决定》《限期拆除决定》上，更要针对征收中的相关行为、文件依法提起法律程序，查找违法点，以诉讼促进协商，才有可能更快更好地解决补偿问题。

5. 针对强制拆除行为，积极维权捍卫权益

若行政机关在复议或者诉讼过程中强拆房屋，可依据前文提到的行政强拆的应对方式进行维权，在此不再赘述。

（四）如何应对"三断"

《国有土地征收条例》第31条明确规定：任何单位和个人不得采取暴力、威胁或者违反规定中断供水、供热、供气、供电和道路通行等非法方式迫使被征收人搬迁。但实践中，征收人采取中断供水、供电、道路通行等方式迫使搬迁的情形时有发生。

1. 断电的应对

电是企业进行生产经营最基本的能源，切断电力供应会直接导致企业无法正常生产经营。如果遭遇断电，首先要保证用电主体合法，即直接与供电局订立供电合同，而非租用他人变电设备，这样才能在后续维权时挺直腰杆。

其次，向供电部门施加压力，促使其恢复供电。供电局也不愿意因为非法断电而给自身带来麻烦和损失。被征收人可以对供电部门提起控告、诉讼等程序，将压力转到供电部门身上，促使供电部门权衡利弊后恢复供电。

针对行政机关的断电行为提起控告及诉讼。《国有土地征收条例》第7条规定：任何组织和个人对违反本条例规定的行为，都有权向有关人民政府、

房屋征收部门和其他有关部门举报。接到举报的有关人民政府、房屋征收部门和其他有关部门对举报应当及时核实、处理。监察机关应当加强对参与房屋征收与补偿工作的政府和有关部门或者单位及其工作人员的监察。

依据该条规定，被征收人可以就有关行政机关断电、断水、断路的行为向市、县级人民政府递交查处申请，若市、县人民政府不予处理，可以针对其不作为行为提起诉讼。

需要注意的是，诉讼、控告等需要时间，在此期间有条件和重大用电需求的企业，可以考虑柴油机等备用电源，保存好由此额外花费的费用凭证，作为向供电部门或行政机关索赔的依据。自行供电产生的费用会让供电部门承受更大的压力，同时也能让行政机关明白断电的方式无法迫使企业被征收企业搬迁，从而放弃使用该方法。

2. 断水的应对

部分企业对水的需求远不如电，但是对于养殖、食品加工、印刷等行业而言，水的重要性绝不亚于电。对于断水的应对，方法类似于断电，比如向供水公司施加压力、找好备用水源、保留凭证等。

3. 断路的应对

阻断道路的方式有很多，如设置障碍、挖开道路，总而言之让企业的人员、车辆无法顺利进出。显然，断路的行为已经侵犯了企业的通行权、经营权。对于这类违法行为，除向有关部门控告外，建议采取私力救济的方式解决，即先报警，之后自行排除障碍、填补道路，并保留相关凭证，作为日后索赔的证据。除断路外，遭遇其他诸如堵塞排水、排污管道等非法行为，也可以采取类似的维权方式。

第五章

企业维权时机及维权途径

第一节 企业维权十大黄金时机

一、发布征收公告时

（一）审查征收公告的合法性

《国有土地征收条例》规定了征收国有土地房屋的条件及程序，《土地管理法》规定了征收集体土地的条件和程序，企业要调查政府发布征收公告的合法性。例如，《国有土地征收条例》第9条第1款规定：依照本条例第8条规定，确需征收房屋的各项建设活动，应当符合国民经济和社会发展规划、土地利用总体规划、城乡规划和专项规划。保障性安居工程建设、旧城区改建，应当纳入市、县级国民经济和社会发展年度计划。实践中，有的项目没有专项规划，有的项目没有纳入市、县级国民经济和社会发展年度计划。因此，要采取措施调查征收公告的合法性。

（二）提起行政复议或行政诉讼

经调查政府作出的征收公告违法，或即使无法查清公告是否合法，就应及时对征收公告提起行政复议或行政诉讼。法律规定行政案件举证责任倒置，也就是说政府要举证证明作出的征收决定程序和实体合法，否则，就是违法征收决定。无论从征收决定的合法性来讲，还是从以打促谈的策略讲，对征收决定提起行政复议或行政诉讼都是必要的。

二、入户评估时

评估是企业征收过程中一个非常重要的环节和步骤，关系企业最终获得多少补偿安置利益。征收人组织评估公司前来做评估时，被征收企业应当验明评估公司真身，同时注意以下事项：

（一）审查评估机构资质合法性

与征收有关的评估机构主要分为以下几类：资产评估机构、土地评估机构、矿业权评估机构、价格评估机构等。不同的评估公司经营范围不同，被征收企业要根据被估价的对象审查入户评估公司是否具备相应资格，根据评估法的规定，并不是任何评估公司都能评估所有事务。

（二）审查评估机构产生的合法性

（1）国有土地上房屋征收评估机构产生程序。《国有土地征收条例》第20条规定，房地产价格评估机构由被征收人协商选定；协商不成的，通过多数决定、随机选定等方式确定，具体办法由省、自治区、直辖市制定。房地产价格评估机构应当独立、客观、公正地开展房屋征收评估工作，任何单位和个人不得干预。

（2）集体土地上房屋征收评估产生程序以本省规定的为准，有的省没有《集体土地上房屋征收规定》，按照当地政府制定的征收方案中规定的程序产生评估公司。如果没有统一制定征收方案，评估公司则需要双方协商确定。

（三）审查《评估报告》是否符合规范形式

专业的估价报告应当至少记载下列17个事项：①估价项目名称；②委托方名称或姓名和住所；③估价方（房地产估价机构）名称和住所；④估价对象；⑤估价目的；⑥估价时点；⑦价值定义；⑧估价依据；⑨估价原则；⑩估价技术路线、方法和测算过程；⑪估价结果及其确定的理由；⑫估价作业日期；⑬估价报告应用的有效期；⑭估价人员；⑮注册房地产估价师的声明和签名、盖章；⑯估价的假设和限制条件；⑰附件，应包括反映估价对象位置、周围环境、形状、外观和内部状况的图片，估价对象的产权证明，估价中引用的其他专用文件资料，估价人员和估价机构的资格证明。

注意：估价报告应由注册房地产估价师签名，并加盖估价机构公章才具有法律效力，加盖手章不能代替签名。

（四）是否采取客观的评估方法

实践中，政府为了减少征收成本，用成本法或政府定价。殊不知，这种操作与土地房屋的市场价值易有差距。《国有土地上房屋征收评估办法》第13条规定：注册房地产估价师应当根据评估对象和当地房地产市场状况，对市场法、收益法、成本法、假设开发法等评估方法进行适用性分析后，选用其中一种或者多种方法对被征收房屋价值进行评估。被征收房屋的类似房地产有交易的，应当选用市场法评估；被征收房屋或者其类似房地产有经济收益的，应当选用收益法评估；被征收房屋是在建工程的，应当选用假设开发法评估。可以同时选用两种以上评估方法评估的，应当选用两种以上评估方法评估，并对各种评估方法的测算结果进行校核和比较分析后，合理确定评估结果。

（五）注意评估时点

《国有土地上房屋征收评估办法》第10条规定：被征收房屋价值评估时点为房屋征收决定公告之日。用于产权调换房屋价值评估时点应当与被征收房屋价值评估时点一致。实践中，政府违规征收，有的项目没有发布房屋征收决定，则评估时点需要根据情况具体确定。

（六）评估报告的有效期

评估报告具有时效性，一般与征地公告同时失效，但最长不超过征地期限。评估报告的有效期应在报告中说明，一般为1年。估价报告超过1年的，应重新进行估价。

（七）公示、送达程序

根据相关估价指导意见的规定，估价机构应将初步估价结果向被征收企业公示7日，并进行现场说明，听取有关意见。征地主体应向被征地人交付分户估价报告。

（八）权利告知

应告知被征地人，被征收人或者房屋征收部门对评估结果有异议的，应当自收到评估报告之日起10日内，向房地产价格评估机构申请复核评估。被征收人或者房屋征收部门对原房地产价格评估机构的复核结果有异议的，应当自收到复核结果之日起10日内，向被征收房屋所在地评估专家委员会申请鉴定。

法律不保护躺在权利上睡觉的人，任何权利的维护都是有期限的。因此，企业如果在征收过程中遇到评估报告的相关问题,应当及时维权,以免超过期限。另外,如果拿到评估报告,涉及专业性问题,建议及时委托律师。因为评估报告是后续签订房屋征收补偿安置协议或作出房屋征收补偿决定的前提条件之一,如果抓住评估报告的违法点,可以为后续谈判或启动法律程序奠定坚实的基础。只有这样,企业才有可能争取合法利益最大化。

三、消防机关入户时

为了给征收企业施加压力,有些消防管理机关会以没有消防验收、消防不合格等为由,下达《行政处罚决定书》,责令限期改正、罚款、停产停业等。对此被征收企业要积极对待,认真分析该行政处罚的合法性及对企业损失赔偿的影响,并采取有效措施降低负面影响。

(一)审查作出消防行政处罚的单位合法性

《消防法》第4条规定:县级以上地方人民政府公安机关对本行政区域内的消防工作实施监督管理,并由本级人民政府公安机关消防机构负责实施。

(二)审查房屋是否办理消防设计审核、验收、备案的建筑

《建设工程消防监督管理规定》(已失效)第2条规定:本规定适用于新建、扩建、改建(含室内外装修、建筑保温、用途变更)等建设工程的消防监督管理。本规定不适用住宅室内装修、村民自建住宅、救灾和其他非人员密集场所的临时性建筑的建设活动。

第3条第2款规定:公安机关消防机构依法实施建设工程消防设计审核、消防验收和备案、抽查,对建设工程进行消防监督。

第13条规定:对具有下列情形之一的人员密集场所,建设单位应当向公安机关消防机构申请消防设计审核,并在建设工程竣工后向出具消防设计审核意见的公安机关消防机构申请消防验收:①建筑总面积大于2万平方米的体育场馆、会堂,公共展览馆、博物馆的展示厅;②建筑总面积大于1.5万平方米的民用机场航站楼、客运车站候车室、客运码头候船厅;③建筑总面积大于1万平方米的宾馆、饭店、商场、市场;④建筑总面积大于2500平方米的影剧院,公共图书馆的阅览室,营业性室内健身、休闲场馆,医院的门诊楼,大学的教学楼、图书馆、食堂,劳动密集型企业的生产加工车间,寺庙、教堂;⑤建筑总面积大于1000平方米的托儿所、幼儿园的儿童用房,儿童游乐厅等室内儿童活动场所,养老院、福利院、医院、疗养院的病房楼,

中小学校的教学楼、图书馆、食堂,学校的集体宿舍,劳动密集型企业的员工集体宿舍;⑥建筑总面积大于 500 平方米的歌舞厅、录像厅、放映厅、卡拉 OK 厅、夜总会、游艺厅、桑拿浴室、网吧、酒吧,具有娱乐功能的餐馆、茶馆、咖啡厅。

第 14 条规定对具有下列情形之一的特殊建设工程,建设单位应当向公安机关消防机构申请消防设计审核,并在建设工程竣工后向出具消防设计审核意见的公安机关消防机构申请消防验收:①设有本规定第 13 条所列的人员密集场所的建设工程;②国家机关办公楼、电力调度楼、电信楼、邮政楼、防灾指挥调度楼、广播电视楼、档案楼;③本条第 1 项、第 2 项规定以外的单体建筑面积大于 4 万平方米或者建筑高度超过 50 米的其他公共建筑;④城市轨道交通、隧道工程,大型发电、变配电工程;⑤生产、储存、装卸易燃易爆危险物品的工厂、仓库和专用车站、码头,易燃易爆气体和液体的充装站、供应站、调压站。

第 24 条第 1 款规定:对本规定第 13 条、第 14 条规定以外的建设工程,建设单位应当在取得施工许可、工程竣工验收合格之日起 7 日内,通过省级公安机关消防机构网站进行消防设计、竣工验收消防备案,或者到公安机关消防机构业务受理场所进行消防设计、竣工验收消防备案。

(三) 评估消防《行政处罚决定书》对企业拆迁的影响

消防机关基于征收施压目的,一般是针对正在生产经营的企业作出《行政处罚决定书》。《行政处罚法》第 9 条规定了处罚的种类:①警告、通报批评;②罚款、没收违法所得、没收非法财物;③暂扣许可证件、降低资质等级、吊销许可证件;④限制开展生产经营活动、责令停产停业、责令关闭、限制从业;⑤行政拘留;⑥法律、行政法规规定的其他行政处罚。基于征收施压目的,消防机关一般作出责令限期改正、停产停业的处罚。这不仅会给企业带来实质的损害,还会给企业家造成不搬不行的心理压力,因此,企业家要评估消防处罚对谈判、补偿金额是否造成影响以及影响的程度,以便采取相应的措施。对于已经停产停业的企业,消防部门一般不会作出行政处罚。

(四) 分析消防机关作出《行政处罚决定书》的正当性以及合法性,对《行政处罚决定书》要积极提起行政复议和行政诉讼,争取撤销处罚决定书以降低对企业的影响

《消防法》第 1 条规定了法律制定目的:为了预防火灾和减少火灾危害,

加强应急救援工作，保护人身、财产安全，维护公共安全，制定本法。如果消防部门基于征收施压作出了《行政处罚决定书》，就具备不正当性，企业可以起诉撤销处罚决定书，或者向上级机关投诉。当然，需要企业在消防机关介入时及时搜集、保留证据。

企业应注重消防机关作出《行政处罚决定书》的程序和实体审查合法性。例如，《行政处罚法》第 42 条第 1 款规定：行政处罚应当由具有行政执法资格的执法人员实施。执法人员不得少于两人，法律另有规定的除外。第 43 条第 1 款规定：执法人员与案件有直接利害关系或者有其他关系可能影响公正执法的，应当回避。第 44 条规定：行政机关在作出行政处罚决定之前，应当告知被征收企业拟作出的行政处罚内容及事实、理由、依据，并告知被征收企业依法享有的陈述、申辩、要求听证等权利。第 45 条第 1 款规定：当事人有权进行陈述和申辩。行政机关必须充分听取当事人的意见，对当事人提出的事实、理由和证据，应当进行复核；当事人提出的事实、理由或者证据成立的，行政机关应当采纳。第 63 条第 1 款规定：行政机关拟作出下列行政处罚决定，应当告知当事人有要求听证的权利，当事人要求听证的，行政机关应当组织听证：①较大数额罚款；②没收较大数额违法所得、没收较大价值非法财物；③降低资质等级、吊销许可证件；④责令停产停业、责令关闭、限制从业；⑤其他较重的行政处罚；⑥法律、法规、规章规定的其他情形。

在此强调，即便企业存在消防问题，如果消防机关作出《行政处罚决定书》的程序违法，仍将被撤销。

四、税务机关入户时

税务机关工作人员入户检查，目的是施加压力尽快完成征收工作，可能并不是真正想调查企业的纳税情况。如果税务机关真要调查企业的纳税导致补缴税款，企业就更不需要进行搬迁。企业面临搬迁停业，应提前准备好各项税务材料，配合税务机关检查。如果税务机关错误地作出了税务处罚决定书，企业可以提起行政复议和行政诉讼。

不过，打铁还需自身硬，笔者一直呼吁，征收前一定作好税务规划，一方面应对税务机关的施压，另一方面也为企业征收款缴纳的企业所得税作好纳税筹划。怎样详细操作税务规划，请阅读第三章内容，在此不再赘述。

五、收到拆除通知时

企业在接到《责令限期拆除通知书》或者《催告书》之后，应该注意以下几点：

（1）审查《催告书》中的内容是否包括：履行义务的期限、履行义务的方式、被征收企业依法享有的陈述权和申辩权、催告的主体、催告的时间等。缺少以上任一项内容，该催告书即属于程序违法，被征收企业可以通过复议或者诉讼的方式撤销。

（2）未经书面催告即收到《责令限期拆除通知书》，属于程序违法，被征收企业可以通过复议或者诉讼予以撤销。

（3）经过催告履行期限发出的《责令限期拆除通知书》，应当审查其内容是否包括：被征收企业（行政相对人）的姓名或者名称和地址、强制执行的理由和依据（理由通常是过了催告书中的履行期限）、强制执行的方式（通常为拆除）、依法复议和诉讼的期限和机关、行政机关的名称、印章和日期。缺少以上任一项，将导致该决定因为程序违法而被撤销。

因此，当接到《催告书》或者《责令限期拆除通知书》之后应当冷静处理，不要慌张，通过提起行政复议或行政诉讼撤销或确认无效。

六、断水断电断路时

《国有土地征收条例》第27条规定：实施房屋征收应当先补偿、后搬迁。作出房屋征收决定的市、县级人民政府对被征收人给予补偿后，被征收人应当在补偿协议约定或者补偿决定确定的搬迁期限内完成搬迁。任何单位和个人不得采取暴力、威胁或者违反规定中断供水、供热、供气、供电和道路通行等非法方式迫使被征收人搬迁。禁止建设单位参与搬迁活动。

根据上述规定，征收方采取的中断供水、供热、供气、供电和道路通行等非法方式迫使被征收人搬迁的手段是违法的，企业应当提起行政复议和行政诉讼，确认断水断电断路违法，可以根据具体情况要求赔偿经济损失。

七、政府作出补偿决定时

当政府作出补偿决定时，我们不要无动于衷，要积极行动起来。

（一）审查补偿决定内容的合法性

被征收人应审查补偿决定是否由县级以上地方人民政府作出，并且决定中的内容是否全面、合法，是否告知了被征收人行政复议和行政诉讼的权利及申请期限。

（二）审查作出补偿决定程序的合法性

被征收人应审查征收程序是否合法，包括是否保障了被征收人的知情权、参与权、选择权等。如果相关部门在作出征收补偿决定前未发布征地公告、安置补偿方案等文件，或者补偿方式只提供了一种选择，那么征收程序可能存在违法性。

（三）审查补偿的公平性和合理性

被征收人应审查补偿是否符合相关规定，确保补偿能够保障其原有的生活水平不降低，且长远生计有保障。如果补偿标准明显与征收补偿原则相违背，那么补偿决定可能不合法。

（四）及时提起诉讼

如果被征收人对补偿决定有异议，应及时咨询专业律师，并在专业律师的帮助下向人民法院提起行政诉讼，请求法院撤销该补偿决定。如果错过了法律规定的期限采取法律措施，可能会面临土地强制执行的风险。

八、强拆房屋时

如果遭遇强拆房屋，应立即采取以下措施：

（1）立刻报警。保护人身和财产安全是首要任务。在遭遇强拆时，应立即拨打报警电话，请求警察的保护，并尽可能记录下现场的情况。警察有出警的义务，同时出警记录也保留了强拆证据。

（2）收集证据。在第一时间进行现场拍照、录像，收集强拆的证据。这些证据在未来的维权过程中将起到关键作用。如果可能，可以安排亲朋好友在隐蔽处进行取证，以防被征收方控制自由。

（3）区分司法强拆与违法强拆。要了解司法强拆与违法强拆的区别，司法强拆是在法律允许的情况下进行的，而违法强拆则违反了法律规定。在遭遇强拆时，要区分清楚，以便采取相应的法律措施。

4. 及时诉讼。如果房屋被非法强拆，应及时咨询专业人士，通过法律途径维权。

九、被公安拘留时

如果被公安拘留,建议采取以下措施:

(1)了解拘留原因。警方可能会给出拘留的理由,例如违反信访规定、扰乱公共秩序等。了解原因有助于评估情况并采取适当的措施。

(2)寻求律师帮助。如果你认为自己的合法权益受到了侵害,可以寻求法律专业人士帮助,以维护合法权益不受侵害。

(3)与相关部门沟通。与警方或相关部门进行沟通,了解拘留的具体情况和程序,了解是否有申诉的机会或途径,并寻求合理的解决方案。

(4)投诉和申诉。如果合法权益受到了不当侵害,可以向相关部门提出投诉和申诉。这可能包括向上级公安机关、信访部门或其他监管机构反映情况。

(5)遵守法律和规定。在进行信访活动时,确保自己的行为符合法律和规定。遵守信访场所的秩序,不采取违法行为,以避免麻烦。

(6)申请暂缓执行行政拘留。如果拘留决定有误,可以向公安机关提出暂缓执行行政拘留的申请。根据《治安管理处罚法》第一百零七条的规定,如果公安机关认为暂缓执行行政拘留不致发生社会危险的,可以暂缓执行。

(7)坚持维权。如果认为自己的权利受到侵犯,不要轻易放弃维权。律师和其他法律资源将帮助你争取公平对待。

十、签订拆迁补偿协议时

经过前期的谈判,双方要签订征收补偿协议,需要注意以下事项:

(一)审查协议的签署主体是否合法

在审查合同的主体(特别是政府方或征收补偿方)合法与否之前,需要明确一个概念——行政委托。行政委托是指行政机关在其职权职责范围内依法将其行政职权或行政事项委托给有关行政机关、社会组织或者个人,受委托者以委托机关的名义实施管理行为和行使职权,并由委托机关承担法律责任。实践中,行政委托是比较常见的,包括行政机关将行政审批权、行政执法权等权力委托给有关行政机关、社会组织或者个人。因此,签订征收补偿协议的政府方或征收补偿方可能是各种各样的主体,在讨论征收补偿协议的主体是否合法之前,应当先判断和明确签订征收补偿协议的政府方或征收补偿方是否属于行政委托情形。在明确承担法律责任的行政机关之后，可以对合同主体的合法性进行确认。否则签订的合同可能会因为主体不明确或者主体没有承担法律责任的能力而无法履行。

关于集体土地上企业、厂房的征收补偿安置协议。实践中，签订协议一方主体为县级以上地方人民政府、县级以上地方人民政府同级自然资源主管部门确定的土地征收实施机构；另一方为土地、地上附着物及青苗所有权人和房屋所有权人。依据《土地管理法》和《土地管理法实施条例》第29条，县级以上地方人民政府是组织实施征收工作的法定主体，也是征收补偿协议签订的一般主体。

关于国有土地上企业、厂房的征收补偿安置协议。实践中，签订协议一方主体为市、县级人民政府、具体房屋征收部门以及房屋征收实施单位；另一方为房屋所有权人。根据《国有土地征收条例》第4条、第5条的规定，市、县级人民政府确定的房屋征收部门组织实施本行政区域的房屋征收与补偿工作，房屋征收部门可以委托房屋征收实施单位，承担房屋征收与补偿的具体工作。故，一般"某某房屋征收办公室"是市、县级人民政府的房屋征收部门，也具有签订房屋征收补偿协议的主体资格。

关于被征收方的主体问题。按照法律规定，应当是被征收房屋的所有权人。《土地管理法实施条例》第32条规定，地上附着物的补偿费用归其所有权人所有；第29条规定，县级以上地方人民政府应当组织有关部门与拟征收土地的所有权人、使用权人签订征地补偿安置协议。《国有土地征收条例》第2条将被征收房屋所有权人称为被征收人；第25条规定房屋征收部门与被征收人订立补偿协议。但也存在一些特殊情况，如承租人的补偿问题。

在房屋征收补偿案件中，通常而言，补偿的对象是被征收人，即房屋的所有权人，承租人与征收补偿行为不具有利害关系，因而不能成为行政诉讼的适格原告。但如果承租人在租赁的房屋上有难以分割的添附，且以其所承租房屋依法进行经营活动，那么该房屋被征收时，对于行政机关实施征收直接导致承租人无法继续经营而产生的室内装修、停产停业损失、机器设备搬迁费，应予补偿，此时承租人与征收补偿行为之间应视为具有利害关系，应当作为征收补偿协议的一方签订该协议。而如果行政机关不顾承租人的反对，凭借其与房屋产权人签订的补偿协议强制拆除了涉案房屋，造成承租人装饰装修和屋内物品损失，应予赔偿。

另外，有些地方在征收工作中为增加协议的透明度，方便征收补偿矛盾纠纷化解，在甲方、乙方之外创新地增加"见证方"，明确经双方同意，邀请律师、公证员、拟征收土地所在的乡镇人民政府作为协议的第三方见证方。

（二）明确合同主要条款

关于集体土地上征地补偿安置协议，《土地管理法实施条例》第29条明确规定，征地补偿安置协议示范文本由省、自治区、直辖市人民政府制定。而《国有土地征收条例》第25条则规定，征收补偿协议应当包括"补偿方式、补偿金额和支付期限、用于产权调换房屋的地点和面积、搬迁费、临时安置费或者周转用房、停产停业损失、搬迁期限、过渡方式和过渡期限等事项"。

结合实践并参考相关司法判例，企业、厂房的征收补偿安置协议中补偿安置费用应当包括：①建筑物的补偿；②其他附着物补偿费；③设备设施搬迁费；④停产停业损失；⑤补偿方式；⑥违约责任；⑦争议解决；⑧其他条款。

（三）明确合同履行程序

《土地管理法》第48条第4款规定：对其中的农村村民住宅，应当按照先补偿后搬迁、居住条件有改善的原则，尊重农村村民意愿，采取重新安排宅基地建房、提供安置房或者货币补偿等方式给予公平、合理的补偿，并对因征收造成的搬迁、临时安置等费用予以补偿，保障农村村民居住的权利和合法的住房财产权益。而《国有土地征收条例》第27条明确规定：实施房屋征收应当先补偿、后搬迁。

这也就从立法角度确定了合同的履行程序应当是征收机关先落实被征收人的补偿安置工作，被征收人才配合行政机关腾房退地。

实务中，个别地方要求合同签订后马上腾退房屋，在交房后才支付征收补偿款，有的项目甚至要求先腾退房屋，然后才把征收补偿合同交给被征收企业并支付征收补偿款，这是不合理、不合法的。也有个别地方在未签订协议时就发布公告要求被征收人限期腾房退地，明显也是与法理不符。

（四）审查其他不利因素

上文就协议签订的主体、主要条款以及违约责任这些合同的主要内容进行了分析。下文就征收补偿协议中的其他不利因素简要阐述。

1. 口头承诺

《民法典》第469条规定，当事人订立合同，可以采用书面形式、口头形式或者其他形式。虽然口头协议也具有法律效力，但在实务中往往难以证明口头协议的存在。有些地方，征收办为了促使当事人签订征收补偿安置协议，口头承诺给予高额征收补偿，而被征收人往往又"相信对方不会耍赖"而忽略签署书面协议，这显然严重侵害了被征收人的合法权益。口头承诺具有极大的不确定性，而文字协议却是白纸黑字。在此，建议被征收人一定要将所有的征收补偿事项落实到协议当中。只有这样，在后期通过法律手段维权时才能有据可查，有法可依。

2. 回迁安置不具体、补偿数额不明确

当被征收人选择产权调换后，补偿安置协议应当对被调换房屋的位置、楼层、面积、朝向、是否装修等，以及补偿数额、支付时间和支付方式进行明确而具体的约定。至于置换的土地尚未三清一平或者五清一平、安置房尚未建成的情况，往往具有更大的不确定性，因为土地位置在哪里、安置房建在哪里、何时建成、房屋质量、面积、交付时间等因素都难以确定。此外，房屋质量问题和回迁期限问题，也是实践中经常出现的问题。而安置房、安置土地的面积及具体位置、土地性质，因为地理位置决定了土地的区位价值，如果双方在合同中没有明确的约定，在实际履行中很容易产生纠纷。所以，在协议中要对相关事项进行明确约定，被征收人万万不可轻信各种许诺而放弃自己享有的权利，否则后患无穷。

第二节　企业维权途径

一、非诉维权途径

非司法救济手段多种多样，本节着重介绍信访、申请查处、报案、申请政府信息公开、申请协调、监察监督六种方式。

（一）信访

有人说，解决征收问题信访是没用的，这句话对吗？不全对。准确表述应该是"解决征收拆迁问题只靠信访是收效甚微的"。那么，企业维权应该如何巧用信访方式呢？

第一,不要把信访当成治病救人的主药,而是作为辅药或者药引子,是一种引起上级行政机关关注的方式,能够更好地督促下级行政机关履行职责。但千万不要把某个级别的领导的关注作为解决问题的救命药,否则很可能会吃亏。

第二,不要因信访耽误依法维权,或者说信访可以放在依法维权的后面。因为行政复议和行政诉讼都是有法定期限的,超过法定期限后既可能失去动议权,又可能失去胜诉权,所以一定要分清主次。

第三,信访也要与时俱进,可采取多种交通方式,通过网络、热线电话、微信公众号、小程序等信访举报平台都可以反映问题。重视互联网新媒体带来的维权技巧,可通过网络平台收集信息,为后续提供有力证据。

(二) 申请查处

要求行政机关依法履行查处的法定职责,是征收维权经常借用的一种思维方式。将之称为思维方式比维权方式更为妥当,因为维权方式是固化的,思维方式则可以衍生出更多的维权方式。那么企业征收维权中应当如何运用查处手段呢?

比如一个国有土地上的工厂被当地政府纳入征收范围,因为工厂所有者不同意征收,当地政府就直接贴封条查封了工厂。此时,正常的维权方式是对贴封条行为提起行政复议或行政诉讼,请求撤销贴封条行为。如果运用查处思维,就可以进一步深挖,比如,看看水、电、气是否正常。如果同时被停水、停电、停气,则可以向主管部门递交一份恢复供水、供电、供气履职申请书,或者向监管主管部门递交查处申请书、监督申请书。

运用查处思维,一定要明确相关行政机关的法定职责,有查处的法定职责才能要求其履行查处义务。要求履行查处法定职责,建议以书面形式,使用邮寄方式递交材料,复印保留原始材料和邮寄底单,实时跟进行政机关履职情况。如果行政机关未在法定期限内履行职责,可对其提起行政复议或行政诉讼。

(三) 报案

报案一词通常见于刑事案件,《公安机关办理刑事案件程序规定》第169条规定,公安机关对于公民扭送、报案、控告、举报或者犯罪嫌疑人自动投案的,都应当立即接受,问明情况,并制作笔录,经核对无误后,由扭送人、报案人、控告人、举报人、投案人签名、捺指印。也就是说,报案是被害人或者发现案情的主体向主管机关反映问题、提供线索的一种方式，它与查处申请在功能上高度一致。不同点在于查处申请是正式的履职申请，查处申请往往会言明主管机关的法定职责，而且这种法定职责就是针对违法问题的。如果主管机关怠于履行职责或者履行不力，申请人可以提起行政复议或者行政诉讼来督促主管机关履行法定职责。

不过，撰写查处申请书对申请者的专业能力要求相对较高，报案则相对简单、高效。同时，报案方式也更为灵活，现场报案、电话报案都可以，而查处申请为了保存证据一般采取邮寄的方式。企业在征收维权过程中，可以把两种方式结合，无论相关主管机关答复或者不答复，都可以转化为搭建维权平台的一种方式。

（四）申请政府信息公开

在征收过程中，征拆方之所以占据主动，除其作为公权力机关具有强势的地位外，更在于其拥有非对称性的信息优势。相较于个人的势单力孤，企业虽然具有一定社会地位和更多资源，但在征收维权中仍处于非对称信息劣势地位。申请政府信息公开就是改变这种不利局面的重要手段，有时候可以起到四两拨千斤的效果。

关于政府答复的期限，《政府信息公开条例》第33条规定：行政机关收到政府信息公开申请，能够当场答复的，应当当场予以答复。行政机关不能当场答复的，应当自收到申请之日起20个工作日内予以答复；需要延长答复期限的，应当经政府信息公开工作机构负责人同意并告知申请人，延长的期限最长不得超过20个工作日。行政机关征求第三方和其他机关意见所需时间不计算在前款规定的期限内。对于申请人申请公开政府信息的数量、频次明显超过合理范围，行政机关认为申请理由合理，但是无法在法定期限内答复申请人的，可以确定延迟答复的合理期限并告知申请人。

（五）申请协调

征收中"申请协调"出现在2011年修订的《土地管理法实施条例》第25条第3款"对补偿标准有争议的，由县级以上地方人民政府协调；协调不成的，由批准征收土地的人民政府裁决"，后来这条规定被删除了。现在的文件中仍有"申请协调"提法的是《上海市征收集体土地房屋补偿规定》第26条第2款：区人民政府作出征地补偿安置决定前，区征地事务机构应当根据经批准的征地房屋补偿方案，制定具体补偿方案，提供给宅基地使用权人或者房屋所有人，并要求其在规定期限内给予答复。具体补偿方案，应当包括补偿标准、安置房屋的地点、搬迁期限等内容。在答复期限内，区人民政府应当予以协调。

申请政府协调是有法律依据的，协调申请书需要明确被申请主体有协调的法定职责。不过，协调申请只是一种辅助维权手段，企业在维权过程中可以采用，必要时可以请专业律师把控节奏。

（六）监察监督

《国有土地征收条例》第7条规定，监察机关应当加强对参与房屋征收与补偿工作的政府和有关部门或者单位及其工作人员的监察。监察委员会整合了行政监察局的职能，具有对国有土地上房屋征收与补偿工作进行监察的法定职责。

由于征收涉及利益巨大，个别领导干部、征收工作人员滥用职权甚至谋划犯罪，以达到以最小成本完成征收，甚至浑水摸鱼、中饱私囊。遇到这种情况，要向当地监察委举报，拨打12388实名举报。《监察法》第35条规定，监察机关对于报案或者举报，应当接受并按照有关规定处理。经过初步核实，对监察对象涉嫌职务违法犯罪，需要追究法律责任的，监察机关应当按照规定的权限和程序办理立案手续。

二、行政复议

2024年1月1日，新修订的《行政复议法》开始实施，行政复议被提升为化解行政争议的主渠道地位，在企业征收维权中也将更具有维权价值。

（一）行政复议范围

《行政复议法》第11条规定，有下列情形之一的，公民、法人或者其他组织可以依照本法申请行政复议：①对行政机关作出的行政处罚决定不服；②对行政机关作出的行政强制措施、行政强制执行决定不服；③申请行政许可，行政机关拒绝或者在法定期限内不予答复，或者对行政机关作出的有关行政许可的其他决定不服；④对行政机关作出的确认自然资源的所有权或者使用权的决定不服；⑤对行政机关作出的征收征用决定及其补偿决定不服；⑥对行政机关作出的赔偿决定或者不予赔偿决定不服；⑦对行政机关作出的不予受理工伤认定申请的决定或者工伤认定结论不服；⑧认为行政机关侵犯其经营自主权或者农村土地承包经营权、农村土地经营权；⑨认为行政机关滥用行政权力排除或者限制竞争；⑩认为行政机关违法集资、摊派费用或者违法要求履行其他义务；⑪申请行政机关履行保护人身权利、财产权利、受教育权利等合法权益的法定职责，行政机关拒绝履行、未依法履行或者不予答复；⑫申请行政机关依法给付抚恤金、社会保险待遇或者最低生活保障等社会保障，行政机关没有依法给付；⑬认为行政机关不依法订立、不依法履行、未按照约定履行或者违法变更、解除政府特许经营协议、土地房屋征收补偿协议等行政协议；⑭认为行政机关在政府信息公开工作中侵犯其合法权益；⑮认为行政机关的其他行政行为侵犯其合法权益。

第12条规定，下列事项不属于行政复议范围：①国防、外交等国家行为；②行政法规、规章或者行政机关制定、发布的具有普遍约束力的决定、命令等规范性文件；③行政机关对行政机关工作人员的奖惩、任免等决定；④行政机关对民事纠纷作出的调解。

第13条规定，公民、法人或者其他组织认为行政机关的行政行为所依据的下列规范性文件不合法，在对行政行为申请行政复议时，可以一并向行政复议机关提出对该规范性文件的附带审查申请：①国务院部门的规范性文件；②县级以上地方各级人民政府及其工作部门的规范性文件；③乡、镇人民政府的规范性文件；④法律、法规、规章授权的组织的规范性文件。

前款所列规范性文件不含规章。规章的审查依照法律、行政法规办理。

（二）行政复议前置情形

复议前置是指行政相对人对法律、法规规定的特定具体行政行为不服，在寻求法律救济途径时，应当先选择向行政复议机关申请行政复议，而不能直接向人民法院提起行政诉讼；如果经过行政复议之后行政相对人对复议决定仍有不服的，才可以向人民法院提起行政诉讼。

《行政复议法》第23条规定，有下列情形之一的，申请人应当先向行政复议机关申请行政复议，对行政复议决定不服的，可以再依法向人民法院提起行政诉讼：

①对当场作出的行政处罚决定不服；②对行政机关作出的侵犯其已经依法取得的自然资源的所有权或者使用权的决定不服；③认为行政机关存在本法第11条规定的未履行法定职责情形；④申请政府信息公开，行政机关不予公开；⑤法律、行政法规规定应当先向行政复议机关申请行政复议的其他情形。

对前款规定的情形，行政机关在作出行政行为时应当告知公民、法人或者其他组织先向行政复议机关申请行政复议。

(三) 申请行政复议期限

行政复议期限是指公民、法人或者其他组织在认为具体行政行为侵犯了其合法权益时，可以提起行政复议的一个时间范围。如果超过行政复议期限被征收企业将面临既丧失行政复议申请权，在行政复议前置的情况下，被征收企业将面临既丧失行政复议申请权，又丧失行政诉讼起诉权的叠加风险。

《行政复议法》第20条规定，公民、法人或者其他组织认为行政行为侵犯其合法权益的，可以自知道或者应当知道该行政行为之日起60日内提出行政复议申请；但是法律规定的申请期限超过60日的除外。因不可抗力或者其他正当理由耽误法定申请期限的，申请期限自障碍消除之日起继续计算。行政机关作出行政行为时，未告知公民、法人或者其他组织申请行政复议的权利、行政复议机关和申请期限的，申请期限自公民、法人或者其他组织知道或者应当知道申请行政复议的权利、行政复议机关和申请期限之日起计算，但是自知道或者应当知道行政行为内容之日起最长不得超过1年。

第21条规定，因不动产提出的行政复议申请自行政行为作出之日起超过20年，其他行政复议申请自行政行为作出之日起超过5年的，行政复议机关不予受理。

(四) 行政机关作出行政复议决定的期限

《行政复议法》第62条规定：适用普通程序审理的行政复议案件，行政复议机关应当自受理申请之日起60日内作出行政复议决定；但是法律规定的行政复议期限少于60日的除外。情况复杂，不能在规定期限内作出行政复议决定的，经行政复议机构的负责人批准，可以适当延长，并书面告知当事人；但是延长期限最多不得超过30日。适用简易程序审理的行政复议案件，行政复议机关应当自受理申请之日起30日内作出行政复议决定。

(五) 不服复议决定救济途径

《行政诉讼法》第45条规定：公民、法人或者其他组织不服复议决定的，可以在收到复议决定书之日起15日内向人民法院提起诉讼。复议机关逾期不作决定的，申请人可以在复议期满之日起15日内向人民法院提起诉讼。法律另有规定的除外。

（六）对行政复议决定不起诉不履行

《行政复议法》第78条规定，申请人、第三人逾期不起诉又不履行行政复议决定书、调解书的，或者不履行最终裁决的行政复议决定的，按照下列规定分别处理：①维持行政行为的行政复议决定书，由作出行政行为的行政机关依法强制执行，或者申请人民法院强制执行；②变更行政行为的行政复议决定书，由行政复议机关依法强制执行，或者申请人民法院强制执行；③行政复议调解书，由行政复议机关依法强制执行，或者申请人民法院强制执行。

三、行政诉讼

（一）行政诉讼受案范围

《行政诉讼法》第12条规定，人民法院受理公民、法人或者其他组织提起的下列诉讼：①对行政拘留、暂扣或者吊销许可证和执照、责令停产停业、没收违法所得、没收非法财物、罚款、警告等行政处罚不服的；②对限制人身自由或者对财产的查封、扣押、冻结等行政强制措施和行政强制执行不服的；③申请行政许可，行政机关拒绝或者在法定期限内不予答复，或者对行政机关作出的有关行政许可的其他决定不服的；④对行政机关作出的关于确认土地、矿藏、水流、森林、山岭、草原、荒地、滩涂、海域等自然资源的所有权或者使用权的决定不服的；⑤对征收、征用决定及其补偿决定不服的；⑥申请行政机关履行保护人身权、财产权等合法权益的法定职责，行政机关拒绝履行或者不予答复的；⑦认为行政机关侵犯其经营自主权或者农村土地承包经营权、农村土地经营权的；⑧认为行政机关滥用行政权力排除或者限制竞争的；⑨认为行政机关违法集资、摊派费用或者违法要求履行其他义务的；⑩认为行政机关没有依法支付抚恤金、最低生活保障待遇或者社会保险待遇的；⑪认为行政机关不依法履行、未按照约定履行或者违法变更、解除政府特许经营协议、土地房屋征收补偿协议等协议的；⑫认为行政机关侵犯其他人身权、财产权等合法权益的。

除前款规定外，人民法院受理法律、法规规定可以提起诉讼的其他行政案件。

第13条规定，人民法院不受理公民、法人或者其他组织对下列事项提起的诉讼：①国防、外交等国家行为；②行政法规、规章或者行政机关制定、发布的具有普遍约束力的决定、命令；③行政机关对行政机关工作人员的奖惩、任免等决定；④法律规定由行政机关最终裁决的行政行为。

(二) 行政起诉期限

行政诉讼不适用民事诉讼的诉讼时效制度，而是适用起诉期限制度。行政诉讼的起诉期限是指原告向法院提起行政诉讼，寻求司法救济的法定期限。

首先，一般情况下，行政诉讼的起诉期限没有中止、中断的规定，只有起诉期限的耽误以及特定情况下的申请延长。《行政诉讼法》第48条规定：公民、法人或者其他组织因不可抗力或者其他不属于其自身的原因耽误起诉期限的，被耽误的时间不计算在起诉期限内。公民、法人或者其他组织因前款规定以外的其他特殊情况耽误起诉期限的，在障碍消除后10日内，可以申请延长期限，是否准许由人民法院决定。

其次，行政诉讼的起诉期限是法定起诉要件之一，人民法院应依职权主动审查，超过法定期限起诉且无正当理由的，法院应裁定不予受理；已经立案的，裁定驳回起诉。最高人民法院《关于适用〈中华人民共和国行政诉讼法〉的解释》第69条规定："有下列情形之一，已经立案的，应当裁定驳回起诉……(二) 超过法定起诉期限且无行政诉讼法第四十八条规定情形的……"

1. 对具体行政行为的起诉期限

关于具体行政行为的起诉期限，有几个关键的数据：6个月、20年、5年、1年。

《行政诉讼法》第46条规定：公民、法人或者其他组织直接向人民法院提起诉讼的，应当自知道或者应当知道作出行政行为之日起6个月内提出。法律另有规定的除外。因不动产提起诉讼的案件自行政行为作出之日起超过20年，其他案件自行政行为作出之日起超过5年提起诉讼的，人民法院不予受理。

最高人民法院《关于适用〈中华人民共和国行政诉讼法〉的解释》第65条规定：公民、法人或者其他组织不知道行政机关作出的行政行为内容的，其起诉期限从知道或者应当知道该行政行为内容之日起计算，但最长不得超过《行政诉讼法》第46条第2款规定的起诉期限。

最高人民法院《关于适用〈中华人民共和国行政诉讼法〉的解释》第64条第1款规定：行政机关作出行政行为时，未告知公民、法人或者其他组织起诉期限的，起诉期限从公民、法人或者其他组织知道或者应当知道起诉期限之日起计算,但从知道或者应当知道行政行为内容之日起最长不得超过1年。

2. 请求确认行政行为无效的起诉期限

关于确认行政行为无效之诉是否受起诉期限限制,最高人民法院《关于适用〈中华人民共和国行政诉讼法〉的解释》第94条规定:公民、法人或者其他组织起诉请求撤销行政行为,人民法院经审查认为行政行为无效的,应当作出确认无效的判决。公民、法人或者其他组织起诉请求确认行政行为无效,人民法院审查认为行政行为不属于无效情形,经释明,原告请求撤销行政行为的,应当继续审理并依法作出相应判决;原告请求撤销行政行为但超过法定起诉期限的,裁定驳回起诉;原告拒绝变更诉讼请求的,判决驳回其诉讼请求。

最高人民法院《关于适用〈中华人民共和国行政诉讼法〉的解释》第162条规定:公民、法人或者其他组织对2015年5月1日之前作出的行政行为提起诉讼,请求确认行政行为无效的,人民法院不予立案。

3. 对行政不作为的起诉期限

关于对行政不作为的起诉期限,《行政诉讼法》第47条规定:公民、法人或者其他组织申请行政机关履行保护其人身权、财产权等合法权益的法定职责,行政机关在接到申请之日起2个月内不履行的,公民、法人或者其他组织可以向人民法院提起诉讼。法律、法规对行政机关履行职责的期限另有规定的,从其规定。公民、法人或者其他组织在紧急情况下请求行政机关履行保护其人身权、财产权等合法权益的法定职责,行政机关不履行的,提起诉讼不受前款规定期限的限制。

最高人民法院《关于适用〈中华人民共和国行政诉讼法〉的解释》第66条规定:公民、法人或者其他组织依照《行政诉讼法》第47条第1款的规定,对行政机关不履行法定职责提起诉讼的,应当在行政机关履行法定职责期限届满之日起6个月内提出。

4. 对行政复议决定的起诉期限

《行政诉讼法》第45条规定:公民、法人或者其他组织不服复议决定的,可以在收到复议决定书之日起15日内向人民法院提起诉讼。复议机关逾期不作决定的,申请人可以在复议期满之日起15日内向人民法院提起诉讼。法律另有规定的除外。

《行政复议法》第 62 条规定：适用普通程序审理的行政复议案件，行政复议机关应当自受理申请之日起 60 日内作出行政复议决定；但是法律规定的行政复议期限少于 60 日的除外。情况复杂，不能在规定期限内作出行政复议决定的，经行政复议机构的负责人批准，可以适当延长，并书面告知当事人；但是延长期限最多不得超过 30 日。适用简易程序审理的行政复议案件，行政复议机关应当自受理申请之日起 30 日内作出行政复议决定。

在复议机关告知公民、法人或其他组织起诉期限的情况下，对复议机关作出的复议决定（包括不予受理决定）不服的，诉讼期限的起算点为收到复议决定书之日；对复议机关的不作为不服的，诉讼期限的起算点为复议期限届满之日，普通程序一般为受理申请之日满 60 日，简易程序一般为受理申请之日满 30 日。复议期限均为起算点起 15 日。复议机关未告知公民、法人或者其他组织起诉期限的，起诉期限起算点为公民、法人或者其他组织知道或者应当知道起诉期限之日，期限为 15 天，但从知道或者应当知道复议决定内容之日起最长不得超过 1 年。

最高人民法院《关于适用〈中华人民共和国行政诉讼法〉的解释》第 58 条规定：法律、法规未规定行政复议为提起行政诉讼必经程序，公民、法人或者其他组织向复议机关申请行政复议后，又经复议机关同意撤回复议申请，在法定起诉期限内对原行政行为提起诉讼的，人民法院应当依法立案。根据法条的规定，申请复议又撤回的，对原行政行为起诉适用原行政行为的起诉期限规定。

5. 对行政协议的起诉期限

最高人民法院《关于审理行政协议案件若干问题的规定》第 25 条规定：公民、法人或者其他组织对行政机关不依法履行、未按照约定履行行政协议提起诉讼的，诉讼时效参照民事法律规范确定；对行政机关变更、解除行政协议等行政行为提起诉讼的，起诉期限依照行政诉讼法及其司法解释确定。

6. 对行政赔偿的起诉期限

《国家赔偿法》第 14 条规定：赔偿义务机关在规定期限内未作出是否赔偿的决定，赔偿请求人可以自期限届满之日起 3 个月内，向人民法院提起诉讼。赔偿请求人对赔偿的方式、项目、数额有异议的，或者赔偿义务机关作出不予赔偿决定的，赔偿请求人可以自赔偿义务机关作出赔偿或者不予赔偿决定之日起 3 个月内，向人民法院提起诉讼。

2022年5月1日起开始施行的最高人民法院《关于审理行政赔偿案件若干问题的规定》对行政赔偿诉讼起诉期限问题作出了更明确的规定。根据该规定，公民、法人或者其他组织应当自知道或者应当知道行政行为侵犯其合法权益之日起2年内，向赔偿义务机关申请行政赔偿。赔偿义务机关在收到赔偿申请之日起2个月内未作出赔偿决定的，公民、法人或者其他组织可以依照《行政诉讼法》有关规定提起行政赔偿诉讼。公民、法人或者其他组织提起行政诉讼时一并请求行政赔偿的，适用《行政诉讼法》有关起诉期限的规定。公民、法人或者其他组织仅对行政复议决定中的行政赔偿部分有异议，自复议决定书送达之日起15日内提起行政赔偿诉讼的，人民法院应当依法受理。行政机关作出有赔偿内容的行政复议决定时，未告知公民、法人或者其他组织起诉期限的，起诉期限从公民、法人或者其他组织知道或者应当知道起诉期限之日起计算，但从知道或者应当知道行政复议决定内容之日起最长不得超过1年。

(三) 行政审理期限

1. 一审审理期限

(1) 普通程序的一审审理期限。

《行政诉讼法》第81条规定：人民法院应当在立案之日起6个月内作出第一审判决。有特殊情况需要延长的，由高级人民法院批准，高级人民法院审理第一审案件需要延长的，由最高人民法院批准。

最高人民法院《关于适用〈中华人民共和国行政诉讼法〉的解释》第50条规定，基层人民法院申请延长审理期限，应当直接报请高级人民法院批准，同时报中级人民法院备案。

(2) 简易程序的一审审理期限。

《行政诉讼法》第83条规定，适用简易程序审理的行政案件，由审判员一人独任审理，并应当在立案之日起45日内审结。第82条规定，只有一审程序才可以使用简易程序，而且是案件事实清楚、权利义务关系明确、争议不大的案件，包括：①被诉行政行为是依法当场作出的；②案件涉及款额2000元以下的；③属于政府信息公开案件的。

2. 二审审理期限

《行政诉讼法》第88条规定，人民法院审理上诉案件，应当在收到上诉状之日起3个月内作出终审判决。有特殊情况需要延长的，由高级人民法院批准，高级人民法院审理上诉案件需要延长的，由最高人民法院批准。

3. 再审审理期限

最高人民法院《关于适用〈中华人民共和国行政诉讼法〉的解释》第 50 条规定，再审案件按照第一审程序或者第二审程序审理的，适用《行政诉讼法》第 81 条、第 88 条规定的审理期限。审理期限自再审立案的次日起算。即一审审理期限在立案之日起 6 个月内作出第一审判决，二审审理期限在收到上诉状之日起 3 个月内作出终审判决。

4. 审限的计算

最高人民法院《关于适用〈中华人民共和国行政诉讼法〉的解释》第 50 条规定，行政诉讼的审理期限，是指从立案之日起至裁判宣告、调解书送达之日止的期间，但公告期间、鉴定期间、调解期间、中止诉讼期间、审理当事人提出的管辖异议以及处理人民法院之间的管辖争议期间不应计算在内。

四、民事诉讼

（一）民事诉讼职能定位

民事诉讼，是指有民事争议的当事人向人民法院提出诉讼请求，人民法院在双方当事人和其他诉讼参与人的参加下，依法审理和裁判民事争议的程序和制度。企业维权中的民事诉讼多用以解决权属纠纷、债务纠纷、合同纠纷、平等民事主体之间的侵权纠纷。企业在征收拆迁维权过程中，有时可以通过提起民事诉讼的方式，维护自己合法权益。

（二）诉讼时效

1. 一般规定

《民法典》第 188 条规定，向人民法院请求保护民事权利的诉讼时效期间为 3 年。法律另有规定的，依照其规定。诉讼时效期间自权利人知道或者应当知道权利受到损害以及义务人之日起计算。法律另有规定的，依照其规定。但是，自权利受到损害之日起超过 20 年的，人民法院不予保护，有特殊情况的，人民法院可以根据权利人的申请决定延长。

2. 诉讼时效中止

《民法典》第 194 条规定，在诉讼时效期间的最后 6 个月内，因下列障碍，不能行使请求权的，诉讼时效中止：①不可抗力；②无民事行为能力人或者限制民事行为能力人没有法定代理人，或者法定代理人死亡、丧失民事行为能力、丧失代理权；③继承开始后未确定继承人或者遗产管理人；④权利人被义务人或者其他人控制；⑤其他导致权利人不能行使请求权的障碍。自中止时效的原因消除之日起满6个月，诉讼时效期间届满。

3. 诉讼时效中断

《民法典》第195条规定，有下列情形之一的，诉讼时效中断，从中断、有关程序终结时起，诉讼时效期间重新计算：①权利人向义务人提出履行请求；②义务人同意履行义务；③权利人提起诉讼或者申请仲裁；④与提起诉讼或者申请仲裁具有同等效力的其他情形。

（三）审理期限

1. 一审审理期限

（1）普通程序审理期限。

《民事诉讼法》第152条规定，人民法院适用普通程序审理的案件，应当在立案之日起6个月内审结。有特殊情况需要延长的，经本院院长批准，可以延长6个月；还需要延长的，报请上级人民法院批准。

（2）简易程序审理期限。

《民事诉讼法》第164条规定，人民法院适用简易程序审理案件，应当在立案之日起3个月内审结。有特殊情况需要延长的，经本院院长批准，可以延长1个月。

（3）小额诉讼程序审理期限。

《民事诉讼法》第168条规定，人民法院适用小额诉讼的程序审理案件，应当在立案之日起2个月内审结。有特殊情况需要延长的，经本院院长批准，可以延长1个月。

2. 二审审理期限

《民事诉讼法》第183条规定，人民法院审理对判决的上诉案件，应当在第二审立案之日起3个月内审结。有特殊情况需要延长的，由本院院长批准。人民法院审理对裁定的上诉案件，应当在第二审立案之日起30日内作出终审裁定。

3. 再审审理期限

最高人民法院《关于适用〈中华人民共和国民事诉讼法〉的解释》第128条规定，再审案件按照第一审程序或者第二审程序审理的，适用《民事诉讼法》第152条、第183条规定的审限。审限自再审立案的次日起算。

(四) 企业拆迁常见民事诉讼情形

企业维权民事诉讼大致包括恢复原状之诉、民事赔偿之诉、租赁合同解除之诉、腾退之诉、股权争议之诉、债权债务保全之诉、抵押担保之诉、房屋产权争议之诉，具体包括：

1. 恢复原状之诉

恢复原状是侵权补救的一种方式，一般情况下，恢复原状要在客观上具备可能性，要在社会经济效益层面具有价值性，也就是说，恢复原状须客观可行且不以付出巨大社会经济成本为代价。平等民事主体之间不涉及公权力的侵权行为，企业在生产经营场所、厂房、生产设备遭受侵害时，在提起民事诉讼时可以要求恢复原状，为企业拆迁保留地上物，这是企业征收补偿的谈判筹码；若是征收拆迁方指使第三方造成的，则可以通过恢复原状之诉予以回击。

2. 民事赔偿之诉

民事赔偿诉讼是恢复原状不能的情况下，退而求其次的一种选择。有些侵害根本不存在恢复原状的可能性，比如供电公司在企业拆迁时擅自停电给企业造成停产停业损失，这个时候无法证明是征拆方指使供电公司干的，可以对供电公司提起民事诉讼，要求恢复供电，赔偿停产停业损失。企业拆迁维权有时候需要主动提起诉讼，维护自己的合法权益、对对方的不法行为通过合法方式予以回击，比如，针对停水、停电、停气、挖路等侵害行为，都可以提起民事赔偿诉讼。

3. 租赁合同解除之诉

企业生产经营的场地可能是自己的，也可能是租来的，还有可能把自己的厂房租给其他经营者。若土地使用权人与企业经营者不一致，对土地使用权人和企业经营者均需进行征收拆迁补偿。实践中，很少有征收方愿意与租赁场地的经营者直接谈征收补偿，多是与土地使用权人谈征收补偿事宜，也会出现出租人独享征收补偿利益的情况。

这种情况下，就会出现租赁合同的解除问题，企业经营者若是租赁合同解除的受损害一方，就应当提起民事诉讼，按照合同约定、法律规定维护自身合法权益，保障自己的征收补偿利益不受损害。

4. 腾退之诉

腾退的本质是以自治方式处分个人财产权。出现腾退这种形式主要是因为《土地管理法》和《土地管理法实施条例》对集体土地征收进行了严格的制度规范和程序设定，这就导致征收集体土地难度加大，供地数量减少，一些地区因为城市更新使用土地的需要，绕开了原有的土地征收，创新出了腾退模式。

从形式上看，村集体搞腾退可能伴随强势征收、逼迁、暴力。但与行政机关相比，村集体的补偿能力就弱了很多。在遭遇不公正腾退时，要提起腾退之诉，如果有行政机关参与其中，要直接提起行政诉讼，毕竟行政诉讼的证据规则对经济主体企业来说更为有利。

5. 股权争议之诉

对于企业来说，解决股权争议是理顺自身脉络、整合力量迎接征收拆迁的必要准备。股权纠纷包括股东出资纠纷、股权确认纠纷、股权转让纠纷、股东权利纠纷四类，发生纠纷时诉至法院解决争议不失为一种良策，但要处理好内部矛盾与外部矛盾的主次问题。

股东之间的纠纷无论是协商解决还是诉讼救济，都属于企业内部矛盾，面临征收拆迁时，企业作为整体与征迁方之间的纠纷是外部矛盾。解决内部矛盾不要影响一致对外的问题，因为企业是一个有机整体，征收补偿利益对每个股东的影响同样重大，对外团结一致才能实现征收补偿利益的最大化。

五、刑事诉讼

（一）刑事诉讼职能定位

刑事诉讼是指人民法院、人民检察院和公安机关在当事人及其他诉讼参与人的参加下，依照法律规定的程序，解决被追诉者刑事责任问题的活动。刑事诉讼分为公诉和自诉，企业维权遇到比较激烈的侵害时，需要国家司法权给予强力保护，追究相关人员的刑事责任，震慑征迁行政主体，促使其依法行政、依法征收。

（二）企业拆迁常见刑事诉讼情形

企业维权刑事诉讼大致包括要求公安机关刑事立案、故意伤害的刑事自诉、要求检察院监督立案。

1. 要求公安机关刑事立案

征收拆迁工作人员在执行工作任务过程中，采取暴力手段导致企业经营者或工作人员人身受到侵害时，涉嫌故意伤害罪，损坏企业财物的涉嫌故意毁坏财物罪。企业权益受到侵害时，应当及时拨打110报警，并留存报警及出警证据。

2. 故意伤害的刑事自诉

企业被害人既要寻求公权力救济，又要有私力救济能力，当被违法犯罪行为侵害时要注重收集保存证据。除了要求公安机关侦查监督和举报，也要自行收集证据。当掌握了一定的证据后，就可以向法院提起刑事自诉。

3. 要求检察院监督立案

《刑事诉讼法》第113条规定，人民检察院认为公安机关对应当立案侦查的案件而不立案侦查的，或者被害人认为公安机关对应当立案侦查的案件而不立案侦查，向人民检察院提出的，人民检察院应当要求公安机关说明不立案的理由。人民检察院认为公安机关不立案理由不能成立的，应当通知公安机关立案，公安机关接到通知后应当立案。

企业在征收拆迁过程中遭遇违法犯罪侵害时，对于公安机关有案不立、当立不立，可以依法向人民检察院申请立案监督。

第六章

企业拆迁案例

第一节 养殖企业征拆
——以安徽黄山某养猪场征拆纠纷案为例

◇ **案情简介**

委托人汪女士在安徽省黄山市拥有一处房屋,房屋所在土地性质为宅基地。宅基地上的房屋未办理城乡规划许可证和房产证,此外,汪女士在自家承包地上建造了养猪场。2019年2月,当地政府发布了征收土地公告,当地国土资源局公告了征收补偿安置方案,汪女士的宅基地和养猪场均在征收范围之内。征收程序启动后,征收方与汪女士就补偿安置事宜未达成一致。2019年5月,当地城市管理行政执法局向汪女士送达《限期拆除通知书》,认定汪女士的房屋和养猪场为违法建筑,责令汪女士在10日内自行拆除房屋和养猪场,逾期将强制拆除。汪女士面对这一局面,内心焦急万分,向在明律师寻求帮助。

◇ **维权经过**

在明律师在实地勘察了现场和与委托人面谈及梳理相关文件后,发现征收机关的征收程序存在违法情形,且当地城市管理行政执法局向汪女士送达《限期拆除通知书》,实际上是想通过拆违的方式逼迫汪女士同意征收方的补偿标准,签订补偿安置协议。但按照征收方的标准,汪女士的养猪场得到的补偿根本无法弥补相关损失。而征收方对宅基地及其上房屋的货币补偿也无法保证汪女士一家人的居住条件不降低。汪女士的个人诉求是希望征收方在附近重新划拨一块宅基地,再予以货币补偿从而覆盖重新建造房屋的成本。

经过综合考虑后,在明律师制定了主动起诉撤销《限期拆除通知书》,同时对征收补偿安置方案的合法性提起行政复议和行政诉讼的策略,双管齐下,争取促成征收方与汪女士协商解决争议。在明律师将当地城市管理行政执法局起诉至区人民法院,诉求撤销《限期拆除通知书》。在撤销《限期拆除通知书》诉讼中,律师依据前期取证和一审证据,提出如下意见:

(1) 被告未提供其具有作出被诉行政行为的职权。依照《城乡规划法》第40条、第41条、第64条和第65条之规定,建筑物所处规划区域不同,规划主管部门也不同,在城市规划局,主管部门和可以作出限期拆除决定的为县级人民政府城乡规划主管部门。而在乡、村庄规划局内,主管部门和可以作出限期拆除决定的为乡、镇人民政府。本案中,被告未提供涉案房屋所处规划区域的证据,只有在城市规划区内,被告才有作出被诉行政行为的权限,所以被告未举证其有作出被诉行政行为的职权。

(2) 未在作出行政处罚前给予原告陈述申辩的权利。《行政处罚法》(2017年修正) 第41条规定:行政机关及其执法人员在作出行政处罚决定之前,不依照本法第31条、第32条的规定向当事人告知给予行政处罚的事实、理由和依据,或者拒绝听取当事人的陈述、申辩,行政处罚决定不能成立。

被告在作出行政处罚前未依法履行第31条和第32条的法定程序,也未给予原告陈述和申辩的权利,在作出处罚后,才给予原告陈述申辩的权利,程序明显违法。

(3) 被告作出的行政行为缺乏合理性,明显不当。2019年2月22日,区国土资源局经被告区政府批准,公告了集体土地上房屋征收补偿安置方案并开始实施。根据公告内容中载明的征收范围,涉案的房屋和养猪场均在征收范围之内。被告在涉案房屋已被划入征收范围内,仍对原告进行行政处罚,实际上是一种"以拆违代拆迁"的行为。所以,被诉行政行为缺乏合理性和正当性。

(4) 将猪舍认定为违建违反国家养殖政策。依照自然资源部办公厅《关于保障生猪养殖用地有关问题的通知》(自然资电发〔2019〕39号) 中的"二、落实和完善用地政策",生猪养殖用地作为设施农用地,按农用地管理,不需办理建设用地审批手续。所以,被告认定圈舍违反《城乡规划法》,是违反国家养殖政策的，被告作出的行政行为没有法律依据。

在行政诉讼的同时，在明律师又代理汪女士向市人民政府申请行政复议，申请撤销集体土地上房屋征收补偿安置方案，并对市人民政府《关于调整被征收土地上青苗和房屋等附着物补偿标准的通知》进行合法性审查。律师在行政复议中主张区政府征收补偿安置方案存在以下违法点：

（1）安置方案在批准前未履行法定程序。《征收土地公告办法》第3条规定：征收农民集体所有土地的，征收土地方案和征地补偿、安置方案应当在被征收土地所在地的村、组内以书面形式公告。

本次征收的土地所有权人村民委员会，应当将征收土地方案在村内公示。但本次征收仅公示了补偿安置方案，未公示征收土地方案。《土地管理法实施条例》（2014年修订）第25条第3款，以及《征收土地公告办法》第9条、第10条之规定，市、县人民政府在批准征地补偿、安置方案之前，应当告知并听取被征地农村集体经济组织、农村村民或者其他权利人对征地补偿、安置方案的不同意见或举行听证会。然后报市、县人民政府批准后，才可以由市、县人民政府土地行政主管部门实施。而本案涉及的安置方案在制定之前未履行听证程序，明显违反了法定程序，剥夺了被征收人的合法权利。

（2）安置方案所依据的市人民政府《关于调整被征土地上青苗和房屋等附着物补偿标准的通知》违反《物权法》、上位法及国家政策。依照国土资源部《关于进一步做好征地管理工作的通知》（国土资发〔2010〕96号）之规定，每2年至3年对征地补偿标准进行调整，逐步提高征地补偿水平。未经调整的，不予通过用地审查。而涉案安置方案所依据的征地补偿标准制定于2015年，而本次补偿安置方案制定于2019年，明显违反了上述通知。依照当时正在施行的《物权法》第42条第3款之规定，征收单位、个人的房屋及其他不动产，应当依法给予拆迁补偿，维护被征收人的合法权益；征收个人住宅的，还应当保障被征收人的居住条件。涉案补偿方案中给予申请人的货币补偿标准过低，且补偿标准适用2015年所制定的文件，无法保障被征收人的居住条件。

（3）安置方案中的补偿方式明显不合理，被征收的养猪场为申请人一家的唯一生活来源，申请人及家属为农业人口，已没有耕地，申请人也无法重新获得工作技能。房屋和养猪场被征收后，申请人将失去生活来源。安置方案中所提供的补偿方式，不仅很难保障申请人的居住条件不下降，而且根本无法保障申请人的生活水平不降低。更为严重的是，申请人将不仅仅是生活水平的降低，甚至根本无法维持日常生活，面临陷入贫困的局面。

◇ 案件结果

在律师施加行政诉讼和行政复议压力的同时，区法院也积极组织委托人和征收方协商解决。最终，征收方改变了征收开始时的补偿标准，针对宅基地和住宅，同意进行宅基地置换，并予以货币补偿，保障汪女士及家人的居住条件不降低。针对养猪场，征收方也同意进行合理补偿，补偿金额能够弥补汪女士的损失。我方接受了征收方的补偿方案，签订了补偿安置协议，并将行政诉讼和行政复议申请予以撤回。汪女士的补偿安置事宜得到圆满解决。

◇ 律师后语

本案的办理难点在于汪女士虽取得了宅基地证，但房屋未取得规划许可证或房产证，养猪场也未办理规划许可文件。造成这一局面的原因，主要在于宅基地上房屋确权工作的缺失和个人养殖场审批文件办理的难度较大。但征收机关却利用这一点向委托人施加压力，意图通过"以拆违代拆迁"的方式达成目的。汪女士"措手不及"，一开始明显处于被动局面。

大多数被征收人在遇到这种情况时，会向征收机关妥协放弃自己的应得利益。但汪女士并没有妥协，而是积极寻求法律手段维护自己的权益。在我方采取正确的维权策略后，局面就从被动变为主动，这时协商的机会就会出现，委托人也因此实现利益的最大化。因此，坚持不妥协和正确的维权方式，是被征收人维护自身权益的关键因素。

第二节　种植企业拆迁
——以广东东莞 A 企业征拆纠纷案为例

◇ 案情简介

2012 年 5 月，A 企业和 B 村委会签订了《土地承包合同》，约定 A 企业承包位于 B 村的土地 35 亩，用于种植荔枝树，承包期限至 2027 年 5 月。2017 年 6 月，C 镇政府受东莞市莞番高速公路有限公司委托开展土地征收工作，A 企业承包的上述土地位于征收红线范围内。因对所种植荔枝树的大小及面积有争议，A 企业一直未能就土地征收补偿款与土地征收部门达成一致意见。

出人意料的是，2018年11月23日，B村委会、C镇政府的工作人员联合对A企业上述承包土地上的荔枝树进行强制清除。2019年5月20日，A企业在和土地征收部门协商无果后，向人民法院提起诉讼，要求确认C镇政府强制清除的行为违法，并赔偿A企业各项经济损失共计100万元。

◇ 维权经过

A企业向法院提交了强制清除现场的视频和照片，显示除B村委会的人员之外，C镇政府的副镇长和其他行政部门的工作人员出现在现场，故A企业认为强制清除行为系C镇政府组织实施的。而C镇政府对此予以否认，认为该清除行为系B村委会自行实施，清除当日工作人员在现场的原因是为了履行协助和监督的工作职责。同时，C镇政府向法院提交了B村委会出具的《情况说明》，称镇政府的工作人员之所以出现在现场，是出于现场维稳和维持秩序的需要，村委会向镇政府相关部门要求协助。另外，C镇政府主张其在本次用地征收程序上合法合规，并且已按规定将征收补偿款支付给B村委会。

由此可知，C镇政府确实有参与涉案被诉强制清除行为，如何认定C镇政府该行为的性质则成为本案的关键。故法院总结本案的争议焦点为：①C镇政府是不是强制清除行为的实施主体；②如果C镇政府是强制清除行为的实施主体，该行为是否合法；③A企业提出的赔偿请求是否有事实和法律依据。

关于争议焦点一

法院认定C镇政府组织实施了强制清除行为，理由如下：

第一，根据有关政策文件，C镇政府作为莞番高速公路项目土地征收工作的属地镇街政府，对辖区内土地征收工作负有法定职责。

第二，C镇政府副职负责人以及镇街多个部门均到场参与涉案强制清除行动，如果没有C镇政府的统一协调组织，B村委会不可能有如此协调组织能力。

第三，根据《村民委员会组织法》的相关规定，镇政府对于村委会具有指导和监督的职权，而非相反。因此，C镇政府提出其是为了协助B村委会的强制清除行为的主张不符合常理，法院不予采纳。

关于争议焦点二

法院认定 C 镇政府组织实施的强制清除行为违法，理由如下：

第一，C 镇政府在庭审中仅向法院提交了《征收土地补偿安置方案》，没有提交证据证明其向 B 村委会支付了全部的征收土地补偿款和青苗补偿款，也没有证据证明其按照《土地管理法》等相关法律法规的规定实施了涉案土地其他方面的征收工作。

第二，根据《行政强制法》的相关规定，强制执行程序必须经过催告、公告等程序，且没有行政强制执行权的行政机关应当申请人民法院强制执行，故 C 镇政府未经合法程序的强制清除行为不具有合法性。

关于争议焦点三

第一，C 镇政府是否应当向 A 企业进行赔偿。根据《国家赔偿法》的有关规定，因 C 镇政府实施的强制清除行为已经被确认违法，侵害了 A 企业的合法权益，依法应当予以赔偿。

第二，关于赔偿的标准。C 镇政府作为莞番高速公路项目土地征收工作的属地镇街政府，对辖区内土地征收工作负有法定职责，负责实施辖区内征收补偿的具体工作。C 镇政府在履行该职责的过程中，在未依法对 A 企业进行补偿的情况下，实施了对 A 企业承包经营土地的强制清除行为，对 A 企业的合法权利造成了损害，应当予以同等赔偿，即赔偿的标准应当等同于土地征收的补偿标准。

第三，至于 C 镇政府主张其已经向 B 村委会支付相关款项的问题，C 镇政府可在支付赔偿款项后，通过合法途径追回对应款项。

◇ 律师后语

实践中，行政机关在实施强制清除行为后，可能将责任推给村委会究，其原因在于村委会并非行政机关。如果由村委会担责，行政相对人就无法通过行政诉讼来救济自己的合法权益。那么，种植企业在面对行政机关的强制清除行为应该如何应对呢？

第一，强制清除前，及时对涉案土地上的青苗等种植物固定证据，包括品种、大小、面积等要素都要尽可能地通过证据呈现出来，以免在强制清除后举证困难。虽然《行政诉讼法》第 38 条规定了因被告的原因导致原告无法举证的，由被告承担举证责任，但在司法实践中，如果原告无法举证证明自己的损失，由法院来酌定的话，赔偿金额往往都是偏低的。

第二，强制清除时，首先记得要及时报警。根据《人民警察法》第2条第1款规定，人民警察的任务是维护国家安全，维护社会治安秩序，保护公民的人身安全、人身自由和合法财产，保护公共财产，预防、制止和惩治违法犯罪活动。第21条第1款规定，人民警察遇到公民人身、财产安全受到侵犯或者处于其他危难情形，应当立即救助；对公民提出解决纠纷的要求，应当给予帮助；对公民的报警案件，应当及时查处。根据上述法律规定，涉案土地所在地的公安机关，针对报案人的报警具有进行相应处理的法定职责。

第三，避免与工作人员发生正面肢体冲突，还要对现场实施强制清除的工作人员进行拍照、录像，内容最好能显示出工作人员的方便辨认的面部特征，以应对后期诉讼时提供证据。在行政诉讼中，确定实施具体行政行为的责任主体是很关键的。

第四，强制清除后，面对行政机关的违法行政行为，要勇于善于拿起法律的武器，同时要寻求专业律师的帮助。

第三节　商铺征拆
——以陕西宝鸡某商铺征拆纠纷案为例

◇ **案情简介**

李先生在陕西省宝鸡市拥有一处房产，位于商住混合体的二楼，房产证载明房屋面积约500平方米，房屋性质为商业用途，由李先生用于美容院的经营。房屋所在地段为市中心，极具商业开发价值。

2016年，当地区政府以旧城改造名义作出并公告了国有土地上房屋征收决定，征收后的土地用于商业体的开发建设。李先生的房产被划入征收范围之内。征收程序启动后，依据征收机关作出的征收补偿安置方案，李先生房产的补偿价格明显低于同等地段商业用房的市场价格。李先生不愿选择产权置换方式，希望获得合理的货币补偿，但双方多次协商仍未能就补偿问题达成一致。李先生遂向在明律师寻求帮助。

◇ **维权经过**

在明律师实地勘察了现场，在与李先生面谈和梳理相关文件后，发现本次征收相关信息并不透明，并未见到征收决定等相关文件的公告，征收机关的征收程序存在违法情形。因此建议李先生，先由律师代表李先生与征收机关接触协商，争取通过协商解决问题。如双方无法达成一致，再进行信息公开，寻找征收中的违法点，然后制定具体策略。李先生认可律师的维权方案，遂委托在明律师处理其房屋的征收补偿事宜。

在明律师首先与征收机关进行接触，向征收机关发送法律建议函，希望能够通过协商解决补偿纠纷，但未能与征收方通过协商方式达成一致。律师遂按照既定方案，向区政府申请信息公开，获得了此次征收的征收决定等文件。律师发现，虽然征收决定作出时间已经超过3年，但由于公告程序不透明，仍可以利用被告承担公告时间的举证责任来对征收决定进行起诉。

再从征收决定的作出程序和内容来看，本次征收决定的作出并不符合《国有土地征收条例》的相关规定。首先，征收并非出于公共利益，而是用于单纯的商业开发。其次，征收安置补偿方案的作出违反法定程序，剥夺了被征收人的知情权和参与权。在明律师遂向中级人民法院提起诉讼，请求撤销区政府作出的国有土地上房屋征收决定，希望通过诉讼促成双方协商。

诉讼中，征收机关辩称起诉已超过《行政诉讼法》规定的6个月的起诉期限，但律师主张征收机关未按照法律规定依法公告，委托人是通过信息公开方式才获悉征收决定的存在，因此起诉没有超过法定起诉期限。法院认可了律师的观点，对征收决定的合法性进入实体审理。在案件审理过程中，征收方虽然增加了补偿金额，但仍与李先生的诉求差距较大。因此，一审判决虽确认区政府作出的征收决定违法，但未实现促成协商解决的目的。

随后，征收机关为了尽快完成拆迁和早日启动商业体的开发建设，遂依据《国有土地征收条例》，启动征收补偿决定程序。根据《国有土地征收条例》和相关司法解释的规定，针对征收补偿决定，被征收人未在法定期限内起诉或起诉后被司法裁判维持的，征收机关可以申请人民法院强制执行，补偿金额按照征收补偿决定所载明的金额给付。

在明律师发现补偿决定的补偿金额比原来的补偿金额虽有提高，但仍与委托人的诉求存在差距，委托人不接受征收补偿决定，遂委托律师提起诉讼请求撤销征收补偿决定。律师制定诉讼策略，尽量利用起诉期限拖延征收补偿决定生效的时间，并寻找征收补偿决定的违法点，争取在诉讼中实现撤销征收补偿决定的目的，使征收机关无法通过司法程序进行强拆。

在一审诉讼中，律师发现该征收补偿决定存在诸多违法之处：

第一，依据《国有土地征收条例》第 20 条的规定：房地产价格评估机构由被征收人协商选定；协商不成的，通过多数决定、随机选定等方式确定，具体办法由省、自治区、直辖市制定。《陕西省国有土地上房屋征收房地产价格评估机构选定办法》第 7 条规定：房屋征收部门应以公告形式，在征收范围内将申请参加该项目评估的评估机构名单、基本情况及协商选定评估机构的期限等相关事项告知被征收人。以及根据该办法第 8 条、第 9 条及第 10 条的规定，被告选定评估机构的程序明显违法。而且，评估机构选定的组织工作和结果公示应当由房屋征收部门即区政府实施，拆迁指挥部没有此权限。

第二，评估报告未依法送达原告，剥夺了原告申请复核的权利。

第三，评估报告的作出时间是 2018 年 7 月 12 日，估价时点为 2016 年 10 月 21 日，而补偿决定作出的时间为 2020 年 5 月 9 日，评估时点与补偿决定作出时间相差超过 3 年，在此期间，房地产市场价格已经有巨大的波动，按照 2016 年评估的价格对原告进行补偿，明显违法和显失公平。在司法实践中，评估报告所采用的价值时点和补偿决定的作出时间，相差不应超过 1 年。依照《房地产抵押估价指导意见》第 26 条第 1 款，估价报告应用有效期从估价报告出具之日起计，不得超过 1 年。而本估价报告出具日期距补偿决定作出时间已超过 1 年，应属无效。

◇ 案件结果

一审法院认可了律师的观点，遂作出判决撤销了征收补偿决定。

征收方在征收补偿决定被撤销后，迫于向开发商交地的压力，无法承担再次作出征收补偿决定的时间成本，遂对委托人的房屋进行了违法强拆。律师遂代理李先生将强拆方即区政府起诉至中级人民法院。

中级人民法院认为区政府的强拆行为没有履行法定程序，判决确认区政府的强拆行为违法。

◇ 律师后语

在办案过程中，征收方与李先生虽协商增加补偿金额，但双方仍未达成一致。基于诉讼时的法律规定，强拆违法后的行政赔偿标准一般也是参照征收补偿安置方案。因此，征收机关认为李先生即使提起行政赔偿诉讼，法院判决补偿金额也不会高于其支付的标准。

但随着我国法治进程的推进，在强拆违法诉讼后不久，最高人民法院出台了最新的关于行政赔偿的司法解释。该司法解释对违法强拆的行政赔偿标准作出了新的规定，确立了行政赔偿的标准不得低于行政补偿的标准且须全面赔偿的原则。而在其后的司法裁判中，行政赔偿的标准已经高于行政补偿标准约 15%~20%。

在明律师遂与李先生沟通，仍坚持促成协商解决的原则，如征收方仍坚持原有补偿标准，则选择提起行政赔偿诉讼，获得的赔偿金额会明显高于征收方愿意给出的补偿金额，即在协商策略未成功的情形下，可以通过行政赔偿诉讼程序实现自身利益最大化。最终，委托人同意了律师的方案，通过行政赔偿诉讼，获得了高于征收方所愿意提供的补偿。虽然最终获得的金额与委托人期望的金额仍有差距，但与最初的补偿金额相比，已有很大提高。

本案取得的效果已经是涉案房屋所能获得的最大利益。本案的办理逻辑是每一步工作都是通过协商争取利益最大化，在前一步工作未取得进展时，进行下一步工作继续争取。正是律师坚持不懈的努力和委托人的信任，成就了委托人利益的最大化。

征收维权问题其实不单纯是一个法律问题，而是一个包含多层面利益的社会问题。在实际办案中，征收机关有可能坚持自己的最初补偿标准，不愿意通过协商增加补偿金额。在遇到这种情况时，律师首先是与委托人一起坚持维权，穷尽所有可能性，再选择对委托人最有利的维权方式，也能为委托人在可实现的范围内争取到利益最大化。

第四节　厂房征拆
——以湖南湘潭无证厂房征拆纠纷案为例

◇ **案情简介**

为了促进经济发展，湖南省湘潭市地方政府启动了招商引资政策；在此背景下，湘潭市某电工专用设备有限公司响应当地政府的号召，在某集体土地上建设了厂房。为了尽快产生经济效益，厂房的建设行为只取得了集体土地所有权人即村集体的同意，但由于该建设是当地政府的招商引资项目，因此也得到有关部门的认可和支持。一直到该厂房投入使用，某电工专用设备有限公司也未依照法定程序取得国土、建设规划部门的审批，更未依法办理产权登记。

后来，正逢长株潭城际铁路建设，该宗土地需要被征收，雨湖区政府作出《关于对湘潭市某电工专用设备有限公司未经登记建筑等相关补偿事项的通知》。在征收过程中，征收方未充分考虑涉案建筑物在当地特定时期和政策背景下的特殊性，对某电工专用设备有限公司在其信赖利益范围内的相应投入、产生的损失未予综合考量，纠纷由此产生。

◇ **维权经过**

在明律师认为现行集体土地征收制度的本质，是国家基于公共利益需要实施征收，并由国家依法给予公平合理补偿，对于因历史原因未办理产权证的房屋，行政机关在没有充分证据证明该房屋属于违法建筑的情况下，不宜认定为违法建筑。行政征收中，应当综合考量未办理产权登记的历史原因、土地价值、房屋用途和周边类似房屋市场价格等因素，确定补偿标准，不宜径行以违法建筑为由不予补偿。

本案中，某电工专用设备有限公司未依照法定程序取得国土、建设规划部门的审批，更未依法办理产权登记，不能认定涉案厂房已转化为合法建筑。但涉案厂房在建设和使用过程中，取得了土地所有人村委会的同意，也得到了有关部门的认可和支持。基于这种同意、认可和支持，加上招商引资的大背景，某电工专用设备有限公司产生了信赖利益。基于对政府相关部门的信赖，某电工专用设备有限公司对涉案厂房的建设使用所进行的相应投入，依法应予合理补偿。

雨湖区政府作出的通知，未充分考虑涉案建筑物在当地特定时期和政策背景下的特殊性，对某电工专用设备有限公司在其信赖利益范围内的相应投入、产生的损失未予综合考量和合理保护，明显不当。

本案的争议焦点是，在建设过程中和建设完成后，没有取得任何国土、建设规划部门的审批和产权登记的"违法"厂房，在征收中是否应当予以补偿。一般来说，违法建筑是没有补偿的，但在特殊情况下，比如是建设行为人基于对公权力的信任而投资建设的，应当对信赖利益的部分予以补偿。具体到本案中，将建筑因"违法"而导致的损失进行责任分配，假如信赖因素在违法建设行为中占 60%，可以考虑对建设行为人予以 60% 的合理补偿。

◇ 案件结果

一审法院对某电工专用设备有限公司的诉讼未予支持。

某电工专用设备有限公司不服，提起上诉。

二审法院基于公平合理补偿原则，判决撤销一审判决，撤销雨湖区政府作出的《关于对湘潭市某电工专用设备有限公司未经登记建筑等相关补偿事项的通知》，责令雨湖区政府重新作出处理决定。

◇ 律师后语

本案有两个问题值得思考。

一是未依照法定程序取得国土、建设规划部门的审批，更未依法办理产权登记的建筑，如何转变成"准合法建筑"？

违法建筑，即违反法律、行政法规的规定而建造的建筑。一般而言，法律、行政法规主要包括《城乡规划法》、《土地管理法》及其实施条例、《行政许可法》、《建筑法》等。认定主体包括建设施工部门、城乡规划部门、土地管理部门，现在许多地方出现了开发区管委会这一机关，根据最高人民法院的观点，如果管委会取得了设立它的机关的授权，也有拥有违法建筑的认定职权。

但是，对建筑的合法性考量，是否可能存在法律之外的情形呢？结合本案来看，是存在的。以本案为例，在法律规定之外，如果要升格为"准合法建筑"，可能需要满足以下几点：（1）土地所有权人即村集体同意；（2）有关部门的认可和支持；（3）基于对政府相关部门的信赖，对涉案厂房的建设使用进行了相应的投入。其中，最为重要的是第三点，第三点意味着该建设行为是可以产生信赖利益的。

因此，投资商在被地方政府招商引资的过程中，能办证的尽量办证，在当地政府的催促下，如果因为工期等原因来不及办证，务必取得地方政府作出"承诺"的证据，进而为自己的信赖利益作出保护。

二是在认定建筑物的合法性时，除了要考虑法律规定，还应当考量法律原则。现代政府不仅应该是高效廉洁的政府，也应该是诚信的政府。行政相对人对行政权力的正当合理的信赖应当受到保护，行政机关不得擅自改变已生效的行政行为。如果确需改变行政行为，而由此给行政相对人造成损失，应给予补偿。该原则的确立对妥善处理公共利益与个人利益的关系，以及创建诚信政府、责任政府具有重要的意义。

信赖保护原则是指行政相对人对行政机关的行政行为形成值得保护的信赖后，行政机关不得随意改变或撤销该行为，依法确需改变或撤销的，由此给相对人造成财产损失或使被许可人的合法权益受到损害的，应当依法给予补偿。这就要求行政机关对自己的行为或承诺应当遵守信用，不得随意变更，更不能反复无常，出尔反尔。

第五节 加油站征拆
——以山东济南 HU 加油站行政强制违法拆除案为例

◇ **案情简介**

张某系原告，在济南市长清区某路建设有 HU 加油站。2011 年 10 月 18 日，山东省经济和信息化委员会批复同意 HU 加油站进行改扩建。张某在路口北进行扩建，形成路南、路北两部分。

2014 年 7 月，区城市管理行政执法局以张某扩建的路北加油站未取得《建设工程规划许可证》为由作出《行政处罚决定书》，决定没收上述位置所建设的违法建筑物，并处罚款。

2016 年 10 月 17 日，济南市规划局作出《关于区张某规划违法建设规划意见的复函》，认为加油站站房及罩棚位于规划道路红线及绿化带内，无法采取措施消除对规划实施的影响。同年 12 月 8 日，区城市管理执法局向张某下达《责令限期拆除决定书》，责令张某于 2016 年 12 月 13 日自行拆除上述建筑物。12 月 30 日，区城市管理行政执法局作出《强制拆除违法建筑决定书》称，张某因未履行《责令限期拆除决定书》确定的义务，区政府责成该局于 2016 年 12 月 22 日对该工程实施强制拆除。行政复议和行政诉讼期间不停止本决定的执行。2017 年 1 月 14 日，张某向区人民法院提起行政诉讼，请求撤销强制拆除违法建筑决定书及责令限期拆除决定书。在诉讼过程中，双方达成协议，区政府暂时停止执行其起诉的行政处罚决定；涉案土地上的房屋及罩棚如遇道路拓宽时提前通知将自行拆除。区人民法院作出行政裁定，准予撤诉。

2018年8月15日，长清区政府制作了《关于HU加油站违法工程助拆实施方案》，随后长清区政府组织有关部门对原告路北加油站的房屋、机器设备及附属设施进行强制拆除。随后张某将长清区政府诉至一审法院。

◇ 维权经过

本案争议的焦点问题是区政府对涉案加油站建筑物、构筑物实施的强制拆除行为是否具有事实和法律依据，程序是否合法。

第一，关于区政府对涉案加油站建筑物、构筑物实施的强制拆除行为是否具有事实和法律依据问题。

《城乡规划法》第40条第1款规定：在城市、镇规划区内进行建筑物、构筑物、道路、管线和其他工程建设的，建设单位或者个人应当向城市、县人民政府城乡规划主管部门或者省、自治区、直辖市人民政府确定的镇人民政府申请办理建设工程规划许可证。

第64条规定：未取得建设工程规划许可证或者未按照建设工程规划许可证的规定进行建设的，由县级以上地方人民政府城乡规划主管部门责令停止建设；尚可采取改正措施消除对规划实施的影响的，限期改正，处建设工程造价5%以上10%以下的罚款；无法采取改正措施消除影响的，限期拆除，不能拆除的，没收实物或者违法收入，可以并处建设工程造价10%以下的罚款。

本案中，2017年3月就加油站建筑物、构筑物的拆除事宜，经被李某同意，区城市管理行政执法局与李某达成"暂时停止执行其起诉的行政处罚决定；如遇道路拓宽时提前通知后自行拆除"的协议。但是，区政府在相关条件并不具备的情形下，对涉案加油站建筑物、构筑物实施了强制拆除行为，有违行政信赖保护原则。

第二，关于区政府对涉案加油站建筑物、构筑物实施的强制拆除行为程序是否合法问题。

本案中，主张根据《行政处罚决定书》确定的没收决定，涉案加油站建筑物、构筑物是没收后的国有资产。因不符合规划要求，区政府对其实施了强制拆除。法院认为，区政府对涉案加油站建筑物、构筑物实施强制拆除，属于行政强制执行行为，应当适用《行政强制法》的相关规定。

《行政强制法》第34条、第35条、第36条、第37条、第38条、第44

条规定，行政机关依法作出行政决定后，当事人在行政机关决定的期限内不履行义务的，在依法享有行政强制执行权的行政机关实施行政强制执行行为之前，应当以书面形式催告当事人履行义务，并给予当事人陈述和申辩的权利；经催告当事人无正当理由逾期仍不履行的，行政机关应当作出书面强制执行决定送达当事人。对违法建筑物、构筑物、设施等强制拆除的，应当予以公告，并应当在当事人于法定期限内不申请行政复议或者提起行政诉讼，又不拆除的情形下，才可以实施强制拆除。本案中，区城市管理行政执法局于2016年12月8日作出《责令限期拆除决定书》，并于2016年12月30日作出《强制拆除违法建筑决定书》，但并未按照《行政强制法》第35条、第36条和第44条的规定履行催告、告知上诉人享有陈述和申辩权利和公告等程序。在未履行上述程序的情形下，被上诉人组织有关部门对涉案加油站建筑物、构筑物实施了强制拆除行为，违反了《行政强制法》规定的行政强制执行程序。鉴于区政府拆除涉案加油站建筑物、构筑物属于事实行为，不具有可撤销的内容，故应确认区政府组织有关部门对涉案加油站建筑物、构筑物实施的强制拆除行为程序违法。

◇ **法院判决**

本案经过一审、二审，再审法院支持了原告代理律师的观点，确认区政府对加油站建筑物、构筑物实施的强制拆除行为违法。

◇ **律师后语**

没有征收拆迁背景，单纯定义违建并要求拆除的案件，在实践中是极难操作的一种类型。尤其加油站属于特殊行业，在审批营业经营许可时，一个合法的加油站在建立初期需要向规划、自然资源、城市建设、消防、安监、环保等部门申报一系列极其繁琐的建设手续，其间花费的时间多达几年。

本案中加油站系个体工商户，依法取得成品油零售许可证、营业执照、危化经营许可证、环评文件等一系列证照，成立以来一直合法经营。区政府在强制拆除之前未作出责令限期拆除决定书和强制拆除决定书，其实施强制拆除行为缺乏强制执行依据和法律依据。区政府对加油站实施强制拆除前，未告知拆除的事实、理由和依据，未告知原告陈述、申辩权利及权利的救济途径，违反法定程序，律师从这一点入手，成功维护了当事人的合法权益。

第六节　被服厂征拆
——以浙江台州某被服厂征拆纠纷案为例

◇ **案情简介**

2023年7月26日，在明律师应当事人徐先生邀约，前往其经营的位于浙江省台州市的被服厂了解征收拆迁实际情况。当时街道办已经用封条查封了被服厂的三相电，挖机停在厂门口，形势极为严峻。后拆迁工作人员开着挖机到当事人位于台州市的被服厂，向原告送达《限期拆除通知书》的同时径行强制拆除申请人厂房二层楼、四层楼铁皮棚、三层楼楼下三个窗户，给原告一家造成了巨大财产损失。

在明律师针对政府的违法行为，迅速制定维权方案，并在3个月内调解结案。2023年10月31日，厂长徐先生和街道办达成调解，签订安置补偿协议，随后在律师指导下，当事人撤销了全部起诉。

◇ **维权经过**

在明律师介入后，巧妙运用"保护申请、律师函、信息公开"维权组合拳，立即申请人身财产保护，保财产稳人心；发出法律沟通函，提示风险表明立场；通过申请政府信息公开收集证据，调取拆迁项目文件，审查征收项目的合法性等。然后迅速提起"撤销查封配电箱行政强制措施""确认强制停水行为违法并责令恢复供水""确认强拆违法并责令恢复原状"三个组合诉讼。

得益于财产保护申请，街道办仅拆除了厂房的铁皮棚和几扇窗户，但律师仍指导委托人提起了确认强拆违法的行政复议。复议请求中选择"要求确认强拆违法并责令恢复原状"不仅具有合理性，亦能给予行政机关足够压力。复议机关确认强拆违法，但未支持恢复原状的诉讼请求，相当于复议机关改变了原行政行为。

律师随即指导委托人单独起诉复议机关，将案件审级提高到中级人民法院。诉前调解阶段，征收方即与委托人进行协商调解，双方签订安置补偿协议，徐先生获得满意补偿利益，撤销了全部起诉。律师事前对委托人预期进行了必要引导，为委托人防范企业拆迁风险隐患，进而签订安置补偿协议，获得满意补偿利益，实质化解行政争议发挥了关键作用。

◇ **案件结果**

当事人和街道办达成调解,签订安置补偿协议,随后在律师指导下,撤销全部起诉。

◇ **律师后语**

本案积极发挥了律师的专业性和能动性:

一是迅速打出维权组合拳,赢在诉讼起跑线。前期人身财产保护申请、信息公开、律师函等常规手段迅速展开,针对"查封配电箱""停水""强拆"设计组合诉讼,推动案件在进入赔偿诉讼前调解结案。

二是强拆案件灵活衔接行政复议与诉讼程序,提高审级,彰显亮点。强拆案件先复议后诉讼,通过复议请求巧妙设计促成复议机关改变原行政行为后单独起诉复议机关,提高审级至中级人民法院,突破了乡镇(街道)办实施的强拆案件只能在基层法院起诉的局面。

三是快速调解结案,开辟办案新思路。伴随经济下行,地方政府陷入债务危机,征拆案件进入行政赔偿诉讼阶段后依据法院判决获得合理补偿的难度越来越高,因此,本案为行政赔偿诉讼程序之前帮助委托人争取更多补偿利益,尽早结案,实质化解行政争议提供了新的路径。

第七节 酒楼征拆
——以上海某酒楼补偿决定纠纷案为例

◇ **案情简介**

2016年9月26日,上海市某区政府作出《上海市某区人民政府房屋征收决定》,征收目的为旧城区改建。被征收人上海某酒楼有限公司位于宝山路某号,土地性质为国有土地,产权证登记面积189平方米,未登记面积62.84平方米。由于双方没有达成征收补偿协议,上海市某区政府分别于2020年3月20日、4月27日召开审理调解会,并于2020年5月9日作出补偿决定。被征收人收到补偿决定书后不服,遂委托在明律师进行维权处理。

◇ **维权经过**

在明律师从国有土地上房屋征收的评估程序入手,对评估机构的选定、评估节点等进行重点论述。提出因征收部门拖延履行的原因造成多年市场价格波动，其责任应由征收部门承担，选择最有利于产权人的评估时点来进行评估鉴定最大限度保障产权人的补偿利益。

特别是在最高人民法院审理过程中，提出专家委员会未入户评估系某区政府封闭房屋门窗所致，被告行为导致当事人对评估补偿价格提出异议的实体权利没有得到保障的观点，把握案件争议焦点，点明核心问题。

案件经过复议、一审、二审，再审由最高人民法院提审，现向最高人民检察院提起行政监督申请，最高人民检察院已受理本案，目前尚在审理中。复议阶段，某区政府书面承诺向当事人增加补偿款200多万元，最高人民法院再审期间，经过法官调解增加300多万补偿款。

◇ **律师后语**

本案自复议起，过程较为漫长，对于国有土地上房屋征收中评估事宜的法律规定运用全面，在一审、二审结束后，再审由最高人民法院提审，且由最高人民检察院受理行政监督事宜，实为不易。同时，本案在复议、诉讼、再审阶段出现多次协商机会，且协商力度极大，补偿提升金额可观，最大程度保障了当事人的实体利益。

另外，从最高人民法院的审理过程中可以看出，司法机关在涉及赔偿、补偿的征收案件中，更加注重对当事人实体权益是否得到保障的审查，对于国有土地征收案件中评估规定的实施审查较为严苛。

第八节　养老院征拆
——以河南南阳养老院拆迁补偿案件为例

◇ **案情简介**

李某在南阳市某镇经营一个养老院，2022年，养老院被纳入征收范围内。但镇政府跳过李某与第三人签订了安置补偿协议，补偿利益由第三人所有，导致李某的利益严重受损。并且养老院有2000多平方，仅仅赔了700多万，补偿标准偏低。李某作为产权人实际上有权去争取相应的利益，也有权作为单独的被征收人进行安置补偿。遂将镇人民政府诉至法院。

◇ 维权经过

律师在了解案情后，第一时间发送律师函。随后在李某的房屋已签订安置补偿协议，且此协议又是协商签订的，手里证据不多的情况下，申请信息公开重重遇阻，经过复议取得了一定效果。

本案的争议焦点为案涉协议书是否应予撤销。被告作为此次征收的具体实施单位，应当依照相关法律规定及相应补偿标准对被征收人进行合法、合理、适当的补偿；在被征收房屋及设施的权属存在争议的情况下，征收部门不能与争议的任何一方签订征收补偿协议。

律师通过仔细研究案件材料，从多个角度来证明此协议为行政协议，且案涉房屋是在李某不知情情况下与他人签订的，属于无效协议。

随后申请信息公开调取有关征收的材料，同时启动起诉协议无效的诉讼程序，在庭审当天根据收集证据，将法律与事实一一道明。

随后当地镇政府也多次表示希望和解，一审判决撤销了镇政府与第三人签订的安置补偿协议，同时责令镇政府重新与李某就安置补偿事宜进行处理。

◇ 案件结果

一审法院判定撤销镇政府与第三人签订的安置补偿协议，责令镇政府重新与委托人就房屋安置补偿问题进行处理。

◇ 律师后语

本案有两个问题值得思考。

一是行政协议的确认。行政协议是行政主体为实现公共利益或者行政管理目标，在法定职责范围内，与公民、法人或者其他组织协商订立的具有行政法上权利义务内容的协议。本案被诉协议书是镇政府在征收补偿过程中与被征收人协商达成的补偿协议，因此属于行政协议。

二是案涉协议书签订的主体系被告与第三人，证据违法点挖掘。从案涉协议书所涉的被征收范围除第三人公司的建筑物及附属物外，还有原告公司的部分建筑物及设施，因此补偿款亦包括对原告公司的部分建筑物及附属物、搬迁费、停产停业损失等补偿项目。在办理案件时已经签订协议，且当事人掌握证据不充分，需要律师来挖掘有用信息及对方的违法点，诉讼过程中才能够取得一个公正的判决。

第九节　食品厂征拆
——以界首市巧福食品厂土地征收批复违法案为例

◇ **案情简介**

1992年，为响应政府大办企业的号召，新华造纸厂决定扩大生产保健婴儿尿巾纸产品规模，为社会创造更多财富。1993年5月10日，在当地行政机关的支持下，新华造纸厂与杨湾行政村签订《征用土地协议书》，杨湾行政村将其20.915亩土地出售给新华造纸厂。随后新华造纸厂向当地国土部门依法缴纳了土地登记费、土地有偿划拨费、不可预见费等。

在此后，新华造纸厂一直在该地块合法经营。2013年8月12日，新华造纸厂因环境整治问题变更为界首市巧福食品厂。2016年8月，因政府绿化需要，界首市巧福食品厂被纳入征收范围。后双方经多次协商后无法就土地性质及补偿问题达成一致意见。当事人遂委托在明律师进行维权处理。

◇ **维权经过**

鉴于涉案地块仍属于集体土地，若直接采取常规做法申请安置补偿，则有可能会按照集体土地进行补偿，不仅建筑物补偿款低，且无法享有土地补偿款。随后代理律师通过查阅案件材料后决定从土地使用权角度出发，构架维权方案。

律师介入后，经查阅当事人资料后认为，当事人获取土地的方式符合当时法律规定，在已经缴纳了征地费用和划拨使用费的情况下，应认定为国有划拨用地。但经信息公开调查后发现，涉案地块在1993年征用时并未依法转成国有土地，仍旧为集体土地。

随后安徽省人民政府于2016年作出《关于界首市2016年第11批次城镇建设用地的批复》进行了征收。代理律师针对该征地批复依法申请了行政复议，并在复议进行听证后，安徽省人民政府作出皖行复〔2022〕239号《行政复议决定书》，认定安徽省自然资源厅和界首市人民政府征地未保障当事人知情权、参与权和监督权，遂确认《关于界首市2016年第11批次城镇建设用地的批复》违法。

由于当事人占有案涉土地系通过相关政府部门招商引资，与原土地所有权协议依法征用，并向政府缴纳土地划拨款后建设厂房。代理律师一方面向安徽省人民政府申请行政复议，另一方面通过调查取证调取厂房设立之初的政府支持文件和土地使用档案，并最终得到了安徽省人民政府的支持，依法确认政府批复违法。

本案系厂房拆迁案例，涉案厂房由于尚未拆除，存在进一步沟通协商的空间。

◇ **案件结果**

本案取得了阶段性的结果，维护了当事人土地使用权人的合法地位。

◇ **律师后语**

本案体现的第一个价值就是行政相对人对行政机关产生的信赖利益应予以保护。

新华造纸厂基于对行政机关的信赖在签订《征用土地协议书》后依法向行政机关缴纳土地有偿划拨费及登记费用。虽然涉案地块最终未能在当时依法转为国有土地，也未向新华造纸厂颁发土地登记材料，但该结果并非新华造纸厂自身原因造成，而是因行政机关未及时报批等原因造成，故其造成的后果不应由新华造纸厂自行承担。新华造纸厂基于对行政机关行政行为的信赖修建厂房并持续经营的权益应受到法律的保护。

本案体现的第二个价值就是正当程序原则。

正当程序原则的要义在于，作出遭受不利影响的行使权力的决定前，应当听取当事人的意见。正当程序原则保障的是相对人的程序参与权，相对人的陈述与申辩，使行政机关能够更加全面把握案件事实、准确适用法律，防止偏听偏信，确保程序与结果的公正。具体到本案而言，在涉案地块已经由新华造纸厂缴纳登记费后，其作为土地的使用权人的权益应得到尊重和保护。安徽省人民政府在作出征地批复前未能依法保障新华造纸厂的知情权、参与权，违反正当程序原则。

第十节　学校征拆
——以河南新乡某实验小学行政协议无效案为例

◇ **案情简介**

刘先生是河南省新乡市某区实验小学校长，合法拥有河南省新乡市某区房屋及教学设施，后因2022年某城中村改造项目，刘先生的上述房屋被征收。2022年1月19日，某建设指挥部和房地产公司工作人员找到刘先生，与其商议签署安置补偿协议事宜。在商议过程中，工作人员以"违法建筑无补偿"等为由，逼迫刘先生签署补偿协议。

在各方胁迫之下，刘先生不得不签署了补偿协议，同月将全部房屋拆除。在双方签订的《集体土地附着物拆迁补偿协议》中，补偿标准约为每平方米300元，远低于当地市场价格。面对当地政府部门和房地产公司的违法行径，刘先生委托在明律师处理维权事宜。

◇ **维权经过**

接受委托后，在明律师首先调查取证，通过申请政府信息公开得知，根本不存在任何征收项目，没有任何征收批文、征收公告、征收决定、征收补偿安置方案等文件，也未对案涉房屋开展任何合法的实地调查、价值评估等程序。也就是说，当地政府在没有进行任何法定征收程序的情况下，通过采取与委托人签订拆迁补偿协议的方式，取代了《土地管理法》《土地管理法实施条例》等相关法律法规明确规定的征收程序和实体规定，该行政行为明显违法。

随后，在明律师协助当事人提起行政协议无效之诉（撤销之诉、强拆之诉均已超过诉讼时效），无效的情形包括：案涉协议签署主体不合法；没有合法的安置补偿方案等征收文件；房屋未进行合法评估；补偿标准明显偏低，有违《土地管理法》第48条保障被征收人"原有生活水平不降低、长远生计有保障"的原则，等等。

在庭审中，当地政府确实无法提供任何合法有效的征收文件。庭后，经过多次谈判协商，当地政府同意再增加2 695 106元补偿款。

◇ **案件结果**

本案最终以双方达成和解协议，撤诉结案，现补偿款已经发放到位。

◇ **律师后语**

已签署安置补偿协议的案件，且签署的主体系房地产公司、指挥部，在没有证据证明存在胁迫、欺诈等情况下，撤销协议或者认定协议无效的难度极高。本案中，强拆诉讼已过诉讼时效，且政府信息公开的答复均称不存在任何征收项目，倘若法官认定为协议拆迁，对当事人极为不利。律师有意识地促成双方协商，经过多次谈判，最终双方在一审庭审结束后达成和解协议。

本案是典型的"以打促谈"。庭审中，在明律师举证近期同样项目同区不同村的安置补偿方案，比本案中协议签署的标准高很多，并列举了政府的种种违法行为，取得了较好的庭审效果，不仅得到当事人的认可，法官也表示认同并采纳了律师的观点。庭后，当地政府认为其必输无疑，为避免更严重的后果，减少案件的影响力，最终与当事人达成了和解协议。

第十一节　海域征拆

——以辽宁大连胡某海域使用权行政补偿纠纷案为例

◇ **案情简介**

2003 年，辽宁省大连市复州湾镇南海盐场与马某某签订《复州湾镇南海盐场部分盐田承包合同书》，将案涉 4 个参圈（7 号、10 号、11 号、12 号）在内的海域承包给马某某。2004 年，马某某与曲某某、刘某某签订《租赁养水圈合同》，将其从南海盐场承包的案涉 4 个参圈在内的海域转租给曲、刘二人。2004 年，曲某某、刘某某又与胡某签订《租赁参圈合同》，将案涉 4 个参圈的海域转租给胡某，租期 19 年。2007 年，胡某与陈某某签订《参圈转租合同》，将案涉 4 个参圈的海域转租给陈某某，租期至 2023 年 10 月 1 日。2007 年至 2009 年，陈某某先后将案涉 4 个参圈分别转租给苏某某、王久某、王宝某、战某某，租期均截至 2023 年 10 月 1 日。

2010 年，普湾管委会公告收回辖区内部分海域使用权，案涉 4 个参圈的海域在收回范围内。复州湾街道办于 2010 年末就案涉第 10、11、12 号参圈的海域，分别与海域使用权人南海盐场签订《大连普湾新区海域征用补偿协议书》，王宝某、王久某、战某某作为现经营人分别在 3 份协议书上签字。经南海盐场确认，复州湾街道办将部分补偿款汇入上述三人账户。

◇ 维权经过

2013 年 9 月，胡某以普湾管委会、复州湾街道办为被告，以苏某某、王久某、王宝某、战某某及南海盐场为第三人诉至大连海事法院。法院认为，普湾管委会作出以南海盐场为案涉 4 参圈的补偿对象的行政补偿行为事实清楚、法律适用正确、补偿程序合法，判决驳回原告胡某的诉讼请求。胡某不服，上诉至辽宁省高级人民法院。法院认为原审判决认定事实清楚，审判程序合法，但适用法律不当，裁判方式错误，依法应予纠正；上诉人的上诉请求和理由缺乏法律依据，不予支持，判决驳回起诉。

在海域使用权期满前提前收回海域使用权的行政补偿案件中，原海域使用权人将该海域出租用于开展海水养殖等经营项目，形成多人连环转租的情况下，补偿对象应确定为海域使用权人（原始出租人）和现经营者。其他中间各环节的承租人和转租人不享有补偿利益，与行政补偿行为没有利害关系，在针对补偿行为的诉讼中不具有原告主体资格。如果原始出租人和现经营者以外的各中间环节的承租人和转租人认为其对承租海域的投资改造享有财产权益的，应依据民事法律规范向已获得该附属设施补偿的受偿人另行主张权利。

◇ 律师后语

我国的滩涂是国有和集体所有并存的。通常情况下，使用集体所有滩涂应当有承包合同或土地所有权证，使用国有滩涂应当办理海域使用权证。当事人可以通过持有的合同或证书来判断滩涂的性质。

根据《渔业法》第 14 条"国家建设征收集体所有的水域、滩涂，按照《中华人民共和国土地管理法》有关征地的规定办理"，《渔业法实施细则》第 13 条"国家建设征用集体所有的水面、滩涂，按照国家土地管理法规办理"等相关规定，结合行政和司法实践，国家建设征用集体所有滩涂的，需要履行土地征收的法定程序，按照《土地管理法》关于征用其他土地的补偿费标准进行补偿。

对于国有滩涂，《海域使用管理法》第 30 条规定，因公共利益或者国家安全的需要，原批准用海的人民政府可以依法收回海域使用权。因海域使用权的取得与国有土地使用权的取得类同，实践中一般参照国有土地使用权的提前收回程序。需要注意的是，收回海域使用权的主体和补偿主体应当为原批准用海的县级以上人民政府。如果实践中遇到由海域所在街道办、村委会，甚至投资公司、开发建设公司与海域使用权人签订征用补偿协议的情形，请予以重视并咨询专业律师的意见。

征收滩涂的补偿对象通常情况下应为海域使用权人，即已颁发的使用权证上载明的权利人。然而，实践中常发生证载权利人将滩涂承包给他人甚至多层转包，致使使用权人与实际经营者不一致的情形。海域实际经营者虽然不是海域使用权证书项下的海域使用权人，但依法对因投资而形成的财产享有所有权，因而也具有获得补偿的权利。海域实际经营者基于民事转让合同或承包合同向作为补偿主体的行政机关主张补偿时，行政机关通常会因难以查明实际经营者应当享有的权益，而直接向登记使用权人予以补偿。实际经营者可依据转让合同或承包合同提起民事诉讼，取得行政机关已向登记使用权人发放的收回海域使用权补偿款，从而获得救济。

第十二节　其他类型企业征拆
——以云南文山土地强行占用纠纷案为例

◇ **案情简介**

1998年，甲公司与云南省文山市政府签订了招商引资协议。1998年5月，甲公司依据该协议投资兴建养殖场，该厂为甲公司的内部机构。

2000年9月1日，经文山市土地管理局批准，甲公司依法取得位于文山市的23 133.45平方米的土地使用权，并办理了国有土地使用证。甲公司取得该土地后，建盖了养猪场及其附属设施，并栽种各种农作物。

2014年7月2日，文山市某小学建设项目经文山州发展和改革委员会批准立项，需占用甲公司8223.08平方米的土地。文山市国有土地上房屋征收与补偿办公室和甲公司未能达成补偿协议。其间，文山市政府委托文山某房地产估价测绘公司对甲公司的8223.08平方米土地及房屋和附属设施进行评估。评估结果分户表显示：土地8223.08平方米，每平方米860元，共计

7 071 848.8 元；房屋 502.08 平方米共计 89 139 元；装修及附属物 295 852 元，总计 7 456 839.8 元。但该评估公司未作出最终的《分户评估报告》。

2015 年 9 月 29 日，文山市政府因需在文山市攀枝花镇某村兴建学校，在未征得甲公司同意，也未依法按照《国有土地征收条例》和云南省第 195 号令《云南省国有土地上房屋征收与补偿办法》的相关规定，在没有任何法律手续及文件的情况下，其职能部门强行将甲公司养殖场 8223.08 平方米土地上的养殖设施和办公室全部拆除，并将该块土地强行占用。

◇ 维权经过

2016 年 12 月，甲公司向文山州中级人民法院提起确认征拆违法行政诉讼。2017 年 6 月 8 日，法院作出判决，认定文山市政府的强制拆除行为违法。甲公司向文山市政府申请赔偿，但文山市政府未给予任何答复。

2018 年 1 月 11 日，甲公司向文山州中级人民法院提起国家赔偿之诉，要求文山市政府赔偿共计 63 564 054.6 元。

在审理过程中，甲公司申请司法鉴定，双方选定云南某司法鉴定中心进行评估，但原、被告双方对鉴定结果均有异议，因此申请了重新鉴定。双方选定了湖南某房地产土地评估咨询公司，但是该评估公司因对云南房地产状况不了解而拒绝了评估。双方第三次选定了北京某房地产土地评估公司云南分公司进行评估。最终评估结果为：房屋建筑物、构筑物及其他附属设施评估价值 1 510 400 元，土地使用权评估价值为 3 102 200 元，共计 4 612 600 元。

◇ 案件结果

2020 年 6 月 23 日，文山州中级人民法院作出一审判决，判决文山市政府赔偿甲公司 8 582 249 元。这个金额是将评估结果分户表中的土地使用权评估价值的 7 071 849 元，和第三次评估中房屋建筑物、构筑物及其他附属设施评估价值 1 510 400 元，相加得到的金额。双方均向云南省高级人民法院提起上诉。二审改判文山市政府赔偿甲公司 4 612 600 元。

◇ 律师后语

本案中，甲公司的维权经历，有很多经验教训值得吸取。

一、未雨绸缪提前评估，防患未然保存证据

1. 未雨绸缪，自行委托评估公司评估

本案中，除了没有做出评估报告的分户情况表，其他所有的价值评估都是在房屋已经拆除，土地已经占用盖起了小学的情况下进行的事后评估。

根据最高人民法院［2017］最高法行再第101号《行政判决书》，案涉房屋已被拆除，房地产评估机构可以参考《国有土地上房屋征收评估办法》所规定的方法，根据行政主体与相对人提供的原始资料，本着疑点利益归于产权人的原则，独立、客观、公正地出具评估报告。

不过，虽然案涉房屋被拆除后仍然可以进行评估，但是难度较大，只能根据原始资料进行评估，精准度有限，不如在房屋尚在的时候进行评估。所以，企业遇到征收时，如有条件可以自行委托评估公司对被征收的房屋及土地做出一个比较完整的评估结果，这样不论是在与征收方进行补偿协议的谈判还是在后续有可能的诉讼中，都可以处于比较有利的地位。

2. 防患未然，以防遭遇强拆无法举证

本案中，甲公司养殖场的办公室也在被强拆的范围之内。甲公司在强拆前没有做任何准备，导致电脑、账簿等办公设备和用品全部在强拆中损毁，无法恢复。这就导致在主张停产停业、设备和其他损失时，甲公司无法举证。

根据《行政诉讼法》第38条的规定，在行政赔偿、补偿的案件中，原告应当对行政行为造成的损害提供证据。因被告的原因导致原告无法举证的，由被告承担举证责任。法院认为，虽然是文山市政府的强拆行为导致甲公司举证困难，但是甲公司仍然应该履行初步的证明责任，应该就其物品损失事实、损害数量、损害金额等涉及的购物发票、财务报表等承担举证责任。由于甲公司无法举证，法院对于甲公司其他损失的主张不予支持。

在违法强拆导致的行政赔偿案件中，这种情况非常普遍，是否赔偿以及赔偿金额最后只能由法院进行酌定。而即使法院对其他损失的赔偿给予支持，酌定的金额通常与企业主张的实际价值差距甚远。因此，在预见到可能会遭遇强拆的时候，包括正在进行补偿谈判的时候，企业要防患于未然，将购物发票、财务报表等证据进行保存，以备不时之需。

二、对评估报告进行审查，确认是否合法合理。

1. 评估报告在程序上的违法违规

（1）评估报告是否依法送达。根据最高人民法院的裁判案例，评估报告和补偿决定同日送达，会使被征收人失去复核及鉴定评估的机会，因此送达不合法。

（2）评估机构的选定程序是否合法。根据《国有土地征收条例》第20条，以及《国有土地上房屋征收评估办法》第4条，评估机构的选择首先由被征收人协商选定，只有在协商不成的情况下，才通过多数决定、随机选定等方式确定，具体的选定方式由各省、自治区、直辖市自行规定。

（3）评估机构及评估师是否有相关资质。《国有土地征收条例》第19条要求进行评估的房地产价格评估机构具有相应资质，有些地方的评估办法会有更加细致的资质要求。

（4）委托评估的手续是否合法。在审查委托评估手续的时候，一是要审查委托书和委托合同的内容是否符合《国有土地上房屋征收评估办法》第6条的详细规定；二是要注意委托书、委托合同上的评估机构和实际进行评估操作的是不是同一家评估机构，房屋征收评估业务是不能转让或变相转让的。

2. 评估报告在实体上的错误漏洞

（1）评估报告的目的和依据是否准确。目的和依据写在评估报告最前面的位置，要注意目的是否与当前征拆项目一致，依据是否适用当地征拆评估。

（2）各种事实细节是否存在错误，包括评估的对象范围是否与委托书一致、是否与征收范围一致，被评估土地和房屋的性质、用途是否与事实相符等。

（3）作为参照的土地房屋是否确实相似。在评估报告选取与周边近似房屋与评估对象进行对比的部分，要确认用作参照的土地和房屋与评估对象之间的距离、位置、结构、性质是否确实与被评估房屋相似。

（4）评估报告的结果是否含税。根据法律规定，无论是被征收人获得的拆迁补偿款，还是因为违法强拆获得的国家赔偿，都是免缴个人所得税的，要注意评估公司是否忽视了征拆案件的特殊性，将税款包含在评估报告之内。

（5）评估时点是否有争议。因为房地产价格的变动，评估时点是影响最终评估价格的关键因素之一。《国有土地上房屋征收评估办法》第10条规定，被征收房屋价值评估时点为房屋征收决定公告之日。然而，在遇到比如征收方未作出征收决定或未公告，违法强拆，拖延补偿时间太久等特殊情况时，评估时点可能需要另行确定。

三、对评估结果有异议，可以申请复核和鉴定

需要特别强调的是，对于评估结果有异议的，要及时申请复核和鉴定。本案中的评估报告虽然存在各种程序和实体上的问题，但是甲公司在拿到评

估结果的时候,既没有向房地产价格评估机构书面申请复核,也没有向被征收房屋所在地评估专家委员会申请鉴定。

在庭审中,这是对甲公司比较不利的一个方面。既然法律法规已经规定了对评估结果有异议的救济程序,而被征收人没有通过这些救济程序提出异议,那么对于在诉讼审理过程中征收人对评估结果提出的异议,只要不是重大明显的错误,法院很可能不予支持。

根据《国有土地征收条例》第19条第2款,《国有土地上房屋征收评估办法》第20条、第21条、第22条的规定,被征收人对房地产价格评估机构作出的评估结果存在异议,可以向房地产价格评估机构书面申请复核评估;对复核评估结果有异议,可以向被征收房屋所在地评估专家委员会申请鉴定。

附 录

国有土地上房屋征收与补偿条例

(2011年1月21日发布,自公布之日起施行)

第一章 总 则

第一条 为了规范国有土地上房屋征收与补偿活动,维护公共利益,保障被征收房屋所有权人的合法权益,制定本条例。

第二条 为了公共利益的需要,征收国有土地上单位、个人的房屋,应当对被征收房屋所有权人(以下称被征收人)给予公平补偿。

第三条 房屋征收与补偿应当遵循决策民主、程序正当、结果公开的原则。

第四条 市、县级人民政府负责本行政区域的房屋征收与补偿工作。

市、县级人民政府确定的房屋征收部门(以下称房屋征收部门)组织实施本行政区域的房屋征收与补偿工作。

市、县级人民政府有关部门应当依照本条例的规定和本级人民政府规定的职责分工,互相配合,保障房屋征收与补偿工作的顺利进行。

第五条 房屋征收部门可以委托房屋征收实施单位,承担房屋征收与补偿的具体工作。房屋征收实施单位不得以营利为目的。

房屋征收部门对房屋征收实施单位在委托范围内实施的房屋征收与补偿行为负责监督,并对其行为后果承担法律责任。

第六条 上级人民政府应当加强对下级人民政府房屋征收与补偿工作的监督。

国务院住房城乡建设主管部门和省、自治区、直辖市人民政府住房城乡建设主管部门应当会同同级财政、国土资源、发展改革等有关部门,加强对房屋征收与补偿实施工作的指导。

第七条 任何组织和个人对违反本条例规定的行为，都有权向有关人民政府、房屋征收部门和其他有关部门举报。接到举报的有关人民政府、房屋征收部门和其他有关部门对举报应当及时核实、处理。

监察机关应当加强对参与房屋征收与补偿工作的政府和有关部门或者单位及其工作人员的监察。

第二章 征收决定

第八条 为了保障国家安全、促进国民经济和社会发展等公共利益的需要，有下列情形之一，确需征收房屋的，由市、县级人民政府作出房屋征收决定：

（一）国防和外交的需要；
（二）由政府组织实施的能源、交通、水利等基础设施建设的需要；
（三）由政府组织实施的科技、教育、文化、卫生、体育、环境和资源保护、防灾减灾、文物保护、社会福利、市政公用等公共事业的需要；
（四）由政府组织实施的保障性安居工程建设的需要；
（五）由政府依照城乡规划法有关规定组织实施的对危房集中、基础设施落后等地段进行旧城区改建的需要；
（六）法律、行政法规规定的其他公共利益的需要。

第九条 依照本条例第八条规定，确需征收房屋的各项建设活动，应当符合国民经济和社会发展规划、土地利用总体规划、城乡规划和专项规划。保障性安居工程建设、旧城区改建，应当纳入市、县级国民经济和社会发展年度计划。

制定国民经济和社会发展规划、土地利用总体规划、城乡规划和专项规划，应当广泛征求社会公众意见，经过科学论证。

第十条 房屋征收部门拟定征收补偿方案，报市、县级人民政府。

市、县级人民政府应当组织有关部门对征收补偿方案进行论证并予以公布，征求公众意见。征求意见期限不得少于30日。

第十一条 市、县级人民政府应当将征求意见情况和根据公众意见修改的情况及时公布。

因旧城区改建需要征收房屋，多数被征收人认为征收补偿方案不符合本条例规定的,市、县级人民政府应当组织由被征收人和公众代表参加的听证会,并根据听证会情况修改方案。

第十二条 市、县级人民政府作出房屋征收决定前,应当按照有关规定进行社会稳定风险评估;房屋征收决定涉及被征收人数量较多的,应当经政府常务会议讨论决定。

作出房屋征收决定前,征收补偿费用应当足额到位、专户存储、专款专用。

第十三条 市、县级人民政府作出房屋征收决定后应当及时公告。公告应当载明征收补偿方案和行政复议、行政诉讼权利等事项。

市、县级人民政府及房屋征收部门应当做好房屋征收与补偿的宣传、解释工作。

房屋被依法征收的,国有土地使用权同时收回。

第十四条 被征收人对市、县级人民政府作出的房屋征收决定不服的,可以依法申请行政复议,也可以依法提起行政诉讼。

第十五条 房屋征收部门应当对房屋征收范围内房屋的权属、区位、用途、建筑面积等情况组织调查登记,被征收人应当予以配合。调查结果应当在房屋征收范围内向被征收人公布。

第十六条 房屋征收范围确定后,不得在房屋征收范围内实施新建、扩建、改建房屋和改变房屋用途等不当增加补偿费用的行为;违反规定实施的,不予补偿。

房屋征收部门应当将前款所列事项书面通知有关部门暂停办理相关手续。暂停办理相关手续的书面通知应当载明暂停期限。暂停期限最长不得超过1年。

第三章 补偿

第十七条 作出房屋征收决定的市、县级人民政府对被征收人给予的补偿包括:

(一)被征收房屋价值的补偿;
(二)因征收房屋造成的搬迁、临时安置的补偿;
(三)因征收房屋造成的停产停业损失的补偿。

市、县级人民政府应当制定补助和奖励办法,对被征收人给予补助和奖励。

第十八条 征收个人住宅，被征收人符合住房保障条件的，作出房屋征收决定的市、县级人民政府应当优先给予住房保障。具体办法由省、自治区、直辖市制定。

第十九条 对被征收房屋价值的补偿，不得低于房屋征收决定公告之日被征收房屋类似房地产的市场价格。被征收房屋的价值，由具有相应资质的房地产价格评估机构按照房屋征收评估办法评估确定。

对评估确定的被征收房屋价值有异议的，可以向房地产价格评估机构申请复核评估。对复核结果有异议的，可以向房地产价格评估专家委员会申请鉴定。

房屋征收评估办法由国务院住房城乡建设主管部门制定，制定过程中，应当向社会公开征求意见。

第二十条 房地产价格评估机构由被征收人协商选定；协商不成的，通过多数决定、随机选定等方式确定，具体办法由省、自治区、直辖市制定。

房地产价格评估机构应当独立、客观、公正地开展房屋征收评估工作，任何单位和个人不得干预。

第二十一条 被征收人可以选择货币补偿，也可以选择房屋产权调换。

被征收人选择房屋产权调换的，市、县级人民政府应当提供用于产权调换的房屋，并与被征收人计算、结清被征收房屋价值与用于产权调换房屋价值的差价。

因旧城区改建征收个人住宅，被征收人选择在改建地段进行房屋产权调换的，作出房屋征收决定的市、县级人民政府应当提供改建地段或者就近地段的房屋。

第二十二条 因征收房屋造成搬迁的，房屋征收部门应当向被征收人支付搬迁费；选择房屋产权调换的，产权调换房屋交付前，房屋征收部门应当向被征收人支付临时安置费或者提供周转用房。

第二十三条 对因征收房屋造成停产停业损失的补偿，根据房屋被征收前的效益、停产停业期限等因素确定。具体办法由省、自治区、直辖市制定。

第二十四条 市、县级人民政府及其有关部门应当依法加强对建设活动的监督管理，对违反城乡规划进行建设的，依法予以处理。

市、县级人民政府作出房屋征收决定前，应当组织有关部门依法对征收范围内未经登记的建筑进行调查、认定和处理。对认定为合法建筑和未超过批准期限的临时建筑的，应当给予补偿；对认定为违法建筑和超过批准期限的临时建筑的，不予补偿。

第二十五条 房屋征收部门与被征收人依照本条例的规定，就补偿方式、补偿金额和支付期限、用于产权调换房屋的地点和面积、搬迁费、临时安置费或者周转用房、停产停业损失、搬迁期限、过渡方式和过渡期限等事项，订立补偿协议。

补偿协议订立后，一方当事人不履行补偿协议约定的义务的，另一方当事人可以依法提起诉讼。

第二十六条 房屋征收部门与被征收人在征收补偿方案确定的签约期限内达不成补偿协议，或者被征收房屋所有权人不明确的，由房屋征收部门报请作出房屋征收决定的市、县级人民政府依照本条例的规定，按照征收补偿方案作出补偿决定，并在房屋征收范围内予以公告。

补偿决定应当公平，包括本条例第二十五条第一款规定的有关补偿协议的事项。

被征收人对补偿决定不服的，可以依法申请行政复议，也可以依法提起行政诉讼。

第二十七条 实施房屋征收应当先补偿、后搬迁。

作出房屋征收决定的市、县级人民政府对被征收人给予补偿后，被征收人应当在补偿协议约定或者补偿决定确定的搬迁期限内完成搬迁。

任何单位和个人不得采取暴力、威胁或者违反规定中断供水、供热、供气、供电和道路通行等非法方式迫使被征收人搬迁。禁止建设单位参与搬迁活动。

第二十八条 被征收人在法定期限内不申请行政复议或者不提起行政诉讼，在补偿决定规定的期限内又不搬迁的，由作出房屋征收决定的市、县级人民政府依法申请人民法院强制执行。

强制执行申请书应当附具补偿金额和专户存储账号、产权调换房屋和周转用房的地点和面积等材料。

第二十九条 房屋征收部门应当依法建立房屋征收补偿档案，并将分户补偿情况在房屋征收范围内向被征收人公布。

审计机关应当加强对征收补偿费用管理和使用情况的监督，并公布审计结果。

第四章 法律责任

第三十条 市、县级人民政府及房屋征收部门的工作人员在房屋征收与补偿工作中不履行本条例规定的职责，或者滥用职权、玩忽职守、徇私舞弊的，由上级人民政府或者本级人民政府责令改正，通报批评；造成损失的，依法承担赔偿责任；对直接负责的主管人员和其他直接责任人员，依法给予处分；构成犯罪的，依法追究刑事责任。

第三十一条 采取暴力、威胁或者违反规定中断供水、供热、供气、供电和道路通行等非法方式迫使被征收人搬迁，造成损失的，依法承担赔偿责任；对直接负责的主管人员和其他直接责任人员，构成犯罪的，依法追究刑事责任；尚不构成犯罪的，依法给予处分；构成违反治安管理行为的，依法给予治安管理处罚。

第三十二条 采取暴力、威胁等方法阻碍依法进行的房屋征收与补偿工作，构成犯罪的，依法追究刑事责任；构成违反治安管理行为的，依法给予治安管理处罚。

第三十三条 贪污、挪用、私分、截留、拖欠征收补偿费用的，责令改正，追回有关款项，限期退还违法所得，对有关责任单位通报批评、给予警告；造成损失的，依法承担赔偿责任；对直接负责的主管人员和其他直接责任人员，构成犯罪的，依法追究刑事责任；尚不构成犯罪的，依法给予处分。

第三十四条 房地产价格评估机构或者房地产估价师出具虚假或者有重大差错的评估报告的，由发证机关责令限期改正，给予警告，对房地产价格评估机构并处5万元以上20万元以下罚款，对房地产估价师并处1万元以上3万元以下罚款，并记入信用档案；情节严重的，吊销资质证书、注册证书；造成损失的，依法承担赔偿责任；构成犯罪的，依法追究刑事责任。

第五章 附 则

第三十五条 本条例自公布之日起施行。2001年6月13日国务院公布的《城市房屋拆迁管理条例》同时废止。本条例施行前已依法取得房屋拆迁许可证的项目，继续沿用原有的规定办理，但政府不得责成有关部门强制拆迁。

中华人民共和国土地管理法

(1986年6月25日第六届全国人民代表大会常务委员会第十六次会议通过
根据1988年12月29日第七届全国人民代表大会常务委员会第五次会议
《关于修改〈中华人民共和国土地管理法〉的决定》第一次修正
1998年8月29日第九届全国人民代表大会常务委员会第四次会议修订
根据2004年8月28日第十届全国人民代表大会常务委员会第十一次会议
《关于修改〈中华人民共和国土地管理法〉的决定》第二次修正
根据2019年8月26日第十三届全国人民代表大会常务委员会第十二次会议
《关于修改〈中华人民共和国土地管理法〉、〈中华人民共和国城市
房地产管理法〉的决定》第三次修正)

第一章 总 则

第一条 为了加强土地管理,维护土地的社会主义公有制,保护、开发土地资源,合理利用土地,切实保护耕地,促进社会经济的可持续发展,根据宪法,制定本法。

第二条 中华人民共和国实行土地的社会主义公有制,即全民所有制和劳动群众集体所有制。

全民所有,即国家所有土地的所有权由国务院代表国家行使。

任何单位和个人不得侵占、买卖或者以其他形式非法转让土地。土地使用权可以依法转让。

国家为了公共利益的需要,可以依法对土地实行征收或者征用并给予补偿。

国家依法实行国有土地有偿使用制度。但是,国家在法律规定的范围内划拨国有土地使用权的除外。

第三条 十分珍惜、合理利用土地和切实保护耕地是我国的基本国策。各级人民政府应当采取措施,全面规划,严格管理,保护、开发土地资源,制止非法占用土地的行为。

第四条 国家实行土地用途管制制度。

国家编制土地利用总体规划，规定土地用途，将土地分为农用地、建设用地和未利用地。严格限制农用地转为建设用地，控制建设用地总量，对耕地实行特殊保护。

前款所称农用地是指直接用于农业生产的土地，包括耕地、林地、草地、农田水利用地、养殖水面等；建设用地是指建造建筑物、构筑物的土地，包括城乡住宅和公共设施用地、工矿用地、交通水利设施用地、旅游用地、军事设施用地等；未利用地是指农用地和建设用地以外的土地。

使用土地的单位和个人必须严格按照土地利用总体规划确定的用途使用土地。

第五条 国务院自然资源主管部门统一负责全国土地的管理和监督工作。

县级以上地方人民政府自然资源主管部门的设置及其职责，由省、自治区、直辖市人民政府根据国务院有关规定确定。

第六条 国务院授权的机构对省、自治区、直辖市人民政府以及国务院确定的城市人民政府土地利用和土地管理情况进行督察。

第七条 任何单位和个人都有遵守土地管理法律、法规的义务，并有权对违反土地管理法律、法规的行为提出检举和控告。

第八条 在保护和开发土地资源、合理利用土地以及进行有关的科学研究等方面成绩显著的单位和个人，由人民政府给予奖励。

第二章 土地的所有权和使用权

第九条 城市市区的土地属于国家所有。

农村和城市郊区的土地，除由法律规定属于国家所有的以外，属于农民集体所有；宅基地和自留地、自留山，属于农民集体所有。

第十条 国有土地和农民集体所有的土地，可以依法确定给单位或者个人使用。使用土地的单位和个人，有保护、管理和合理利用土地的义务。

第十一条 农民集体所有的土地依法属于村农民集体所有的，由村集体经济组织或者村民委员会经营、管理；已经分别属于村内两个以上农村集体经济组织的农民集体所有的，由村内各该农村集体经济组织或者村民小组经营、管理；已经属于乡（镇）农民集体所有的，由乡（镇）农村集体经济组织经营、管理。

第十二条 土地的所有权和使用权的登记，依照有关不动产登记的法律、行政法规执行。

依法登记的土地的所有权和使用权受法律保护，任何单位和个人不得侵犯。

第十三条 农民集体所有和国家所有依法由农民集体使用的耕地、林地、草地，以及其他依法用于农业的土地，采取农村集体经济组织内部的家庭承包方式承包，不宜采取家庭承包方式的荒山、荒沟、荒丘、荒滩等，可以采取招标、拍卖、公开协商等方式承包，从事种植业、林业、畜牧业、渔业生产。家庭承包的耕地的承包期为三十年，草地的承包期为三十年至五十年，林地的承包期为三十年至七十年；耕地承包期届满后再延长三十年，草地、林地承包期届满后依法相应延长。

国家所有依法用于农业的土地可以由单位或者个人承包经营，从事种植业、林业、畜牧业、渔业生产。

发包方和承包方应当依法订立承包合同，约定双方的权利和义务。承包经营土地的单位和个人，有保护和按照承包合同约定的用途合理利用土地的义务。

第十四条 土地所有权和使用权争议，由当事人协商解决；协商不成的，由人民政府处理。

单位之间的争议，由县级以上人民政府处理；个人之间、个人与单位之间的争议，由乡级人民政府或者县级以上人民政府处理。

当事人对有关人民政府的处理决定不服的，可以自接到处理决定通知之日起三十日内，向人民法院起诉。

在土地所有权和使用权争议解决前，任何一方不得改变土地利用现状。

第三章 土地利用总体规划

第十五条 各级人民政府应当依据国民经济和社会发展规划、国土整治和资源环境保护的要求、土地供给能力以及各项建设对土地的需求，组织编制土地利用总体规划。

土地利用总体规划的规划期限由国务院规定。

第十六条 下级土地利用总体规划应当依据上一级土地利用总体规划编制。

地方各级人民政府编制的土地利用总体规划中的建设用地总量不得超过

上一级土地利用总体规划确定的控制指标,耕地保有量不得低于上一级土地利用总体规划确定的控制指标。

省、自治区、直辖市人民政府编制的土地利用总体规划,应当确保本行政区域内耕地总量不减少。

第十七条 土地利用总体规划按照下列原则编制:

(一)落实国土空间开发保护要求,严格土地用途管制;

(二)严格保护永久基本农田,严格控制非农业建设占用农用地;

(三)提高土地节约集约利用水平;

(四)统筹安排城乡生产、生活、生态用地,满足乡村产业和基础设施用地合理需求,促进城乡融合发展;

(五)保护和改善生态环境,保障土地的可持续利用;

(六)占用耕地与开发复垦耕地数量平衡、质量相当。

第十八条 国家建立国土空间规划体系。编制国土空间规划应当坚持生态优先,绿色、可持续发展,科学有序统筹安排生态、农业、城镇等功能空间,优化国土空间结构和布局,提升国土空间开发、保护的质量和效率。

经依法批准的国土空间规划是各类开发、保护、建设活动的基本依据。已经编制国土空间规划的,不再编制土地利用总体规划和城乡规划。

第十九条 县级土地利用总体规划应当划分土地利用区,明确土地用途。

乡(镇)土地利用总体规划应当划分土地利用区,根据土地使用条件,确定每一块土地的用途,并予以公告。

第二十条 土地利用总体规划实行分级审批。

省、自治区、直辖市的土地利用总体规划,报国务院批准。

省、自治区人民政府所在地的市、人口在一百万以上的城市以及国务院指定的城市的土地利用总体规划,经省、自治区人民政府审查同意后,报国务院批准。

本条第二款、第三款规定以外的土地利用总体规划,逐级上报省、自治区、直辖市人民政府批准;其中,乡(镇)土地利用总体规划可以由省级人民政府授权的设区的市、自治州人民政府批准。

土地利用总体规划一经批准,必须严格执行。

第二十一条 城市建设用地规模应当符合国家规定的标准,充分利用现有建设用地,不占或者尽量少占农用地。

城市总体规划、村庄和集镇规划，应当与土地利用总体规划相衔接，城市总体规划、村庄和集镇规划中建设用地规模不得超过土地利用总体规划确定的城市和村庄、集镇建设用地规模。

在城市规划区内、村庄和集镇规划区内，城市和村庄、集镇建设用地应当符合城市规划、村庄和集镇规划。

第二十二条　江河、湖泊综合治理和开发利用规划，应当与土地利用总体规划相衔接。在江河、湖泊、水库的管理和保护范围以及蓄洪滞洪区内，土地利用应当符合江河、湖泊综合治理和开发利用规划，符合河道、湖泊行洪、蓄洪和输水的要求。

第二十三条　各级人民政府应当加强土地利用计划管理，实行建设用地总量控制。

土地利用年度计划，根据国民经济和社会发展计划、国家产业政策、土地利用总体规划以及建设用地和土地利用的实际状况编制。土地利用年度计划应当对本法第六十三条规定的集体经营性建设用地作出合理安排。土地利用年度计划的编制审批程序与土地利用总体规划的编制审批程序相同，一经审批下达，必须严格执行。

第二十四条　省、自治区、直辖市人民政府应当将土地利用年度计划的执行情况列为国民经济和社会发展计划执行情况的内容，向同级人民代表大会报告。

第二十五条　经批准的土地利用总体规划的修改，须经原批准机关批准；未经批准，不得改变土地利用总体规划确定的土地用途。

经国务院批准的大型能源、交通、水利等基础设施建设用地，需要改变土地利用总体规划的，根据国务院的批准文件修改土地利用总体规划。

经省、自治区、直辖市人民政府批准的能源、交通、水利等基础设施建设用地，需要改变土地利用总体规划的，属于省级人民政府土地利用总体规划批准权限内的，根据省级人民政府的批准文件修改土地利用总体规划。

第二十六条　国家建立土地调查制度。

县级以上人民政府自然资源主管部门会同同级有关部门进行土地调查。土地所有者或者使用者应当配合调查，并提供有关资料。

第二十七条　县级以上人民政府自然资源主管部门会同同级有关部门根据土地调查成果、规划土地用途和国家制定的统一标准，评定土地等级。

第二十八条 国家建立土地统计制度。

县级以上人民政府统计机构和自然资源主管部门依法进行土地统计调查，定期发布土地统计资料。土地所有者或者使用者应当提供有关资料，不得拒报、迟报，不得提供不真实、不完整的资料。

统计机构和自然资源主管部门共同发布的土地面积统计资料是各级人民政府编制土地利用总体规划的依据。

第二十九条 国家建立全国土地管理信息系统，对土地利用状况进行动态监测。

第四章 耕地保护

第三十条 国家保护耕地，严格控制耕地转为非耕地。

国家实行占用耕地补偿制度。非农业建设经批准占用耕地的，按照"占多少，垦多少"的原则，由占用耕地的单位负责开垦与所占用耕地的数量和质量相当的耕地；没有条件开垦或者开垦的耕地不符合要求的，应当按照省、自治区、直辖市的规定缴纳耕地开垦费，专款用于开垦新的耕地。

省、自治区、直辖市人民政府应当制定开垦耕地计划，监督占用耕地的单位按照计划开垦耕地或者按照计划组织开垦耕地，并进行验收。

第三十一条 县级以上地方人民政府可以要求占用耕地的单位将所占用耕地耕作层的土壤用于新开垦耕地、劣质地或者其他耕地的土壤改良。

第三十二条 省、自治区、直辖市人民政府应当严格执行土地利用总体规划和土地利用年度计划，采取措施，确保本行政区域内耕地总量不减少、质量不降低。耕地总量减少的，由国务院责令在规定期限内组织开垦与所减少耕地的数量与质量相当的耕地；耕地质量降低的，由国务院责令在规定期限内组织整治。新开垦和整治的耕地由国务院自然资源主管部门会同农业农村主管部门验收。

个别省、直辖市确因土地后备资源匮乏，新增建设用地后，新开垦耕地的数量不足以补偿所占用耕地的数量的，必须报经国务院批准减免本行政区域内开垦耕地的数量，易地开垦数量和质量相当的耕地。

第三十三条 国家实行永久基本农田保护制度。下列耕地应当根据土地利用总体规划划为永久基本农田，实行严格保护：

（一）经国务院农业农村主管部门或者县级以上地方人民政府批准确定的

粮、棉、油、糖等重要农产品生产基地内的耕地；

（二）有良好的水利与水土保持设施的耕地，正在实施改造计划以及可以改造的中、低产田和已建成的高标准农田；

（三）蔬菜生产基地；

（四）农业科研、教学试验田；

（五）国务院规定应当划为永久基本农田的其他耕地。

各省、自治区、直辖市划定的永久基本农田一般应当占本行政区域内耕地的百分之八十以上，具体比例由国务院根据各省、自治区、直辖市耕地实际情况规定。

第三十四条　永久基本农田划定以乡（镇）为单位进行，由县级人民政府自然资源主管部门会同同级农业农村主管部门组织实施。永久基本农田应当落实到地块，纳入国家永久基本农田数据库严格管理。

乡（镇）人民政府应当将永久基本农田的位置、范围向社会公告，并设立保护标志。

第三十五条　永久基本农田经依法划定后，任何单位和个人不得擅自占用或者改变其用途。国家能源、交通、水利、军事设施等重点建设项目选址确实难以避让永久基本农田，涉及农用地转用或者土地征收的，必须经国务院批准。

禁止通过擅自调整县级土地利用总体规划、乡（镇）土地利用总体规划等方式规避永久基本农田农用地转用或者土地征收的审批。

第三十六条　各级人民政府应当采取措施，引导因地制宜轮作休耕，改良土壤，提高地力，维护排灌工程设施，防止土地荒漠化、盐渍化、水土流失和土壤污染。

第三十七条　非农业建设必须节约使用土地，可以利用荒地的，不得占用耕地；可以利用劣地的，不得占用好地。

禁止占用耕地建窑、建坟或者擅自在耕地上建房、挖砂、采石、采矿、取土等。

禁止占用永久基本农田发展林果业和挖塘养鱼。

第三十八条　禁止任何单位和个人闲置、荒芜耕地。已经办理审批手续的非农业建设占用耕地，一年内不用而又可以耕种并收获的，应当由原耕种该幅耕地的集体或者个人恢复耕种，也可以由用地单位组织耕种；一年以上未动工建设的,应当按照省、自治区、直辖市的规定缴纳闲置费;连续二年未使用的,经原批准机关批准,由县级以上人民政府无偿收回用地单位的土地使用权;该幅土地原为农民集体所有的,应当交由原农村集体经济组织恢复耕种。

在城市规划区范围内,以出让方式取得土地使用权进行房地产开发的闲置土地,依照《中华人民共和国城市房地产管理法》的有关规定办理。

第三十九条 国家鼓励单位和个人按照土地利用总体规划,在保护和改善生态环境、防止水土流失和土地荒漠化的前提下,开发未利用的土地;适宜开发为农用地的,应当优先开发成农用地。

国家依法保护开发者的合法权益。

第四十条 开垦未利用的土地,必须经过科学论证和评估,在土地利用总体规划划定的可开垦的区域内,经依法批准后进行。禁止毁坏森林、草原开垦耕地,禁止围湖造田和侵占江河滩地。

根据土地利用总体规划,对破坏生态环境开垦、围垦的土地,有计划有步骤地退耕还林、还牧、还湖。

第四十一条 开发未确定使用权的国有荒山、荒地、荒滩从事种植业、林业、畜牧业、渔业生产的,经县级以上人民政府依法批准,可以确定给开发单位或者个人长期使用。

第四十二条 国家鼓励土地整理。县、乡(镇)人民政府应当组织农村集体经济组织,按照土地利用总体规划,对田、水、路、林、村综合整治,提高耕地质量,增加有效耕地面积,改善农业生产条件和生态环境。

地方各级人民政府应当采取措施,改造中、低产田,整治闲散地和废弃地。

第四十三条 因挖损、塌陷、压占等造成土地破坏,用地单位和个人应当按照国家有关规定负责复垦;没有条件复垦或者复垦不符合要求的,应当缴纳土地复垦费,专项用于土地复垦。复垦的土地应当优先用于农业。

第五章 建设用地

第四十四条 建设占用土地,涉及农用地转为建设用地的,应当办理农用地转用审批手续。

永久基本农田转为建设用地的,由国务院批准。

在土地利用总体规划确定的城市和村庄、集镇建设用地规模范围内，为实施该规划而将永久基本农田以外的农用地转为建设用地的，按土地利用年度计划分批次按照国务院规定由原批准土地利用总体规划的机关或者其授权的机关批准。在已批准的农用地转用范围内，具体建设项目用地可以由市、县人民政府批准。

在土地利用总体规划确定的城市和村庄、集镇建设用地规模范围外，将永久基本农田以外的农用地转为建设用地的，由国务院或者国务院授权的省、自治区、直辖市人民政府批准。

第四十五条 为了公共利益的需要，有下列情形之一，确需征收农民集体所有的土地的，可以依法实施征收：

（一）军事和外交需要用地的；

（二）由政府组织实施的能源、交通、水利、通信、邮政等基础设施建设需要用地的；

（三）由政府组织实施的科技、教育、文化、卫生、体育、生态环境和资源保护、防灾减灾、文物保护、社区综合服务、社会福利、市政公用、优抚安置、英烈保护等公共事业需要用地的；

（四）由政府组织实施的扶贫搬迁、保障性安居工程建设需要用地的；

（五）在土地利用总体规划确定的城镇建设用地范围内，经省级以上人民政府批准由县级以上地方人民政府组织实施的成片开发建设需要用地的；

（六）法律规定为公共利益需要可以征收农民集体所有的土地的其他情形。

前款规定的建设活动，应当符合国民经济和社会发展规划、土地利用总体规划、城乡规划和专项规划；第（四）项、第（五）项规定的建设活动，还应当纳入国民经济和社会发展年度计划；第（五）项规定的成片开发并应当符合国务院自然资源主管部门规定的标准。

第四十六条 征收下列土地的，由国务院批准：

（一）永久基本农田；

（二）永久基本农田以外的耕地超过三十五公顷的；

（三）其他土地超过七十公顷的。

征收前款规定以外的土地的，由省、自治区、直辖市人民政府批准。

征收农用地的，应当依照本法第四十四条的规定先行办理农用地转用审批。其中，经国务院批准农用地转用的，同时办理征地审批手续，不再另行办理征地审批；经省、自治区、直辖市人民政府在征地批准权限内批准农用地转用的，同时办理征地审批手续，不再另行办理征地审批，超过征地批准权限的，应当依照本条第一款的规定另行办理征地审批。

第四十七条 国家征收土地的，依照法定程序批准后，由县级以上地方人民政府予以公告并组织实施。

县级以上地方人民政府拟申请征收土地的，应当开展拟征收土地现状调查和社会稳定风险评估，并将征收范围、土地现状、征收目的、补偿标准、安置方式和社会保障等在拟征收土地所在的乡（镇）和村、村民小组范围内公告至少三十日，听取被征地的农村集体经济组织及其成员、村民委员会和其他利害关系人的意见。

多数被征地的农村集体经济组织成员认为征地补偿安置方案不符合法律、法规规定的，县级以上地方人民政府应当组织召开听证会，并根据法律、法规的规定和听证会情况修改方案。

拟征收土地的所有权人、使用权人应当在公告规定期限内，持不动产权属证明材料办理补偿登记。县级以上地方人民政府应当组织有关部门测算并落实有关费用，保证足额到位，与拟征收土地的所有权人、使用权人就补偿、安置等签订协议；个别确实难以达成协议的，应当在申请征收土地时如实说明。

相关前期工作完成后，县级以上地方人民政府方可申请征收土地。

第四十八条 征收土地应当给予公平、合理的补偿，保障被征地农民原有生活水平不降低、长远生计有保障。

征收土地应当依法及时足额支付土地补偿费、安置补助费以及农村村民住宅、其他地上附着物和青苗等的补偿费用，并安排被征地农民的社会保障费用。

征收农用地的土地补偿费、安置补助费标准由省、自治区、直辖市通过制定公布区片综合地价确定。制定区片综合地价应当综合考虑土地原用途、土地资源条件、土地产值、土地区位、土地供求关系、人口以及经济社会发展水平等因素，并至少每三年调整或者重新公布一次。

征收农用地以外的其他土地、地上附着物和青苗等的补偿标准，由省、自治区、直辖市制定。对其中的农村村民住宅，应当按照先补偿后搬迁、居住条件有改善的原则，尊重农村村民意愿，采取重新安排宅基地建房、提供安置房或者货币补偿等方式给予公平、合理的补偿，并对因征收造成的搬迁、临时安置等费用予以补偿，保障农村村民居住的权利和合法的住房财产权益。

县级以上地方人民政府应当将被征地农民纳入相应的养老等社会保障体系。被征地农民的社会保障费用主要用于符合条件的被征地农民的养老保险等社会保险缴费补贴。被征地农民社会保障费用的筹集、管理和使用办法，由省、自治区、直辖市制定。

第四十九条 被征地的农村集体经济组织应当将征收土地的补偿费用的收支状况向本集体经济组织的成员公布，接受监督。

禁止侵占、挪用被征收土地单位的征地补偿费用和其他有关费用。

第五十条 地方各级人民政府应当支持被征地的农村集体经济组织和农民从事开发经营，兴办企业。

第五十一条 大中型水利、水电工程建设征收土地的补偿费标准和移民安置办法，由国务院另行规定。

第五十二条 建设项目可行性研究论证时，自然资源主管部门可以根据土地利用总体规划、土地利用年度计划和建设用地标准，对建设用地有关事项进行审查，并提出意见。

第五十三条 经批准的建设项目需要使用国有建设用地的，建设单位应当持法律、行政法规规定的有关文件，向有批准权的县级以上人民政府自然资源主管部门提出建设用地申请，经自然资源主管部门审查，报本级人民政府批准。

第五十四条 建设单位使用国有土地，应当以出让等有偿使用方式取得；但是，下列建设用地，经县级以上人民政府依法批准，可以以划拨方式取得：

（一）国家机关用地和军事用地；

（二）城市基础设施用地和公益事业用地；

（三）国家重点扶持的能源、交通、水利等基础设施用地；

（四）法律、行政法规规定的其他用地。

第五十五条 以出让等有偿使用方式取得国有土地使用权的建设单位，按照国务院规定的标准和办法，缴纳土地使用权出让金等土地有偿使用费和其他费用后，方可使用土地。

自本法施行之日起，新增建设用地的土地有偿使用费，百分之三十上缴中央财政，百分之七十留给有关地方人民政府。具体使用管理办法由国务院财政部门会同有关部门制定，并报国务院批准。

第五十六条 建设单位使用国有土地的，应当按照土地使用权出让等有偿使用合同的约定或者土地使用权划拨批准文件的规定使用土地；确需改变该幅土地建设用途的，应当经有关人民政府自然资源主管部门同意，报原批准用地的人民政府批准。其中，在城市规划区内改变土地用途的，在报批前，应当先经有关城市规划行政主管部门同意。

第五十七条 建设项目施工和地质勘查需要临时使用国有土地或者农民集体所有的土地的，由县级以上人民政府自然资源主管部门批准。其中，在城市规划区内的临时用地，在报批前，应当先经有关城市规划行政主管部门同意。土地使用者应当根据土地权属，与有关自然资源主管部门或者农村集体经济组织、村民委员会签订临时使用土地合同，并按照合同的约定支付临时使用土地补偿费。

临时使用土地的使用者应当按照临时使用土地合同约定的用途使用土地，并不得修建永久性建筑物。

临时使用土地期限一般不超过二年。

第五十八条 有下列情形之一的，由有关人民政府自然资源主管部门报经原批准用地的人民政府或者有批准权的人民政府批准，可以收回国有土地使用权：

（一）为实施城市规划进行旧城区改建以及其他公共利益需要，确需使用土地的；

（二）土地出让等有偿使用合同约定的使用期限届满，土地使用者未申请续期或者申请续期未获批准的；

（三）因单位撤销、迁移等原因，停止使用原划拨的国有土地的；

（四）公路、铁路、机场、矿场等经核准报废的。

依照前款第（一）项的规定收回国有土地使用权的，对土地使用权人应当给予适当补偿。

第五十九条 乡镇企业、乡（镇）村公共设施、公益事业、农村村民住宅等乡（镇）村建设，应当按照村庄和集镇规划，合理布局，综合开发，配套建设；建设用地，应当符合乡（镇）土地利用总体规划和土地利用年度计划，并依照本法第四十四条、第六十条、第六十一条、第六十二条的规定办理审批手续。

第六十条 农村集体经济组织使用乡（镇）土地利用总体规划确定的建设用地兴办企业或者与其他单位、个人以土地使用权入股、联营等形式共同举办企业的，应当持有关批准文件，向县级以上地方人民政府自然资源主管部门提出申请，按照省、自治区、直辖市规定的批准权限，由县级以上地方人民政府批准；其中，涉及占用农用地的，依照本法第四十四条的规定办理审批手续。

按照前款规定兴办企业的建设用地，必须严格控制。省、自治区、直辖市可以按照乡镇企业的不同行业和经营规模，分别规定用地标准。

第六十一条 乡（镇）村公共设施、公益事业建设，需要使用土地的，经乡（镇）人民政府审核，向县级以上地方人民政府自然资源主管部门提出申请，按照省、自治区、直辖市规定的批准权限，由县级以上地方人民政府批准；其中，涉及占用农用地的，依照本法第四十四条的规定办理审批手续。

第六十二条 农村村民一户只能拥有一处宅基地，其宅基地的面积不得超过省、自治区、直辖市规定的标准。

人均土地少、不能保障一户拥有一处宅基地的地区，县级人民政府在充分尊重农村村民意愿的基础上，可以采取措施，按照省、自治区、直辖市规定的标准保障农村村民实现户有所居。

农村村民建住宅，应当符合乡（镇）土地利用总体规划、村庄规划，不得占用永久基本农田，并尽量使用原有的宅基地和村内空闲地。编制乡（镇）土地利用总体规划、村庄规划应当统筹并合理安排宅基地用地，改善农村村民居住环境和条件。

农村村民住宅用地，由乡（镇）人民政府审核批准；其中，涉及占用农用地的，依照本法第四十四条的规定办理审批手续。

农村村民出卖、出租、赠与住宅后，再申请宅基地的，不予批准。

国家允许进城落户的农村村民依法自愿有偿退出宅基地，鼓励农村集体经济组织及其成员盘活利用闲置宅基地和闲置住宅。

国务院农业农村主管部门负责全国农村宅基地改革和管理有关工作。

第六十三条 土地利用总体规划、城乡规划确定为工业、商业等经营性用途，并经依法登记的集体经营性建设用地，土地所有权人可以通过出让、出租等方式交由单位或者个人使用，并应当签订书面合同，载明土地界址、面积、动工期限、使用期限、土地用途、规划条件和双方其他权利义务。

前款规定的集体经营性建设用地出让、出租等,应当经本集体经济组织成员的村民会议三分之二以上成员或者三分之二以上村民代表的同意。

通过出让等方式取得的集体经营性建设用地使用权可以转让、互换、出资、赠与或者抵押,但法律、行政法规另有规定或者土地所有权人、土地使用权人签订的书面合同另有约定的除外。

集体经营性建设用地的出租,集体建设用地使用权的出让及其最高年限、转让、互换、出资、赠与、抵押等,参照同类用途的国有建设用地执行。具体办法由国务院制定。

第六十四条 集体建设用地的使用者应当严格按照土地利用总体规划、城乡规划确定的用途使用土地。

第六十五条 在土地利用总体规划制定前已建的不符合土地利用总体规划确定的用途的建筑物、构筑物,不得重建、扩建。

第六十六条 有下列情形之一的,农村集体经济组织报经原批准用地的人民政府批准,可以收回土地使用权:

(一)为乡(镇)村公共设施和公益事业建设,需要使用土地的;

(二)不按照批准的用途使用土地的;

(三)因撤销、迁移等原因而停止使用土地的。

依照前款第(一)项规定收回农民集体所有的土地的,对土地使用权人应当给予适当补偿。

收回集体经营性建设用地使用权,依照双方签订的书面合同办理,法律、行政法规另有规定的除外。

第六章 监督检查

第六十七条 县级以上人民政府自然资源主管部门对违反土地管理法律、法规的行为进行监督检查。

县级以上人民政府农业农村主管部门对违反农村宅基地管理法律、法规的行为进行监督检查的,适用本法关于自然资源主管部门监督检查的规定。

土地管理监督检查人员应当熟悉土地管理法律、法规,忠于职守、秉公执法。

第六十八条 县级以上人民政府自然资源主管部门履行监督检查职责时,

有权采取下列措施：

（一）要求被检查的单位或者个人提供有关土地权利的文件和资料，进行查阅或者予以复制；

（二）要求被检查的单位或者个人就有关土地权利的问题作出说明；

（三）进入被检查单位或者个人非法占用的土地现场进行勘测；

（四）责令非法占用土地的单位或者个人停止违反土地管理法律、法规的行为。

第六十九条 土地管理监督检查人员履行职责，需要进入现场进行勘测、要求有关单位或者个人提供文件、资料和作出说明的，应当出示土地管理监督检查证件。

第七十条 有关单位和个人对县级以上人民政府自然资源主管部门就土地违法行为进行的监督检查应当支持与配合，并提供工作方便，不得拒绝与阻碍土地管理监督检查人员依法执行职务。

第七十一条 县级以上人民政府自然资源主管部门在监督检查工作中发现国家工作人员的违法行为，依法应当给予处分的，应当依法予以处理；自己无权处理的，应当依法移送监察机关或者有关机关处理。

第七十二条 县级以上人民政府自然资源主管部门在监督检查工作中发现土地违法行为构成犯罪的，应当将案件移送有关机关，依法追究刑事责任；尚不构成犯罪的，应当依法给予行政处罚。

第七十三条 依照本法规定应当给予行政处罚，而有关自然资源主管部门不给予行政处罚的，上级人民政府自然资源主管部门有权责令有关自然资源主管部门作出行政处罚决定或者直接给予行政处罚，并给予有关自然资源主管部门的负责人处分。

第七章　法律责任

第七十四条 买卖或者以其他形式非法转让土地的，由县级以上人民政府自然资源主管部门没收违法所得；对违反土地利用总体规划擅自将农用地改为建设用地的，限期拆除在非法转让的土地上新建的建筑物和其他设施，恢复土地原状，对符合土地利用总体规划的，没收在非法转让的土地上新建的建筑物和其他设施；可以并处罚款；对直接负责的主管人员和其他直接责任人员，依法给予处分；构成犯罪的，依法追究刑事责任。

第七十五条 违反本法规定，占用耕地建窑、建坟或者擅自在耕地上建房、挖砂、采石、采矿、取土等，破坏种植条件的，或者因开发土地造成土地荒漠化、盐渍化的，由县级以上人民政府自然资源主管部门、农业农村主管部门等按照职责责令限期改正或者治理，可以并处罚款；构成犯罪的，依法追究刑事责任。

第七十六条 违反本法规定，拒不履行土地复垦义务的，由县级以上人民政府自然资源主管部门责令限期改正；逾期不改正的，责令缴纳复垦费，专项用于土地复垦，可以处以罚款。

第七十七条 未经批准或者采取欺骗手段骗取批准，非法占用土地的，由县级以上人民政府自然资源主管部门责令退还非法占用的土地，对违反土地利用总体规划擅自将农用地改为建设用地的，限期拆除在非法占用的土地上新建的建筑物和其他设施，恢复土地原状，对符合土地利用总体规划的，没收在非法占用的土地上新建的建筑物和其他设施，可以并处罚款；对非法占用土地单位的直接负责的主管人员和其他直接责任人员，依法给予处分；构成犯罪的，依法追究刑事责任。

超过批准的数量占用土地，多占的土地以非法占用土地论处。

第七十八条 农村村民未经批准或者采取欺骗手段骗取批准，非法占用土地建住宅的，由县级以上人民政府农业农村主管部门责令退还非法占用的土地，限期拆除在非法占用的土地上新建的房屋。

超过省、自治区、直辖市规定的标准，多占的土地以非法占用土地论处。

第七十九条 无权批准征收、使用土地的单位或者个人非法批准占用土地的，超越批准权限非法批准占用土地的，不按照土地利用总体规划确定的用途批准用地的，或者违反法律规定的程序批准占用、征收土地的，其批准文件无效，对非法批准征收、使用土地的直接负责的主管人员和其他直接责任人员，依法给予处分；构成犯罪的，依法追究刑事责任。非法批准、使用的土地应当收回，有关当事人拒不归还的，以非法占用土地论处。

非法批准征收、使用土地，对当事人造成损失的，依法应当承担赔偿责任。

第八十条 侵占、挪用被征收土地单位的征地补偿费用和其他有关费用，构成犯罪的，依法追究刑事责任；尚不构成犯罪的，依法给予处分。

第八十一条 依法收回国有土地使用权当事人拒不交出土地的，临时使用土地期满拒不归还的，或者不按照批准的用途使用国有土地的，由县级以上人民政府自然资源主管部门责令交还土地，处以罚款。

第八十二条 擅自将农民集体所有的土地通过出让、转让使用权或者出租等方式用于非农业建设，或者违反本法规定，将集体经营性建设用地通过出让、出租等方式交由单位或者个人使用的，由县级以上人民政府自然资源主管部门责令限期改正，没收违法所得，并处罚款。

第八十三条 依照本法规定，责令限期拆除在非法占用的土地上新建的建筑物和其他设施的，建设单位或者个人必须立即停止施工，自行拆除；对继续施工的，作出处罚决定的机关有权制止。建设单位或者个人对责令限期拆除的行政处罚决定不服的，可以在接到责令限期拆除决定之日起十五日内，向人民法院起诉；期满不起诉又不自行拆除的，由作出处罚决定的机关依法申请人民法院强制执行，费用由违法者承担。

第八十四条 自然资源主管部门、农业农村主管部门的工作人员玩忽职守、滥用职权、徇私舞弊，构成犯罪的，依法追究刑事责任；尚不构成犯罪的，依法给予处分。

第八章 附 则

第八十五条 外商投资企业使用土地的，适用本法；法律另有规定的，从其规定。

第八十六条 在根据本法第十八条的规定编制国土空间规划前，经依法批准的土地利用总体规划和城乡规划继续执行。

第八十七条 本法自1999年1月1日起施行。

中华人民共和国土地管理法实施条例

(1998年12月27日中华人民共和国国务院令第256号发布
根据2011年1月8日《国务院关于废止和修改部分行政法规的决定》第一次修订
根据2014年7月29日《国务院关于修改部分行政法规的决定》第二次修订
2021年7月2日中华人民共和国国务院令第743号第三次修订)

第一章 总 则

第一条 根据《中华人民共和国土地管理法》（以下简称《土地管理法》），制定本条例。

第二章 国土空间规划

第二条 国家建立国土空间规划体系。

土地开发、保护、建设活动应当坚持规划先行。经依法批准的国土空间规划是各类开发、保护、建设活动的基本依据。

已经编制国土空间规划的，不再编制土地利用总体规划和城乡规划。在编制国土空间规划前，经依法批准的土地利用总体规划和城乡规划继续执行。

第三条 国土空间规划应当细化落实国家发展规划提出的国土空间开发保护要求，统筹布局农业、生态、城镇等功能空间，划定落实永久基本农田、生态保护红线和城镇开发边界。

国土空间规划应当包括国土空间开发保护格局和规划用地布局、结构、用途管制要求等内容，明确耕地保有量、建设用地规模、禁止开垦的范围等要求，统筹基础设施和公共设施用地布局，综合利用地上地下空间，合理确定并严格控制新增建设用地规模，提高土地节约集约利用水平，保障土地的可持续利用。

第四条 土地调查应当包括下列内容：

（一）土地权属以及变化情况；

（二）土地利用现状以及变化情况；

（三）土地条件。

全国土地调查成果，报国务院批准后向社会公布。地方土地调查成果，经本级人民政府审核，报上一级人民政府批准后向社会公布。全国土地调查成果公布后，县级以上地方人民政府方可自上而下逐级依次公布本行政区域的土地调查成果。

土地调查成果是编制国土空间规划以及自然资源管理、保护和利用的重要依据。

土地调查技术规程由国务院自然资源主管部门会同有关部门制定。

第五条　国务院自然资源主管部门会同有关部门制定土地等级评定标准。

县级以上人民政府自然资源主管部门应当会同有关部门根据土地等级评定标准，对土地等级进行评定。地方土地等级评定结果经本级人民政府审核，报上一级人民政府自然资源主管部门批准后向社会公布。

根据国民经济和社会发展状况，土地等级每五年重新评定一次。

第六条　县级以上人民政府自然资源主管部门应当加强信息化建设，建立统一的国土空间基础信息平台，实行土地管理全流程信息化管理，对土地利用状况进行动态监测，与发展改革、住房和城乡建设等有关部门建立土地管理信息共享机制，依法公开土地管理信息。

第七条　县级以上人民政府自然资源主管部门应当加强地籍管理，建立健全地籍数据库。

第三章　耕地保护

第八条　国家实行占用耕地补偿制度。在国土空间规划确定的城市和村庄、集镇建设用地范围内经依法批准占用耕地，以及在国土空间规划确定的城市和村庄、集镇建设用地范围外的能源、交通、水利、矿山、军事设施等建设项目经依法批准占用耕地的，分别由县级人民政府、农村集体经济组织和建设单位负责开垦与所占用耕地的数量和质量相当的耕地；没有条件开垦或者开垦的耕地不符合要求的，应当按照省、自治区、直辖市的规定缴纳耕地开垦费，专款用于开垦新的耕地。

省、自治区、直辖市人民政府应当组织自然资源主管部门、农业农村主管部门对开垦的耕地进行验收，确保开垦的耕地落实到地块。划入永久基本农田的还应当纳入国家永久基本农田数据库严格管理。占用耕地补充情况应当按照国家有关规定向社会公布。

个别省、直辖市需要易地开垦耕地的，依照《土地管理法》第三十二条的规定执行。

第九条 禁止任何单位和个人在国土空间规划确定的禁止开垦的范围内从事土地开发活动。

按照国土空间规划，开发未确定土地使用权的国有荒山、荒地、荒滩从事种植业、林业、畜牧业、渔业生产的，应当向土地所在地的县级以上地方人民政府自然资源主管部门提出申请，按照省、自治区、直辖市规定的权限，由县级以上地方人民政府批准。

第十条 县级人民政府应当按照国土空间规划关于统筹布局农业、生态、城镇等功能空间的要求，制定土地整理方案，促进耕地保护和土地节约集约利用。

县、乡（镇）人民政府应当组织农村集体经济组织，实施土地整理方案，对闲散地和废弃地有计划地整治、改造。土地整理新增耕地，可以用作建设所占用耕地的补充。

鼓励社会主体依法参与土地整理。

第十一条 县级以上地方人民政府应当采取措施，预防和治理耕地土壤流失、污染，有计划地改造中低产田，建设高标准农田，提高耕地质量，保护黑土地等优质耕地，并依法对建设所占用耕地耕作层的土壤利用作出合理安排。

非农业建设依法占用永久基本农田的，建设单位应当按照省、自治区、直辖市的规定，将所占用耕地耕作层的土壤用于新开垦耕地、劣质地或者其他耕地的土壤改良。

县级以上地方人民政府应当加强对农业结构调整的引导和管理，防止破坏耕地耕作层；设施农业用地不再使用的，应当及时组织恢复种植条件。

第十二条 国家对耕地实行特殊保护，严守耕地保护红线，严格控制耕地转为林地、草地、园地等其他农用地，并建立耕地保护补偿制度，具体办法和耕地保护补偿实施步骤由国务院自然资源主管部门会同有关部门规定。

非农业建设必须节约使用土地，可以利用荒地的，不得占用耕地；可以利用劣地的，不得占用好地。禁止占用耕地建窑、建坟或者擅自在耕地上建房、挖砂、采石、采矿、取土等。禁止占用永久基本农田发展林果业和挖塘养鱼。

耕地应当优先用于粮食和棉、油、糖、蔬菜等农产品生产。按照国家有关规定需要将耕地转为林地、草地、园地等其他农用地的，应当优先使用难以长期稳定利用的耕地。

第十三条 省、自治区、直辖市人民政府对本行政区域耕地保护负总责，其主要负责人是本行政区域耕地保护的第一责任人。

省、自治区、直辖市人民政府应当将国务院确定的耕地保有量和永久基本农田保护任务分解下达，落实到具体地块。

国务院对省、自治区、直辖市人民政府耕地保护责任目标落实情况进行考核。

第四章 建设用地

第一节 一般规定

第十四条 建设项目需要使用土地的，应当符合国土空间规划、土地利用年度计划和用途管制以及节约资源、保护生态环境的要求，并严格执行建设用地标准，优先使用存量建设用地，提高建设用地使用效率。

从事土地开发利用活动，应当采取有效措施，防止、减少土壤污染，并确保建设用地符合土壤环境质量要求。

第十五条 各级人民政府应当依据国民经济和社会发展规划及年度计划、国土空间规划、国家产业政策以及城乡建设、土地利用的实际状况等，加强土地利用计划管理，实行建设用地总量控制，推动城乡存量建设用地开发利用，引导城镇低效用地再开发，落实建设用地标准控制制度，开展节约集约用地评价，推广应用节地技术和节地模式。

第十六条 县级以上地方人民政府自然资源主管部门应当将本级人民政府确定的年度建设用地供应总量、结构、时序、地块、用途等在政府网站上向社会公布，供社会公众查阅。

第十七条 建设单位使用国有土地，应当以有偿使用方式取得；但是，法律、行政法规规定可以以划拨方式取得的除外。

国有土地有偿使用的方式包括：

（一）国有土地使用权出让；

（二）国有土地租赁；

（三）国有土地使用权作价出资或者入股。

第十八条 国有土地使用权出让、国有土地租赁等应当依照国家有关规定通过公开的交易平台进行交易，并纳入统一的公共资源交易平台体系。除依法可以采取协议方式外，应当采取招标、拍卖、挂牌等竞争性方式确定土地使用者。

第十九条 《土地管理法》第五十五条规定的新增建设用地的土地有偿使用费，是指国家在新增建设用地中应取得的平均土地纯收益。

第二十条 建设项目施工、地质勘查需要临时使用土地的，应当尽量不占或者少占耕地。

临时用地由县级以上人民政府自然资源主管部门批准，期限一般不超过二年；建设周期较长的能源、交通、水利等基础设施建设使用的临时用地，期限不超过四年；法律、行政法规另有规定的除外。

土地使用者应当自临时用地期满之日起一年内完成土地复垦，使其达到可供利用状态，其中占用耕地的应当恢复种植条件。

第二十一条 抢险救灾、疫情防控等急需使用土地的，可以先行使用土地。其中，属于临时用地的，用后应当恢复原状并交还原土地使用者使用，不再办理用地审批手续；属于永久性建设用地的，建设单位应当在不晚于应急处置工作结束六个月内申请补办建设用地审批手续。

第二十二条 具有重要生态功能的未利用地应当依法划入生态保护红线，实施严格保护。

建设项目占用国土空间规划确定的未利用地的，按照省、自治区、直辖市的规定办理。

第二节 农用地转用

第二十三条 在国土空间规划确定的城市和村庄、集镇建设用地范围内，为实施该规划而将农用地转为建设用地的，由市、县人民政府组织自然资源等部门拟订农用地转用方案，分批次报有批准权的人民政府批准。

农用地转用方案应当重点对建设项目安排、是否符合国土空间规划和土地利用年度计划以及补充耕地情况作出说明。

农用地转用方案经批准后，由市、县人民政府组织实施。

第二十四条 建设项目确需占用国土空间规划确定的城市和村庄、集镇建设用地范围外的农用地，涉及占用永久基本农田的，由国务院批准；不涉及占用永久基本农田的，由国务院或者国务院授权的省、自治区、直辖市人民政府批准。具体按照下列规定办理：

（一）建设项目批准、核准前或者备案前后，由自然资源主管部门对建设项目用地事项进行审查，提出建设项目用地预审意见。建设项目需要申请核发选址意见书的，应当合并办理建设项目用地预审与选址意见书，核发建设项目用地预审与选址意见书。

（二）建设单位持建设项目的批准、核准或者备案文件，向市、县人民政府提出建设用地申请。市、县人民政府组织自然资源等部门拟订农用地转用方案，报有批准权的人民政府批准；依法应当由国务院批准的，由省、自治区、直辖市人民政府审核后上报。农用地转用方案应当重点对是否符合国土空间规划和土地利用年度计划以及补充耕地情况作出说明，涉及占用永久基本农田的，还应当对占用永久基本农田的必要性、合理性和补划可行性作出说明。

（三）农用地转用方案经批准后，由市、县人民政府组织实施。

第二十五条 建设项目需要使用土地的，建设单位原则上应当一次申请，办理建设用地审批手续，确需分期建设的项目，可以根据可行性研究报告确定的方案，分期申请建设用地，分期办理建设用地审批手续。建设过程中用地范围确需调整的，应当依法办理建设用地审批手续。

农用地转用涉及征收土地的，还应当依法办理征收土地手续。

第三节 土地征收

第二十六条 需要征收土地，县级以上地方人民政府认为符合《土地管理法》第四十五条规定的，应当发布征收土地预公告，并开展拟征收土地现状调查和社会稳定风险评估。

征收土地预公告应当包括征收范围、征收目的、开展土地现状调查的安排等内容。征收土地预公告应当采用有利于社会公众知晓的方式，在拟征收土地所在的乡（镇）和村、村民小组范围内发布，预公告时间不少于十个工作日。自征收土地预公告发布之日起，任何单位和个人不得在拟征收范围内抢栽抢建；违反规定抢栽抢建的，对抢栽抢建部分不予补偿。

土地现状调查应当查明土地的位置、权属、地类、面积，以及农村村民住宅、其他地上附着物和青苗等的权属、种类、数量等情况。

社会稳定风险评估应当对征收土地的社会稳定风险状况进行综合研判，确定风险点，提出风险防范措施和处置预案。社会稳定风险评估应当有被征地的农村集体经济组织及其成员、村民委员会和其他利害关系人参加，评估结果是申请征收土地的重要依据。

第二十七条　县级以上地方人民政府应当依据社会稳定风险评估结果，结合土地现状调查情况，组织自然资源、财政、农业农村、人力资源和社会保障等有关部门拟定征地补偿安置方案。

征地补偿安置方案应当包括征收范围、土地现状、征收目的、补偿方式和标准、安置对象、安置方式、社会保障等内容。

第二十八条　征地补偿安置方案拟定后，县级以上地方人民政府应当在拟征收土地所在的乡（镇）和村、村民小组范围内公告，公告时间不少于三十日。

征地补偿安置公告应当同时载明办理补偿登记的方式和期限、异议反馈渠道等内容。

多数被征地的农村集体经济组织成员认为拟定的征地补偿安置方案不符合法律、法规规定的，县级以上地方人民政府应当组织听证。

第二十九条　县级以上地方人民政府根据法律、法规规定和听证会等情况确定征地补偿安置方案后，应当组织有关部门与拟征收土地的所有权人、使用权人签订征地补偿安置协议。征地补偿安置协议示范文本由省、自治区、直辖市人民政府制定。

对个别确实难以达成征地补偿安置协议的，县级以上地方人民政府应当在申请征收土地时如实说明。

第三十条　县级以上地方人民政府完成本条例规定的征地前期工作后，方可提出征收土地申请，依照《土地管理法》第四十六条的规定报有批准权的人民政府批准。

有批准权的人民政府应当对征收土地的必要性、合理性、是否符合《土地管理法》第四十五条规定的为了公共利益确需征收土地的情形以及是否符合法定程序进行审查。

第三十一条　征收土地申请经依法批准后，县级以上地方人民政府应当自收到批准文件之日起十五个工作日内在拟征收土地所在的乡（镇）和村、村民小组范围内发布征收土地公告，公布征收范围、征收时间等具体工作安排，对个别未达成征地补偿安置协议的应当作出征地补偿安置决定，并依法组织实施。

第三十二条　省、自治区、直辖市应当制定公布区片综合地价，确定征收农用地的土地补偿费、安置补助费标准，并制定土地补偿费、安置补助费分配办法。

地上附着物和青苗等的补偿费用，归其所有权人所有。

社会保障费用主要用于符合条件的被征地农民的养老保险等社会保险缴费补贴，按照省、自治区、直辖市的规定单独列支。

申请征收土地的县级以上地方人民政府应当及时落实土地补偿费、安置补助费、农村村民住宅以及其他地上附着物和青苗等的补偿费用、社会保障费用等，并保证足额到位，专款专用。有关费用未足额到位的，不得批准征收土地。

第四节　宅基地管理

第三十三条　农村居民点布局和建设用地规模应当遵循节约集约、因地制宜的原则合理规划。县级以上地方人民政府应当按照国家规定安排建设用地指标，合理保障本行政区域农村村民宅基地需求。

乡（镇）、县、市国土空间规划和村庄规划应当统筹考虑农村村民生产、生活需求，突出节约集约用地导向，科学划定宅基地范围。

第三十四条　农村村民申请宅基地的，应当以户为单位向农村集体经济组织提出申请；没有设立农村集体经济组织的，应当向所在的村民小组或者村民委员会提出申请。宅基地申请依法经农村村民集体讨论通过并在本集体范围内公示后，报乡（镇）人民政府审核批准。

涉及占用农用地的，应当依法办理农用地转用审批手续。

第三十五条　国家允许进城落户的农村村民依法自愿有偿退出宅基地。乡（镇）人民政府和农村集体经济组织、村民委员会等应当将退出的宅基地优先用于保障该农村集体经济组织成员的宅基地需求。

第三十六条　依法取得的宅基地和宅基地上的农村村民住宅及其附属设施受法律保护。

禁止违背农村村民意愿强制流转宅基地，禁止违法收回农村村民依法取得的宅基地，禁止以退出宅基地作为农村村民进城落户的条件，禁止强迫农村村民搬迁退出宅基地。

第五节 集体经营性建设用地管理

第三十七条 国土空间规划应当统筹并合理安排集体经营性建设用地布局和用途，依法控制集体经营性建设用地规模，促进集体经营性建设用地的节约集约利用。

鼓励乡村重点产业和项目使用集体经营性建设用地。

第三十八条 国土空间规划确定为工业、商业等经营性用途，且已依法办理土地所有权登记的集体经营性建设用地，土地所有权人可以通过出让、出租等方式交由单位或者个人在一定年限内有偿使用。

第三十九条 土地所有权人拟出让、出租集体经营性建设用地的，市、县人民政府自然资源主管部门应当依据国土空间规划提出拟出让、出租的集体经营性建设用地的规划条件，明确土地界址、面积、用途和开发建设强度等。

市、县人民政府自然资源主管部门应当会同有关部门提出产业准入和生态环境保护要求。

第四十条 土地所有权人应当依据规划条件、产业准入和生态环境保护要求等，编制集体经营性建设用地出让、出租等方案，并依照《土地管理法》第六十三条的规定，由本集体经济组织形成书面意见，在出让、出租前不少于十个工作日报市、县人民政府。市、县人民政府认为该方案不符合规划条件或者产业准入和生态环境保护要求等的，应当在收到方案后五个工作日内提出修改意见。土地所有权人应当按照市、县人民政府的意见进行修改。

集体经营性建设用地出让、出租等方案应当载明宗地的土地界址、面积、用途、规划条件、产业准入和生态环境保护要求、使用期限、交易方式、入市价格、集体收益分配安排等内容。

第四十一条 土地所有权人应当依据集体经营性建设用地出让、出租等方案，以招标、拍卖、挂牌或者协议等方式确定土地使用者，双方应当签订书面合同，载明土地界址、面积、用途、规划条件、使用期限、交易价款支付、交地时间和开工竣工期限、产业准入和生态环境保护要求，约定提前收回的条件、补偿方式、土地使用权届满续期和地上建筑物、构筑物等附着物处理方式，以及违约责任和解决争议的方法等，并报市、县人民政府自然资源主管部门备案。未依法将规划条件、产业准入和生态环境保护要求纳入合同的，合同无效；造成损失的，依法承担民事责任。合同示范文本由国务院自然资源主管部门制定。

第四十二条 集体经营性建设用地使用者应当按照约定及时支付集体经营性建设用地价款，并依法缴纳相关税费，对集体经营性建设用地使用权以及依法利用集体经营性建设用地建造的建筑物、构筑物及其附属设施的所有权，依法申请办理不动产登记。

第四十三条 通过出让等方式取得的集体经营性建设用地使用权依法转让、互换、出资、赠与或者抵押的，双方应当签订书面合同，并书面通知土地所有权人。

集体经营性建设用地的出租，集体建设用地使用权的出让及其最高年限、转让、互换、出资、赠与、抵押等，参照同类用途的国有建设用地执行，法律、行政法规另有规定的除外。

第五章 监督检查

第四十四条 国家自然资源督察机构根据授权对省、自治区、直辖市人民政府以及国务院确定的城市人民政府下列土地利用和土地管理情况进行督察：

（一）耕地保护情况；
（二）土地节约集约利用情况；
（三）国土空间规划编制和实施情况；
（四）国家有关土地管理重大决策落实情况；
（五）土地管理法律、行政法规执行情况；
（六）其他土地利用和土地管理情况。

第四十五条 国家自然资源督察机构进行督察时，有权向有关单位和个人了解督察事项有关情况，有关单位和个人应当支持、协助督察机构工作，如实反映情况，并提供有关材料。

第四十六条 被督察的地方人民政府违反土地管理法律、行政法规，或者落实国家有关土地管理重大决策不力的，国家自然资源督察机构可以向被督察的地方人民政府下达督察意见书，地方人民政府应当认真组织整改，并及时报告整改情况；国家自然资源督察机构可以约谈被督察的地方人民政府有关负责人，并可以依法向监察机关、任免机关等有关机关提出追究相关责任人责任的建议。

第四十七条　土地管理监督检查人员应当经过培训，经考核合格，取得行政执法证件后，方可从事土地管理监督检查工作。

第四十八条　自然资源主管部门、农业农村主管部门按照职责分工进行监督检查时，可以采取下列措施：

（一）询问违法案件涉及的单位或者个人；

（二）进入被检查单位或者个人涉嫌土地违法的现场进行拍照、摄像；

（三）责令当事人停止正在进行的土地违法行为；

（四）对涉嫌土地违法的单位或者个人，在调查期间暂停办理与该违法案件相关的土地审批、登记等手续；

（五）对可能被转移、销毁、隐匿或者篡改的文件、资料予以封存，责令涉嫌土地违法的单位或者个人在调查期间不得变卖、转移与案件有关的财物；

（六）《土地管理法》第六十八条规定的其他监督检查措施。

第四十九条　依照《土地管理法》第七十三条的规定给予处分的，应当按照管理权限由责令作出行政处罚决定或者直接给予行政处罚的上级人民政府自然资源主管部门或者其他任免机关、单位作出。

第五十条　县级以上人民政府自然资源主管部门应当会同有关部门建立信用监管、动态巡查等机制，加强对建设用地供应交易和供后开发利用的监管，对建设用地市场重大失信行为依法实施惩戒，并依法公开相关信息。

第六章　法律责任

第五十一条　违反《土地管理法》第三十七条的规定，非法占用永久基本农田发展林果业或者挖塘养鱼的，由县级以上人民政府自然资源主管部门责令限期改正；逾期不改正的，按占用面积处耕地开垦费2倍以上5倍以下的罚款；破坏种植条件的，依照《土地管理法》第七十五条的规定处罚。

第五十二条　违反《土地管理法》第五十七条的规定，在临时使用的土地上修建永久性建筑物的，由县级以上人民政府自然资源主管部门责令限期拆除，按占用面积处土地复垦费5倍以上10倍以下的罚款；逾期不拆除的，由作出行政决定的机关依法申请人民法院强制执行。

第五十三条 违反《土地管理法》第六十五条的规定，对建筑物、构筑物进行重建、扩建的，由县级以上人民政府自然资源主管部门责令限期拆除；逾期不拆除的，由作出行政决定的机关依法申请人民法院强制执行。

第五十四条 依照《土地管理法》第七十四条的规定处以罚款的，罚款额为违法所得的10%以上50%以下。

第五十五条 依照《土地管理法》第七十五条的规定处以罚款的，罚款额为耕地开垦费的5倍以上10倍以下；破坏黑土地等优质耕地的，从重处罚。

第五十六条 依照《土地管理法》第七十六条的规定处以罚款的，罚款额为土地复垦费的2倍以上5倍以下。

违反本条例规定，临时用地期满之日起一年内未完成复垦或者未恢复种植条件的，由县级以上人民政府自然资源主管部门责令限期改正，依照《土地管理法》第七十六条的规定处罚，并由县级以上人民政府自然资源主管部门会同农业农村主管部门代为完成复垦或者恢复种植条件。

第五十七条 依照《土地管理法》第七十七条的规定处以罚款的，罚款额为非法占用土地每平方米100元以上1000元以下。

违反本条例规定，在国土空间规划确定的禁止开垦的范围内从事土地开发活动的，由县级以上人民政府自然资源主管部门责令限期改正，并依照《土地管理法》第七十七条的规定处罚。

第五十八条 依照《土地管理法》第七十四条、第七十七条的规定，县级以上人民政府自然资源主管部门没收在非法转让或者非法占用的土地上新建的建筑物和其他设施的，应当于九十日内交由本级人民政府或者其指定的部门依法管理和处置。

第五十九条 依照《土地管理法》第八十一条的规定处以罚款的，罚款额为非法占用土地每平方米100元以上500元以下。

第六十条 依照《土地管理法》第八十二条的规定处以罚款的，罚款额为违法所得的10%以上30%以下。

第六十一条 阻碍自然资源主管部门、农业农村主管部门的工作人员依法执行职务，构成违反治安管理行为的，依法给予治安管理处罚。

第六十二条 违反土地管理法律、法规规定，阻挠国家建设征收土地的，由县级以上地方人民政府责令交出土地；拒不交出土地的，依法申请人民法院强制执行。

第六十三条 违反本条例规定，侵犯农村村民依法取得的宅基地权益的，责令限期改正，对有关责任单位通报批评、给予警告；造成损失的，依法承担赔偿责任；对直接负责的主管人员和其他直接责任人员，依法给予处分。

第六十四条 贪污、侵占、挪用、私分、截留、拖欠征地补偿安置费用和其他有关费用的，责令改正，追回有关款项，限期退还违法所得，对有关责任单位通报批评、给予警告；造成损失的，依法承担赔偿责任；对直接负责的主管人员和其他直接责任人员，依法给予处分。

第六十五条 各级人民政府及自然资源主管部门、农业农村主管部门工作人员玩忽职守、滥用职权、徇私舞弊的，依法给予处分。

第六十六条 违反本条例规定，构成犯罪的，依法追究刑事责任。

第七章　附　则

第六十七条 本条例自 2021 年 9 月 1 日起施行。

中华人民共和国城乡规划法

(2007年10月28日第十届全国人民代表大会常务委员会第三十次会议通过 根据2015年4月24日第十二届全国人民代表大会常务委员会第十四次会议《关于修改〈中华人民共和国港口法〉等七部法律的决定》第一次修正 根据2019年4月23日第十三届全国人民代表大会常务委员会第十次会议《关于修改〈中华人民共和国建筑法〉等八部法律的决定》第二次修正)

第一章 总 则

第一条 为了加强城乡规划管理，协调城乡空间布局，改善人居环境，促进城乡经济社会全面协调可持续发展，制定本法。

第二条 制定和实施城乡规划，在规划区内进行建设活动，必须遵守本法。

本法所称城乡规划，包括城镇体系规划、城市规划、镇规划、乡规划和村庄规划。城市规划、镇规划分为总体规划和详细规划。详细规划分为控制性详细规划和修建性详细规划。

本法所称规划区，是指城市、镇和村庄的建成区以及因城乡建设和发展需要，必须实行规划控制的区域。规划区的具体范围由有关人民政府在组织编制的城市总体规划、镇总体规划、乡规划和村庄规划中，根据城乡经济社会发展水平和统筹城乡发展的需要划定。

第三条 城市和镇应当依照本法制定城市规划和镇规划。城市、镇规划区内的建设活动应当符合规划要求。

县级以上地方人民政府根据本地农村经济社会发展水平，按照因地制宜、切实可行的原则，确定应当制定乡规划、村庄规划的区域。在确定区域内的乡、村庄，应当依照本法制定规划，规划区内的乡、村庄建设应当符合规划要求。

县级以上地方人民政府鼓励、指导前款规定以外的区域的乡、村庄制定和实施乡规划、村庄规划。

第四条 制定和实施城乡规划，应当遵循城乡统筹、合理布局、节约土地、集约发展和先规划后建设的原则，改善生态环境，促进资源、能源节约和综合利用，保护耕地等自然资源和历史文化遗产，保持地方特色、民族特色和传统风貌，防止污染和其他公害，并符合区域人口发展、国防建设、防灾减灾和公共卫生、公共安全的需要。

在规划区内进行建设活动，应当遵守土地管理、自然资源和环境保护等法律、法规的规定。

县级以上地方人民政府应当根据当地经济社会发展的实际，在城市总体规划、镇总体规划中合理确定城市、镇的发展规模、步骤和建设标准。

第五条 城市总体规划、镇总体规划以及乡规划和村庄规划的编制，应当依据国民经济和社会发展规划，并与土地利用总体规划相衔接。

第六条 各级人民政府应当将城乡规划的编制和管理经费纳入本级财政预算。

第七条 经依法批准的城乡规划，是城乡建设和规划管理的依据，未经法定程序不得修改。

第八条 城乡规划组织编制机关应当及时公布经依法批准的城乡规划。但是，法律、行政法规规定不得公开的内容除外。

第九条 任何单位和个人都应当遵守经依法批准并公布的城乡规划，服从规划管理，并有权就涉及其利害关系的建设活动是否符合规划的要求向城乡规划主管部门查询。

任何单位和个人都有权向城乡规划主管部门或者其他有关部门举报或者控告违反城乡规划的行为。城乡规划主管部门或者其他有关部门对举报或者控告，应当及时受理并组织核查、处理。

第十条 国家鼓励采用先进的科学技术，增强城乡规划的科学性，提高城乡规划实施及监督管理的效能。

第十一条 国务院城乡规划主管部门负责全国的城乡规划管理工作。

县级以上地方人民政府城乡规划主管部门负责本行政区域内的城乡规划管理工作。

第二章 城乡规划的制定

第十二条 国务院城乡规划主管部门会同国务院有关部门组织编制全国城镇体系规划，用于指导省域城镇体系规划、城市总体规划的编制。

全国城镇体系规划由国务院城乡规划主管部门报国务院审批。

第十三条 省、自治区人民政府组织编制省域城镇体系规划，报国务院审批。

省域城镇体系规划的内容应当包括：城镇空间布局和规模控制，重大基础设施的布局，为保护生态环境、资源等需要严格控制的区域。

第十四条 城市人民政府组织编制城市总体规划。

直辖市的城市总体规划由直辖市人民政府报国务院审批。省、自治区人民政府所在地的城市以及国务院确定的城市的总体规划，由省、自治区人民政府审查同意后，报国务院审批。其他城市的总体规划，由城市人民政府报省、自治区人民政府审批。

第十五条 县人民政府组织编制县人民政府所在地镇的总体规划，报上一级人民政府审批。其他镇的总体规划由镇人民政府组织编制，报上一级人民政府审批。

第十六条 省、自治区人民政府组织编制的省域城镇体系规划，城市、县人民政府组织编制的总体规划，在报上一级人民政府审批前，应当先经本级人民代表大会常务委员会审议，常务委员会组成人员的审议意见交由本级人民政府研究处理。

镇人民政府组织编制的镇总体规划，在报上一级人民政府审批前，应当先经镇人民代表大会审议，代表的审议意见交由本级人民政府研究处理。

规划的组织编制机关报送审批省域城镇体系规划、城市总体规划或者镇总体规划，应当将本级人民代表大会常务委员会组成人员或者镇人民代表大会代表的审议意见和根据审议意见修改规划的情况一并报送。

第十七条 城市总体规划、镇总体规划的内容应当包括：城市、镇的发展布局，功能分区，用地布局，综合交通体系，禁止、限制和适宜建设的地域范围，各类专项规划等。

规划区范围、规划区内建设用地规模、基础设施和公共服务设施用地、水源地和水系、基本农田和绿化用地、环境保护、自然与历史文化遗产保护以及防灾减灾等内容，应当作为城市总体规划、镇总体规划的强制性内容。

城市总体规划、镇总体规划的规划期限一般为二十年。城市总体规划还应当对城市更长远的发展作出预测性安排。

第十八条 乡规划、村庄规划应当从农村实际出发，尊重村民意愿，体现地方和农村特色。

乡规划、村庄规划的内容应当包括：规划区范围，住宅、道路、供水、排水、供电、垃圾收集、畜禽养殖场所等农村生产、生活服务设施、公益事业等各项建设的用地布局、建设要求，以及对耕地等自然资源和历史文化遗产保护、防灾减灾等的具体安排。乡规划还应当包括本行政区域内的村庄发展布局。

第十九条　城市人民政府城乡规划主管部门根据城市总体规划的要求，组织编制城市的控制性详细规划，经本级人民政府批准后，报本级人民代表大会常务委员会和上一级人民政府备案。

第二十条　镇人民政府根据镇总体规划的要求，组织编制镇的控制性详细规划，报上一级人民政府审批。县人民政府所在地镇的控制性详细规划，由县人民政府城乡规划主管部门根据镇总体规划的要求组织编制，经县人民政府批准后，报本级人民代表大会常务委员会和上一级人民政府备案。

第二十一条　城市、县人民政府城乡规划主管部门和镇人民政府可以组织编制重要地块的修建性详细规划。修建性详细规划应当符合控制性详细规划。

第二十二条　乡、镇人民政府组织编制乡规划、村庄规划，报上一级人民政府审批。村庄规划在报送审批前，应当经村民会议或者村民代表会议讨论同意。

第二十三条　首都的总体规划、详细规划应当统筹考虑中央国家机关用地布局和空间安排的需要。

第二十四条　城乡规划组织编制机关应当委托具有相应资质等级的单位承担城乡规划的具体编制工作。

从事城乡规划编制工作应当具备下列条件，并经国务院城乡规划主管部门或者省、自治区、直辖市人民政府城乡规划主管部门依法审查合格，取得相应等级的资质证书后，方可在资质等级许可的范围内从事城乡规划编制工作：

（一）有法人资格；

（二）有规定数量的经相关行业协会注册的规划师；

（三）有规定数量的相关专业技术人员；

（四）有相应的技术装备；

（五）有健全的技术、质量、财务管理制度。

编制城乡规划必须遵守国家有关标准。

第二十五条 编制城乡规划，应当具备国家规定的勘察、测绘、气象、地震、水文、环境等基础资料。

县级以上地方人民政府有关主管部门应当根据编制城乡规划的需要，及时提供有关基础资料。

第二十六条 城乡规划报送审批前，组织编制机关应当依法将城乡规划草案予以公告，并采取论证会、听证会或者其他方式征求专家和公众的意见。公告的时间不得少于三十日。

组织编制机关应当充分考虑专家和公众的意见，并在报送审批的材料中附具意见采纳情况及理由。

第二十七条 省域城镇体系规划、城市总体规划、镇总体规划批准前，审批机关应当组织专家和有关部门进行审查。

第三章 城乡规划的实施

第二十八条 地方各级人民政府应当根据当地经济社会发展水平，量力而行，尊重群众意愿，有计划、分步骤地组织实施城乡规划。

第二十九条 城市的建设和发展，应当优先安排基础设施以及公共服务设施的建设，妥善处理新区开发与旧区改建的关系，统筹兼顾进城务工人员生活和周边农村经济社会发展、村民生产与生活的需要。

镇的建设和发展，应当结合农村经济社会发展和产业结构调整，优先安排供水、排水、供电、供气、道路、通信、广播电视等基础设施和学校、卫生院、文化站、幼儿园、福利院等公共服务设施的建设，为周边农村提供服务。

乡、村庄的建设和发展，应当因地制宜、节约用地，发挥村民自治组织的作用，引导村民合理进行建设，改善农村生产、生活条件。

第三十条 城市新区的开发和建设，应当合理确定建设规模和时序，充分利用现有市政基础设施和公共服务设施，严格保护自然资源和生态环境，体现地方特色。

在城市总体规划、镇总体规划确定的建设用地范围以外，不得设立各类开发区和城市新区。

第三十一条 旧城区的改建,应当保护历史文化遗产和传统风貌,合理确定拆迁和建设规模,有计划地对危房集中、基础设施落后等地段进行改建。

历史文化名城、名镇、名村的保护以及受保护建筑物的维护和使用,应当遵守有关法律、行政法规和国务院的规定。

第三十二条 城乡建设和发展,应当依法保护和合理利用风景名胜资源,统筹安排风景名胜区及周边乡、镇、村庄的建设。

风景名胜区的规划、建设和管理,应当遵守有关法律、行政法规和国务院的规定。

第三十三条 城市地下空间的开发和利用,应当与经济和技术发展水平相适应,遵循统筹安排、综合开发、合理利用的原则,充分考虑防灾减灾、人民防空和通信等需要,并符合城市规划,履行规划审批手续。

第三十四条 城市、县、镇人民政府应当根据城市总体规划、镇总体规划、土地利用总体规划和年度计划以及国民经济和社会发展规划,制定近期建设规划,报总体规划审批机关备案。

近期建设规划应当以重要基础设施、公共服务设施和中低收入居民住房建设以及生态环境保护为重点内容,明确近期建设的时序、发展方向和空间布局。近期建设规划的规划期限为五年。

第三十五条 城乡规划确定的铁路、公路、港口、机场、道路、绿地、输配电设施及输电线路走廊、通信设施、广播电视设施、管道设施、河道、水库、水源地、自然保护区、防汛通道、消防通道、核电站、垃圾填埋场及焚烧厂、污水处理厂和公共服务设施的用地以及其他需要依法保护的用地,禁止擅自改变用途。

第三十六条 按照国家规定需要有关部门批准或者核准的建设项目,以划拨方式提供国有土地使用权的,建设单位在报送有关部门批准或者核准前,应当向城乡规划主管部门申请核发选址意见书。

前款规定以外的建设项目不需要申请选址意见书。

第三十七条 在城市、镇规划区内以划拨方式提供国有土地使用权的建设项目,经有关部门批准、核准、备案后,建设单位应当向城市、县人民政府城乡规划主管部门提出建设用地规划许可申请,由城市、县人民政府城乡规划主管部门依据控制性详细规划核定建设用地的位置、面积、允许建设的范围,核发建设用地规划许可证。

建设单位在取得建设用地规划许可证后，方可向县级以上地方人民政府土地主管部门申请用地，经县级以上人民政府审批后，由土地主管部门划拨土地。

第三十八条 在城市、镇规划区内以出让方式提供国有土地使用权的，在国有土地使用权出让前，城市、县人民政府城乡规划主管部门应当依据控制性详细规划，提出出让地块的位置、使用性质、开发强度等规划条件，作为国有土地使用权出让合同的组成部分。未确定规划条件的地块，不得出让国有土地使用权。

以出让方式取得国有土地使用权的建设项目，建设单位在取得建设项目的批准、核准、备案文件和签订国有土地使用权出让合同后，向城市、县人民政府城乡规划主管部门领取建设用地规划许可证。

城市、县人民政府城乡规划主管部门不得在建设用地规划许可证中，擅自改变作为国有土地使用权出让合同组成部分的规划条件。

第三十九条 规划条件未纳入国有土地使用权出让合同的，该国有土地使用权出让合同无效；对未取得建设用地规划许可证的建设单位批准用地的，由县级以上人民政府撤销有关批准文件；占用土地的，应当及时退回；给当事人造成损失的，应当依法给予赔偿。

第四十条 在城市、镇规划区内进行建筑物、构筑物、道路、管线和其他工程建设的，建设单位或者个人应当向城市、县人民政府城乡规划主管部门或者省、自治区、直辖市人民政府确定的镇人民政府申请办理建设工程规划许可证。

申请办理建设工程规划许可证，应当提交使用土地的有关证明文件、建设工程设计方案等材料。需要建设单位编制修建性详细规划的建设项目，还应当提交修建性详细规划。对符合控制性详细规划和规划条件的，由城市、县人民政府城乡规划主管部门或者省、自治区、直辖市人民政府确定的镇人民政府核发建设工程规划许可证。

城市、县人民政府城乡规划主管部门或者省、自治区、直辖市人民政府确定的镇人民政府应当依法将经审定的修建性详细规划、建设工程设计方案的总平面图予以公布。

第四十一条 在乡、村庄规划区内进行乡镇企业、乡村公共设施和公益事业建设的，建设单位或者个人应当向乡、镇人民政府提出申请，由乡、镇人民政府报城市、县人民政府城乡规划主管部门核发乡村建设规划许可证。

在乡、村庄规划区内使用原有宅基地进行农村村民住宅建设的规划管理办法，由省、自治区、直辖市制定。

在乡、村庄规划区内进行乡镇企业、乡村公共设施和公益事业建设以及农村村民住宅建设，不得占用农用地；确需占用农用地的，应当依照《中华人民共和国土地管理法》有关规定办理农用地转用审批手续后，由城市、县人民政府城乡规划主管部门核发乡村建设规划许可证。

建设单位或者个人在取得乡村建设规划许可证后，方可办理用地审批手续。

第四十二条 城乡规划主管部门不得在城乡规划确定的建设用地范围以外作出规划许可。

第四十三条 建设单位应当按照规划条件进行建设；确需变更的，必须向城市、县人民政府城乡规划主管部门提出申请。变更内容不符合控制性详细规划的，城乡规划主管部门不得批准。城市、县人民政府城乡规划主管部门应当及时将依法变更后的规划条件通报同级土地主管部门并公示。

建设单位应当及时将依法变更后的规划条件报有关人民政府土地主管部门备案。

第四十四条 在城市、镇规划区内进行临时建设的，应当经城市、县人民政府城乡规划主管部门批准。临时建设影响近期建设规划或者控制性详细规划的实施以及交通、市容、安全等的，不得批准。

临时建设应当在批准的使用期限内自行拆除。

临时建设和临时用地规划管理的具体办法，由省、自治区、直辖市人民政府制定。

第四十五条 县级以上地方人民政府城乡规划主管部门按照国务院规定对建设工程是否符合规划条件予以核实。未经核实或者经核实不符合规划条件的，建设单位不得组织竣工验收。

建设单位应当在竣工验收后六个月内向城乡规划主管部门报送有关竣工验收资料。

第四章 城乡规划的修改

第四十六条 省域城镇体系规划、城市总体规划、镇总体规划的组织编制机关，应当组织有关部门和专家定期对规划实施情况进行评估，并采取论证会、听证会或者其他方式征求公众意见。组织编制机关应当向本级人民代表大会常务委员会、镇人民代表大会和原审批机关提出评估报告并附具征求意见的情况。

第四十七条　有下列情形之一的，组织编制机关方可按照规定的权限和程序修改省域城镇体系规划、城市总体规划、镇总体规划：

（一）上级人民政府制定的城乡规划发生变更，提出修改规划要求的；

（二）行政区划调整确需修改规划的；

（三）因国务院批准重大建设工程确需修改规划的；

（四）经评估确需修改规划的；

（五）城乡规划的审批机关认为应当修改规划的其他情形。

修改省域城镇体系规划、城市总体规划、镇总体规划前，组织编制机关应当对原规划的实施情况进行总结，并向原审批机关报告；修改涉及城市总体规划、镇总体规划强制性内容的，应当先向原审批机关提出专题报告，经同意后，方可编制修改方案。

修改后的省域城镇体系规划、城市总体规划、镇总体规划，应当依照本法第十三条、第十四条、第十五条和第十六条规定的审批程序报批。

第四十八条　修改控制性详细规划的，组织编制机关应当对修改的必要性进行论证，征求规划地段内利害关系人的意见，并向原审批机关提出专题报告，经原审批机关同意后，方可编制修改方案。修改后的控制性详细规划，应当依照本法第十九条、第二十条规定的审批程序报批。控制性详细规划修改涉及城市总体规划、镇总体规划的强制性内容的，应当先修改总体规划。

修改乡规划、村庄规划的，应当依照本法第二十二条规定的审批程序报批。

第四十九条　城市、县、镇人民政府修改近期建设规划的，应当将修改后的近期建设规划报总体规划审批机关备案。

第五十条　在选址意见书、建设用地规划许可证、建设工程规划许可证或者乡村建设规划许可证发放后，因依法修改城乡规划给被许可人合法权益造成损失的，应当依法给予补偿。

经依法审定的修建性详细规划、建设工程设计方案的总平面图不得随意修改；确需修改的，城乡规划主管部门应当采取听证会等形式，听取利害关系人的意见；因修改给利害关系人合法权益造成损失的，应当依法给予补偿。

第五章　监督检查

第五十一条　县级以上人民政府及其城乡规划主管部门应当加强对城乡规划编制、审批、实施、修改的监督检查。

第五十二条　地方各级人民政府应当向本级人民代表大会常务委员会或者乡、镇人民代表大会报告城乡规划的实施情况，并接受监督。

第五十三条　县级以上人民政府城乡规划主管部门对城乡规划的实施情况进行监督检查，有权采取以下措施：

（一）要求有关单位和人员提供与监督事项有关的文件、资料，并进行复制；

（二）要求有关单位和人员就监督事项涉及的问题作出解释和说明，并根据需要进入现场进行勘测；

（三）责令有关单位和人员停止违反有关城乡规划的法律、法规的行为。

城乡规划主管部门的工作人员履行前款规定的监督检查职责，应当出示执法证件。被监督检查的单位和人员应当予以配合，不得妨碍和阻挠依法进行的监督检查活动。

第五十四条　监督检查情况和处理结果应当依法公开，供公众查阅和监督。

第五十五条　城乡规划主管部门在查处违反本法规定的行为时，发现国家机关工作人员依法应当给予行政处分的，应当向其任免机关或者监察机关提出处分建议。

第五十六条　依照本法规定应当给予行政处罚，而有关城乡规划主管部门不给予行政处罚的，上级人民政府城乡规划主管部门有权责令其作出行政处罚决定或者建议有关人民政府责令其给予行政处罚。

第五十七条　城乡规划主管部门违反本法规定作出行政许可的，上级人民政府城乡规划主管部门有权责令其撤销或者直接撤销该行政许可。因撤销行政许可给当事人合法权益造成损失的，应当依法给予赔偿。

第六章　法律责任

第五十八条　对依法应当编制城乡规划而未组织编制，或者未按法定程序编制、审批、修改城乡规划的，由上级人民政府责令改正，通报批评；对有关人民政府负责人和其他直接责任人员依法给予处分。

第五十九条 城乡规划组织编制机关委托不具有相应资质等级的单位编制城乡规划的，由上级人民政府责令改正，通报批评；对有关人民政府负责人和其他直接责任人员依法给予处分。

第六十条 镇人民政府或者县级以上人民政府城乡规划主管部门有下列行为之一的，由本级人民政府、上级人民政府城乡规划主管部门或者监察机关依据职权责令改正，通报批评；对直接负责的主管人员和其他直接责任人员依法给予处分：

（一）未依法组织编制城市的控制性详细规划、县人民政府所在地镇的控制性详细规划的；

（二）超越职权或者对不符合法定条件的申请人核发选址意见书、建设用地规划许可证、建设工程规划许可证、乡村建设规划许可证的；

（三）对符合法定条件的申请人未在法定期限内核发选址意见书、建设用地规划许可证、建设工程规划许可证、乡村建设规划许可证的；

（四）未依法对经审定的修建性详细规划、建设工程设计方案的总平面图予以公布的；

（五）同意修改修建性详细规划、建设工程设计方案的总平面图前未采取听证会等形式听取利害关系人的意见的；

（六）发现未依法取得规划许可或者违反规划许可的规定在规划区内进行建设的行为，而不予查处或者接到举报后不依法处理的。

第六十一条 县级以上人民政府有关部门有下列行为之一的，由本级人民政府或者上级人民政府有关部门责令改正，通报批评；对直接负责的主管人员和其他直接责任人员依法给予处分：

（一）对未依法取得选址意见书的建设项目核发建设项目批准文件的；

（二）未依法在国有土地使用权出让合同中确定规划条件或者改变国有土地使用权出让合同中依法确定的规划条件的；

（三）对未依法取得建设用地规划许可证的建设单位划拨国有土地使用权的。

第六十二条 城乡规划编制单位有下列行为之一的，由所在地城市、县人民政府城乡规划主管部门责令限期改正，处合同约定的规划编制费一倍以上二倍以下的罚款；情节严重的，责令停业整顿，由原发证机关降低资质等级或者吊销资质证书；造成损失的，依法承担赔偿责任：

（一）超越资质等级许可的范围承揽城乡规划编制工作的；

（二）违反国家有关标准编制城乡规划的。

未依法取得资质证书承揽城乡规划编制工作的，由县级以上地方人民政府城乡规划主管部门责令停止违法行为，依照前款规定处以罚款；造成损失的，依法承担赔偿责任。

以欺骗手段取得资质证书承揽城乡规划编制工作的，由原发证机关吊销资质证书，依照本条第一款规定处以罚款；造成损失的，依法承担赔偿责任。

第六十三条 城乡规划编制单位取得资质证书后，不再符合相应的资质条件的，由原发证机关责令限期改正；逾期不改正的，降低资质等级或者吊销资质证书。

第六十四条 未取得建设工程规划许可证或者未按照建设工程规划许可证的规定进行建设的，由县级以上地方人民政府城乡规划主管部门责令停止建设；尚可采取改正措施消除对规划实施的影响的，限期改正，处建设工程造价百分之五以上百分之十以下的罚款；无法采取改正措施消除影响的，限期拆除，不能拆除的，没收实物或者违法收入，可以并处建设工程造价百分之十以下的罚款。

第六十五条 在乡、村庄规划区内未依法取得乡村建设规划许可证或者未按照乡村建设规划许可证的规定进行建设的，由乡、镇人民政府责令停止建设、限期改正；逾期不改正的，可以拆除。

第六十六条 建设单位或者个人有下列行为之一的，由所在地城市、县人民政府城乡规划主管部门责令限期拆除，可以并处临时建设工程造价一倍以下的罚款：

（一）未经批准进行临时建设的；

（二）未按照批准内容进行临时建设的；

（三）临时建筑物、构筑物超过批准期限不拆除的。

第六十七条 建设单位未在建设工程竣工验收后六个月内向城乡规划主管部门报送有关竣工验收资料的，由所在地城市、县人民政府城乡规划主管部门责令限期补报；逾期不补报的，处一万元以上五万元以下的罚款。

第六十八条 城乡规划主管部门作出责令停止建设或者限期拆除的决定

后，当事人不停止建设或者逾期不拆除的，建设工程所在地县级以上地方人民政府可以责成有关部门采取查封施工现场、强制拆除等措施。

第六十九条 违反本法规定，构成犯罪的，依法追究刑事责任。

第七章 附 则

第七十条 本法自 2008 年 1 月 1 日起施行。《中华人民共和国城市规划法》同时废止。

中华人民共和国行政强制法

(2011年6月30日第十一届全国人民代表大会常务委员会第二十一次会议通过,2012年1月1日起施行)

第一章 总 则

第一条 为了规范行政强制的设定和实施,保障和监督行政机关依法履行职责,维护公共利益和社会秩序,保护公民、法人和其他组织的合法权益,根据宪法,制定本法。

第二条 本法所称行政强制,包括行政强制措施和行政强制执行。行政强制措施,是指行政机关在行政管理过程中,为制止违法行为、防止证据损毁、避免危害发生、控制危险扩大等情形,依法对公民的人身自由实施暂时性限制,或者对公民、法人或者其他组织的财物实施暂时性控制的行为。

行政强制执行,是指行政机关或者行政机关申请人民法院,对不履行行政决定的公民、法人或者其他组织,依法强制履行义务的行为。

第三条 行政强制的设定和实施,适用本法。

发生或者即将发生自然灾害、事故灾难、公共卫生事件或者社会安全事件等突发事件,行政机关采取应急措施或者临时措施,依照有关法律、行政法规的规定执行。

行政机关采取金融业审慎监管措施、进出境货物强制性技术监控措施,依照有关法律、行政法规的规定执行。

第四条 行政强制的设定和实施,应当依照法定的权限、范围、条件和程序。

第五条 行政强制的设定和实施,应当适当。采用非强制手段可以达到行政管理目的的,不得设定和实施行政强制。

第六条 实施行政强制,应当坚持教育与强制相结合。

第七条 行政机关及其工作人员不得利用行政强制权为单位或者个人谋取利益。

第八条 公民、法人或者其他组织对行政机关实施行政强制,享有陈述权、申辩权；有权依法申请行政复议或者提起行政诉讼；因行政机关违法实施行政强制受到损害的，有权依法要求赔偿。

公民、法人或者其他组织因人民法院在强制执行中有违法行为或者扩大强制执行范围受到损害的，有权依法要求赔偿。

第二章 行政强制的种类和设定

第九条 行政强制措施的种类：

（一）限制公民人身自由；

（二）查封场所、设施或者财物；

（三）扣押财物；

（四）冻结存款、汇款；

（五）其他行政强制措施。

第十条 行政强制措施由法律设定。

尚未制定法律，且属于国务院行政管理职权事项的，行政法规可以设定除本法第九条第一项、第四项和应当由法律规定的行政强制措施以外的其他行政强制措施。

尚未制定法律、行政法规，且属于地方性事务的，地方性法规可以设定本法第九条第二项、第三项的行政强制措施。

法律、法规以外的其他规范性文件不得设定行政强制措施。

第十一条 法律对行政强制措施的对象、条件、种类作了规定的，行政法规、地方性法规不得作出扩大规定。

法律中未设定行政强制措施的，行政法规、地方性法规不得设定行政强制措施。但是，法律规定特定事项由行政法规规定具体管理措施的，行政法规可以设定除本法第九条第一项、第四项和应当由法律规定的行政强制措施以外的其他行政强制措施。

第十二条 行政强制执行的方式：

（一）加处罚款或者滞纳金；

（二）划拨存款、汇款；

（三）拍卖或者依法处理查封、扣押的场所、设施或者财物；

（四）排除妨碍、恢复原状；

（五）代履行；

（六）其他强制执行方式。

第十三条 行政强制执行由法律设定。

法律没有规定行政机关强制执行的，作出行政决定的行政机关应当申请人民法院强制执行。

第十四条 起草法律草案、法规草案，拟设定行政强制的，起草单位应当采取听证会、论证会等形式听取意见，并向制定机关说明设定该行政强制的必要性、可能产生的影响以及听取和采纳意见的情况。

第十五条 行政强制的设定机关应当定期对其设定的行政强制进行评价，并对不适当的行政强制及时予以修改或者废止。

行政强制的实施机关可以对已设定的行政强制的实施情况及存在的必要性适时进行评价，并将意见报告该行政强制的设定机关。

公民、法人或者其他组织可以向行政强制的设定机关和实施机关就行政强制的设定和实施提出意见和建议。有关机关应当认真研究论证，并以适当方式予以反馈。

第三章 行政强制措施实施程序

第一节 一般规定

第十六条 行政机关履行行政管理职责，依照法律、法规的规定，实施行政强制措施。

违法行为情节显著轻微或者没有明显社会危害的，可以不采取行政强制措施。

第十七条 行政强制措施由法律、法规规定的行政机关在法定职权范围内实施。行政强制措施权不得委托。

依据《中华人民共和国行政处罚法》的规定行使相对集中行政处罚权的行政机关，可以实施法律、法规规定的与行政处罚权有关的行政强制措施。

行政强制措施应当由行政机关具备资格的行政执法人员实施，其他人员不得实施。

第十八条 行政机关实施行政强制措施应当遵守下列规定：

（一）实施前须向行政机关负责人报告并经批准；

（二）由两名以上行政执法人员实施；

（三）出示执法身份证件；

（四）通知当事人到场；

（五）当场告知当事人采取行政强制措施的理由、依据以及当事人依法享有的权利、救济途径；

（六）听取当事人的陈述和申辩；

（七）制作现场笔录；

（八）现场笔录由当事人和行政执法人员签名或者盖章，当事人拒绝的，在笔录中予以注明；

（九）当事人不到场的，邀请见证人到场，由见证人和行政执法人员在现场笔录上签名或者盖章；

（十）法律、法规规定的其他程序。

第十九条　情况紧急，需要当场实施行政强制措施的，行政执法人员应当在二十四小时内向行政机关负责人报告，并补办批准手续。行政机关负责人认为不应当采取行政强制措施的，应当立即解除。

第二十条　依照法律规定实施限制公民人身自由的行政强制措施，除应当履行本法第十八条规定的程序外，还应当遵守下列规定：

（一）当场告知或者实施行政强制措施后立即通知当事人家属实施行政强制措施的行政机关、地点和期限；

（二）在紧急情况下当场实施行政强制措施的，在返回行政机关后，立即向行政机关负责人报告并补办批准手续；

（三）法律规定的其他程序。

实施限制人身自由的行政强制措施不得超过法定期限。实施行政强制措施的目的已经达到或者条件已经消失，应当立即解除。

第二十一条　违法行为涉嫌犯罪应当移送司法机关的，行政机关应当将查封、扣押、冻结的财物一并移送，并书面告知当事人。

第二节　查封、扣押

第二十二条　查封、扣押应当由法律、法规规定的行政机关实施，其他任何行政机关或者组织不得实施。

第二十三条　查封、扣押限于涉案的场所、设施或者财物，不得查封、扣押与违法行为无关的场所、设施或者财物；不得查封、扣押公民个人及其所扶养家属的生活必需品。

当事人的场所、设施或者财物已被其他国家机关依法查封的,不得重复查封。

第二十四条 行政机关决定实施查封、扣押的,应当履行本法第十八条规定的程序,制作并当场交付查封、扣押决定书和清单。

查封、扣押决定书应当载明下列事项:

（一）当事人的姓名或者名称、地址;
（二）查封、扣押的理由、依据和期限;
（三）查封、扣押场所、设施或者财物的名称、数量等;
（四）申请行政复议或者提起行政诉讼的途径和期限;
（五）行政机关的名称、印章和日期。

查封、扣押清单一式二份,由当事人和行政机关分别保存。

第二十五条 查封、扣押的期限不得超过三十日;情况复杂的,经行政机关负责人批准,可以延长,但是延长期限不得超过三十日。法律、行政法规另有规定的除外。

延长查封、扣押的决定应当及时书面告知当事人,并说明理由。

对物品需要进行检测、检验、检疫或者技术鉴定的,查封、扣押的期间不包括检测、检验、检疫或者技术鉴定的期间。检测、检验、检疫或者技术鉴定的期间应当明确,并书面告知当事人。检测、检验、检疫或者技术鉴定的费用由行政机关承担。

第二十六条 对查封、扣押的场所、设施或者财物,行政机关应当妥善保管,不得使用或者损毁;造成损失的,应当承担赔偿责任。

对查封的场所、设施或者财物,行政机关可以委托第三人保管,第三人不得损毁或者擅自转移、处置。因第三人的原因造成的损失,行政机关先行赔付后,有权向第三人追偿。

因查封、扣押发生的保管费用由行政机关承担。

第二十七条 行政机关采取查封、扣押措施后,应当及时查清事实,在本法第二十五条规定的期限内作出处理决定。对违法事实清楚,依法应当没收的非法财物予以没收;法律、行政法规规定应当销毁的,依法销毁;应当解除查封、扣押的,作出解除查封、扣押的决定。

第二十八条 有下列情形之一的,行政机关应当及时作出解除查封、扣押决定：

（一）当事人没有违法行为；

（二）查封、扣押的场所、设施或者财物与违法行为无关；

（三）行政机关对违法行为已经作出处理决定，不再需要查封、扣押；

（四）查封、扣押期限已经届满；

（五）其他不再需要采取查封、扣押措施的情形。

解除查封、扣押应当立即退还财物；已将鲜活物品或者其他不易保管的财物拍卖或者变卖的，退还拍卖或者变卖所得款项。变卖价格明显低于市场价格，给当事人造成损失的，应当给予补偿。

第三节 冻　结

第二十九条 冻结存款、汇款应当由法律规定的行政机关实施，不得委托给其他行政机关或者组织；其他任何行政机关或者组织不得冻结存款、汇款。

冻结存款、汇款的数额应当与违法行为涉及的金额相当；已被其他国家机关依法冻结的，不得重复冻结。

第三十条 行政机关依照法律规定决定实施冻结存款、汇款的，应当履行本法第十八条第一项、第二项、第三项、第七项规定的程序，并向金融机构交付冻结通知书。

金融机构接到行政机关依法作出的冻结通知书后，应当立即予以冻结，不得拖延，不得在冻结前向当事人泄露信息。

法律规定以外的行政机关或者组织要求冻结当事人存款、汇款的，金融机构应当拒绝。

第三十一条 依照法律规定冻结存款、汇款的，作出决定的行政机关应当在三日内向当事人交付冻结决定书。冻结决定书应当载明下列事项：

（一）当事人的姓名或者名称、地址；

（二）冻结的理由、依据和期限；

（三）冻结的账号和数额；

（四）申请行政复议或者提起行政诉讼的途径和期限；

（五）行政机关的名称、印章和日期。

第三十二条 自冻结存款、汇款之日起三十日内，行政机关应当作出处理决定或者作出解除冻结决定；情况复杂的，经行政机关负责人批准，可以延长，但是延长期限不得超过三十日。法律另有规定的除外。

延长冻结的决定应当及时书面告知当事人，并说明理由。

第三十三条 有下列情形之一的，行政机关应当及时作出解除冻结决定：

（一）当事人没有违法行为；

（二）冻结的存款、汇款与违法行为无关；

（三）行政机关对违法行为已经作出处理决定，不再需要冻结；

（四）冻结期限已经届满；

（五）其他不再需要采取冻结措施的情形。

行政机关作出解除冻结决定的，应当及时通知金融机构和当事人。金融机构接到通知后，应当立即解除冻结。

行政机关逾期未作出处理决定或者解除冻结决定的，金融机构应当自冻结期满之日起解除冻结。

第四章 行政机关强制执行程序

第一节 一般规定

第三十四条 行政机关依法作出行政决定后，当事人在行政机关决定的期限内不履行义务的，具有行政强制执行权的行政机关依照本章规定强制执行。

第三十五条 行政机关作出强制执行决定前，应当事先催告当事人履行义务。催告应当以书面形式作出，并载明下列事项：

（一）履行义务的期限；

（二）履行义务的方式；

（三）涉及金钱给付的，应当有明确的金额和给付方式；

（四）当事人依法享有的陈述权和申辩权。

第三十六条 当事人收到催告书后有权进行陈述和申辩。行政机关应当充分听取当事人的意见，对当事人提出的事实、理由和证据，应当进行记录、复核。当事人提出的事实、理由或者证据成立的，行政机关应当采纳。

第三十七条 经催告，当事人逾期仍不履行行政决定，且无正当理由的，行政机关可以作出强制执行决定。

强制执行决定应当以书面形式作出,并载明下列事项:

(一) 当事人的姓名或者名称、地址;

(二) 强制执行的理由和依据;

(三) 强制执行的方式和时间;

(四) 申请行政复议或者提起行政诉讼的途径和期限;

(五) 行政机关的名称、印章和日期。

在催告期间,对有证据证明有转移或者隐匿财物迹象的,行政机关可以作出立即强制执行决定。

第三十八条　催告书、行政强制执行决定书应当直接送达当事人。当事人拒绝接收或者无法直接送达当事人的,应当依照《中华人民共和国民事诉讼法》的有关规定送达。

第三十九条　有下列情形之一的,中止执行:

(一) 当事人履行行政决定确有困难或者暂无履行能力的;

(二) 第三人对执行标的主张权利,确有理由的;

(三) 执行可能造成难以弥补的损失,且中止执行不损害公共利益的;

(四) 行政机关认为需要中止执行的其他情形。

中止执行的情形消失后,行政机关应当恢复执行。对没有明显社会危害,当事人确无能力履行,中止执行满三年未恢复执行的,行政机关不再执行。

第四十条　有下列情形之一的,终结执行:

(一) 公民死亡,无遗产可供执行,又无义务承受人的;

(二) 法人或者其他组织终止,无财产可供执行,又无义务承受人的;

(三) 执行标的灭失的;

(四) 据以执行的行政决定被撤销的;

(五) 行政机关认为需要终结执行的其他情形。

第四十一条　在执行中或者执行完毕后,据以执行的行政决定被撤销、变更,或者执行错误的,应当恢复原状或者退还财物;不能恢复原状或者退还财物的,依法给予赔偿。

第四十二条　实施行政强制执行,行政机关可以在不损害公共利益和他人合法权益的情况下,与当事人达成执行协议。执行协议可以约定分阶段履行;当事人采取补救措施的,可以减免加处的罚款或者滞纳金。

执行协议应当履行。当事人不履行执行协议的,行政机关应当恢复强制执行。

第四十三条 行政机关不得在夜间或者法定节假日实施行政强制执行。但是，情况紧急的除外。

行政机关不得对居民生活采取停止供水、供电、供热、供燃气等方式迫使当事人履行相关行政决定。

第四十四条 对违法的建筑物、构筑物、设施等需要强制拆除的，应当由行政机关予以公告，限期当事人自行拆除。当事人在法定期限内不申请行政复议或者提起行政诉讼，又不拆除的，行政机关可以依法强制拆除。

第二节 金钱给付义务的执行

第四十五条 行政机关依法作出金钱给付义务的行政决定，当事人逾期不履行的，行政机关可以依法加处罚款或者滞纳金。加处罚款或者滞纳金的标准应当告知当事人。

加处罚款或者滞纳金的数额不得超出金钱给付义务的数额。

第四十六条 行政机关依照本法第四十五条规定实施加处罚款或者滞纳金超过三十日，经催告当事人仍不履行的，具有行政强制执行权的行政机关可以强制执行。

行政机关实施强制执行前，需要采取查封、扣押、冻结措施的，依照本法第三章规定办理。

没有行政强制执行权的行政机关应当申请人民法院强制执行。但是，当事人在法定期限内不申请行政复议或者提起行政诉讼，经催告仍不履行的，在实施行政管理过程中已经采取查封、扣押措施的行政机关，可以将查封、扣押的财物依法拍卖抵缴罚款。

第四十七条 划拨存款、汇款应当由法律规定的行政机关决定，并书面通知金融机构。金融机构接到行政机关依法作出划拨存款、汇款的决定后，应当立即划拨。

法律规定以外的行政机关或者组织要求划拨当事人存款、汇款的，金融机构应当拒绝。

第四十八条 依法拍卖财物，由行政机关委托拍卖机构依照《中华人民共和国拍卖法》的规定办理。

第四十九条 划拨的存款、汇款以及拍卖和依法处理所得的款项应当上缴国库或者划入财政专户。任何行政机关或者个人不得以任何形式截留、私分或者变相私分。

第三节 代履行

第五十条 行政机关依法作出要求当事人履行排除妨碍、恢复原状等义务的行政决定，当事人逾期不履行，经催告仍不履行，其后果已经或者将危害交通安全、造成环境污染或者破坏自然资源的，行政机关可以代履行，或者委托没有利害关系的第三人代履行。

第五十一条 代履行应当遵守下列规定：

（一）代履行前送达决定书，代履行决定书应当载明当事人的姓名或者名称、地址，代履行的理由和依据、方式和时间、标的、费用预算以及代履行人；

（二）代履行三日前，催告当事人履行，当事人履行的，停止代履行；

（三）代履行时，作出决定的行政机关应当派员到场监督；

（四）代履行完毕，行政机关到场监督的工作人员、代履行人和当事人或者见证人应当在执行文书上签名或者盖章。

代履行的费用按照成本合理确定，由当事人承担。但是，法律另有规定的除外。

代履行不得采用暴力、胁迫以及其他非法方式。

第五十二条 需要立即清除道路、河道、航道或者公共场所的遗洒物、障碍物或者污染物，当事人不能清除的，行政机关可以决定立即实施代履行；当事人不在场的，行政机关应当在事后立即通知当事人，并依法作出处理。

第五章 申请人民法院强制执行

第五十三条 当事人在法定期限内不申请行政复议或者提起行政诉讼，又不履行行政决定的，没有行政强制执行权的行政机关可以自期限届满之日起三个月内，依照本章规定申请人民法院强制执行。

第五十四条 行政机关申请人民法院强制执行前，应当催告当事人履行义务。催告书送达十日后当事人仍未履行义务的，行政机关可以向所在地有管辖权的人民法院申请强制执行；执行对象是不动产的，向不动产所在地有管辖权的人民法院申请强制执行。

第五十五条 行政机关向人民法院申请强制执行，应当提供下列材料：
（一）强制执行申请书；
（二）行政决定书及作出决定的事实、理由和依据；
（三）当事人的意见及行政机关催告情况；
（四）申请强制执行标的情况；
（五）法律、行政法规规定的其他材料。
强制执行申请书应当由行政机关负责人签名，加盖行政机关的印章，并注明日期。

第五十六条 人民法院接到行政机关强制执行的申请，应当在五日内受理。
行政机关对人民法院不予受理的裁定有异议的，可以在十五日内向上一级人民法院申请复议，上一级人民法院应当自收到复议申请之日起十五日内作出是否受理的裁定。

第五十七条 人民法院对行政机关强制执行的申请进行书面审查，对符合本法第五十五条规定，且行政决定具备法定执行效力的，除本法第五十八条规定的情形外，人民法院应当自受理之日起七日内作出执行裁定。

第五十八条 人民法院发现有下列情形之一的，在作出裁定前可以听取被执行人和行政机关的意见：
（一）明显缺乏事实根据的；
（二）明显缺乏法律、法规依据的；
（三）其他明显违法并损害被执行人合法权益的。
人民法院应当自受理之日起三十日内作出是否执行的裁定。裁定不予执行的，应当说明理由，并在五日内将不予执行的裁定送达行政机关。
行政机关对人民法院不予执行的裁定有异议的，可以自收到裁定之日起十五日内向上一级人民法院申请复议，上一级人民法院应当自收到复议申请之日起三十日内作出是否执行的裁定。

第五十九条 因情况紧急，为保障公共安全，行政机关可以申请人民法院立即执行。经人民法院院长批准，人民法院应当自作出执行裁定之日起五日内执行。

第六十条 行政机关申请人民法院强制执行，不缴纳申请费。强制执行的费用由被执行人承担。

人民法院以划拨、拍卖方式强制执行的，可以在划拨、拍卖后将强制执行的费用扣除。

依法拍卖财物，由人民法院委托拍卖机构依照《中华人民共和国拍卖法》的规定办理。

划拨的存款、汇款以及拍卖和依法处理所得的款项应当上缴国库或者划入财政专户，不得以任何形式截留、私分或者变相私分。

第六章 法律责任

第六十一条 行政机关实施行政强制，有下列情形之一的，由上级行政机关或者有关部门责令改正，对直接负责的主管人员和其他直接责任人员依法给予处分：

（一）没有法律、法规依据的；

（二）改变行政强制对象、条件、方式的；

（三）违反法定程序实施行政强制的；

（四）违反本法规定，在夜间或者法定节假日实施行政强制执行的；

（五）对居民生活采取停止供水、供电、供热、供燃气等方式迫使当事人履行相关行政决定的；

（六）有其他违法实施行政强制情形的。

第六十二条 违反本法规定，行政机关有下列情形之一的，由上级行政机关或者有关部门责令改正，对直接负责的主管人员和其他直接责任人员依法给予处分：

（一）扩大查封、扣押、冻结范围的；

（二）使用或者损毁查封、扣押场所、设施或者财物的；

（三）在查封、扣押法定期间不作出处理决定或者未依法及时解除查封、扣押的；

（四）在冻结存款、汇款法定期间不作出处理决定或者未依法及时解除冻结的。

第六十三条 行政机关将查封、扣押的财物或者划拨的存款、汇款以及拍卖和依法处理所得的款项，截留、私分或者变相私分的，由财政部门或者有关部门予以追缴；对直接负责的主管人员和其他直接责任人员依法给予记大过、降级、撤职或者开除的处分。

行政机关工作人员利用职务上的便利,将查封、扣押的场所、设施或者财物据为己有的,由上级行政机关或者有关部门责令改正,依法给予记大过、降级、撤职或者开除的处分。

第六十四条　行政机关及其工作人员利用行政强制权为单位或者个人谋取利益的,由上级行政机关或者有关部门责令改正,对直接负责的主管人员和其他直接责任人员依法给予处分。

第六十五条　违反本法规定,金融机构有下列行为之一的,由金融业监督管理机构责令改正,对直接负责的主管人员和其他直接责任人员依法给予处分:

（一）在冻结前向当事人泄露信息的;
（二）对应当立即冻结、划拨的存款、汇款不冻结或者不划拨,致使存款、汇款转移的;
（三）将不应当冻结、划拨的存款、汇款予以冻结或者划拨的;
（四）未及时解除冻结存款、汇款的。

第六十六条　违反本法规定,金融机构将款项划入国库或者财政专户以外的其他账户的,由金融业监督管理机构责令改正,并处以违法划拨款项二倍的罚款;对直接负责的主管人员和其他直接责任人员依法给予处分。

违反本法规定,行政机关、人民法院指令金融机构将款项划入国库或者财政专户以外的其他账户的,对直接负责的主管人员和其他直接责任人员依法给予处分。

第六十七条　人民法院及其工作人员在强制执行中有违法行为或者扩大强制执行范围的,对直接负责的主管人员和其他直接责任人员依法给予处分。

第六十八条　违反本法规定,给公民、法人或者其他组织造成损失的,依法给予赔偿。

违反本法规定,构成犯罪的,依法追究刑事责任。

第七章　附　　则

第六十九条　本法中十日以内期限的规定是指工作日,不含法定节假日。

第七十条　法律、行政法规授权的具有管理公共事务职能的组织在法定授权范围内,以自己的名义实施行政强制,适用本法有关行政机关的规定。

第七十一条　本法自 2012 年 1 月 1 日起施行。

中华人民共和国国家赔偿法

(1994年5月12日第八届全国人民代表大会常务委员会第七次会议通过 根据2010年4月29日第十一届全国人民代表大会常务委员会第十四次会议《关于修改〈中华人民共和国国家赔偿法〉的决定》第一次修正 根据2012年10月26日第十一届全国人民代表大会常务委员会第二十九次会议《关于修改〈中华人民共和国国家赔偿法〉的决定》第二次修正)

第一章 总 则

第一条 为保障公民、法人和其他组织享有依法取得国家赔偿的权利,促进国家机关依法行使职权,根据宪法,制定本法。

第二条 国家机关和国家机关工作人员行使职权,有本法规定的侵犯公民、法人和其他组织合法权益的情形,造成损害的,受害人有依照本法取得国家赔偿的权利。

本法规定的赔偿义务机关,应当依照本法及时履行赔偿义务。

第二章 行政赔偿

第一节 赔偿范围

第三条 行政机关及其工作人员在行使行政职权时有下列侵犯人身权情形之一的,受害人有取得赔偿的权利:

(一)违法拘留或者违法采取限制公民人身自由的行政强制措施的;

(二)非法拘禁或者以其他方法非法剥夺公民人身自由的;

(三)以殴打、虐待等行为或者唆使、放纵他人以殴打、虐待等行为造成公民身体伤害或者死亡的;

(四)违法使用武器、警械造成公民身体伤害或者死亡的;

(五)造成公民身体伤害或者死亡的其他违法行为。

第四条 行政机关及其工作人员在行使行政职权时有下列侵犯财产权情形之一的,受害人有取得赔偿的权利:

（一）违法实施罚款、吊销许可证和执照、责令停产停业、没收财物等行政处罚的；

（二）违法对财产采取查封、扣押、冻结等行政强制措施的；

（三）违法征收、征用财产的；

（四）造成财产损害的其他违法行为。

第五条 属于下列情形之一的，国家不承担赔偿责任：

（一）行政机关工作人员与行使职权无关的个人行为；

（二）因公民、法人和其他组织自己的行为致使损害发生的；

（三）法律规定的其他情形。

第二节 赔偿请求人和赔偿义务机关

第六条 受害的公民、法人和其他组织有权要求赔偿。

受害的公民死亡，其继承人和其他有扶养关系的亲属有权要求赔偿。

受害的法人或者其他组织终止的，其权利承受人有权要求赔偿。

第七条 行政机关及其工作人员行使行政职权侵犯公民、法人和其他组织的合法权益造成损害的，该行政机关为赔偿义务机关。

两个以上行政机关共同行使行政职权时侵犯公民、法人和其他组织的合法权益造成损害的，共同行使行政职权的行政机关为共同赔偿义务机关。

法律、法规授权的组织在行使授予的行政权力时侵犯公民、法人和其他组织的合法权益造成损害的，被授权的组织为赔偿义务机关。

受行政机关委托的组织或者个人在行使受委托的行政权力时侵犯公民、法人和其他组织的合法权益造成损害的，委托的行政机关为赔偿义务机关。

赔偿义务机关被撤销的，继续行使其职权的行政机关为赔偿义务机关；没有继续行使其职权的行政机关的，撤销该赔偿义务机关的行政机关为赔偿义务机关。

第八条 经复议机关复议的，最初造成侵权行为的行政机关为赔偿义务机关，但复议机关的复议决定加重损害的，复议机关对加重的部分履行赔偿义务。

第三节 赔偿程序

第九条 赔偿义务机关有本法第三条、第四条规定情形之一的，应当给予赔偿。

赔偿请求人要求赔偿，应当先向赔偿义务机关提出，也可以在申请行政复议或者提起行政诉讼时一并提出。

第十条 赔偿请求人可以向共同赔偿义务机关中的任何一个赔偿义务机关要求赔偿，该赔偿义务机关应当先予赔偿。

第十一条 赔偿请求人根据受到的不同损害，可以同时提出数项赔偿要求。

第十二条 要求赔偿应当递交申请书，申请书应当载明下列事项：

（一）受害人的姓名、性别、年龄、工作单位和住所，法人或者其他组织的名称、住所和法定代表人或者主要负责人的姓名、职务；

（二）具体的要求、事实根据和理由；

（三）申请的年、月、日。

赔偿请求人书写申请书确有困难的，可以委托他人代书；也可以口头申请，由赔偿义务机关记入笔录。

赔偿请求人不是受害人本人的，应当说明与受害人的关系，并提供相应证明。

赔偿请求人当面递交申请书的，赔偿义务机关应当当场出具加盖本行政机关专用印章并注明收讫日期的书面凭证。申请材料不齐全的，赔偿义务机关应当当场或者在五日内一次性告知赔偿请求人需要补正的全部内容。

第十三条 赔偿义务机关应当自收到申请之日起两个月内，作出是否赔偿的决定，赔偿义务机关作出赔偿决定，应当充分听取赔偿请求人的意见，并可以与赔偿请求人就赔偿方式、赔偿项目和赔偿数额依照本法第四章的规定进行协商。

赔偿义务机关决定赔偿的，应当制作赔偿决定书，并自作出决定之日起十日内送达赔偿请求人。

赔偿义务机关决定不予赔偿的，应当自作出决定之日起十日内书面通知赔偿请求人，并说明不予赔偿的理由。

第十四条 赔偿义务机关在规定期限内未作出是否赔偿的决定，赔偿请求人可以自期限届满之日起三个月内，向人民法院提起诉讼。

赔偿请求人对赔偿的方式、项目、数额有异议的，或者赔偿义务机关作出不予赔偿决定的，赔偿请求人可以自赔偿义务机关作出赔偿或者不予赔偿决定之日起三个月内,向人民法院提起诉讼。

第十五条 人民法院审理行政赔偿案件,赔偿请求人和赔偿义务机关对自己提出的主张,应当提供证据。

赔偿义务机关采取行政拘留或者限制人身自由的强制措施期间,被限制人身自由的人死亡或者丧失行为能力的,赔偿义务机关的行为与被限制人身自由的人的死亡或者丧失行为能力是否存在因果关系,赔偿义务机关应当提供证据。

第十六条 赔偿义务机关赔偿损失后,应当责令有故意或者重大过失的工作人员或者受委托的组织或者个人承担部分或者全部赔偿费用。

对有故意或者重大过失的责任人员,有关机关应当依法给予处分;构成犯罪的,应当依法追究刑事责任。

第三章 刑事赔偿

第一节 赔偿范围

第十七条 行使侦查、检察、审判职权的机关以及看守所、监狱管理机关及其工作人员在行使职权时有下列侵犯人身权情形之一的,受害人有取得赔偿的权利:

(一)违反刑事诉讼法的规定对公民采取拘留措施的,或者依照刑事诉讼法规定的条件和程序对公民采取拘留措施,但是拘留时间超过刑事诉讼法规定的时限,其后决定撤销案件、不起诉或者判决宣告无罪终止追究刑事责任的;

(二)对公民采取逮捕措施后,决定撤销案件、不起诉或者判决宣告无罪终止追究刑事责任的;

(三)依照审判监督程序再审改判无罪,原判刑罚已经执行的;

(四)刑讯逼供或者以殴打、虐待等行为或者唆使、放纵他人以殴打、虐待等行为造成公民身体伤害或者死亡的;

(五)违法使用武器、警械造成公民身体伤害或者死亡的。

第十八条 行使侦查、检察、审判职权的机关以及看守所、监狱管理机关及其工作人员在行使职权时有下列侵犯财产权情形之一的,受害人有取得赔偿的权利:

（一）违法对财产采取查封、扣押、冻结、追缴等措施的；

（二）依照审判监督程序再审改判无罪，原判罚金、没收财产已经执行的。

第十九条 属于下列情形之一的，国家不承担赔偿责任：

（一）因公民自己故意作虚伪供述，或者伪造其他有罪证据被羁押或者被判处刑罚的；

（二）依照刑法第十七条、第十八条规定不负刑事责任的人被羁押的；

（三）依照刑事诉讼法第十五条、第一百七十三条第二款、第二百七十三条第二款、第二百七十九条规定不追究刑事责任的人被羁押的；

（四）行使侦查、检察、审判职权的机关以及看守所、监狱管理机关的工作人员与行使职权无关的个人行为；

（五）因公民自伤、自残等故意行为致使损害发生的；

（六）法律规定的其他情形。

第二节　赔偿请求人和赔偿义务机关

第二十条 赔偿请求人的确定依照本法第六条的规定。

第二十一条 行使侦查、检察、审判职权的机关以及看守所、监狱管理机关及其工作人员在行使职权时侵犯公民、法人和其他组织的合法权益造成损害的，该机关为赔偿义务机关。

对公民采取拘留措施，依照本法的规定应当给予国家赔偿的，作出拘留决定的机关为赔偿义务机关。

对公民采取逮捕措施后决定撤销案件、不起诉或者判决宣告无罪的，作出逮捕决定的机关为赔偿义务机关。

再审改判无罪的，作出原生效判决的人民法院为赔偿义务机关。二审改判无罪，以及二审发回重审后作无罪处理的，作出一审有罪判决的人民法院为赔偿义务机关。

第三节　赔偿程序

第二十二条 赔偿义务机关有本法第十七条、第十八条规定情形之一的，应当给予赔偿。

赔偿请求人要求赔偿，应当先向赔偿义务机关提出。

赔偿请求人提出赔偿请求，适用本法第十一条、第十二条的规定。

第二十三条 赔偿义务机关应当自收到申请之日起两个月内，作出是否赔偿的决定。赔偿义务机关作出赔偿决定，应当充分听取赔偿请求人的意见，并可以与赔偿请求人就赔偿方式、赔偿项目和赔偿数额依照本法第四章的规定进行协商。

赔偿义务机关决定赔偿的，应当制作赔偿决定书，并自作出决定之日起十日内送达赔偿请求人。

赔偿义务机关决定不予赔偿的，应当自作出决定之日起十日内书面通知赔偿请求人，并说明不予赔偿的理由。

第二十四条 赔偿义务机关在规定期限内未作出是否赔偿的决定，赔偿请求人可以自期限届满之日起三十日内向赔偿义务机关的上一级机关申请复议。

赔偿请求人对赔偿的方式、项目、数额有异议的，或者赔偿义务机关作出不予赔偿决定的，赔偿请求人可以自赔偿义务机关作出赔偿或者不予赔偿决定之日起三十日内，向赔偿义务机关的上一级机关申请复议。

赔偿义务机关是人民法院的，赔偿请求人可以依照本条规定向其上一级人民法院赔偿委员会申请作出赔偿决定。

第二十五条 复议机关应当自收到申请之日起两个月内作出决定。

赔偿请求人不服复议决定的，可以在收到复议决定之日起三十日内向复议机关所在地的同级人民法院赔偿委员会申请作出赔偿决定；复议机关逾期不作决定的，赔偿请求人可以自期限届满之日起三十日内向复议机关所在地的同级人民法院赔偿委员会申请作出赔偿决定。

第二十六条 人民法院赔偿委员会处理赔偿请求，赔偿请求人和赔偿义务机关对自己提出的主张，应当提供证据。

被羁押人在羁押期间死亡或者丧失行为能力的，赔偿义务机关的行为与被羁押人的死亡或者丧失行为能力是否存在因果关系，赔偿义务机关应当提供证据。

第二十七条 人民法院赔偿委员会处理赔偿请求，采取书面审查的办法。必要时，可以向有关单位和人员调查情况、收集证据。赔偿请求人与赔偿义务机关对损害事实及因果关系有争议的，赔偿委员会可以听取赔偿请求人和赔偿义务机关的陈述和申辩，并可以进行质证。

第二十八条　人民法院赔偿委员会应当自收到赔偿申请之日起三个月内作出决定；属于疑难、复杂、重大案件的，经本院院长批准，可以延长三个月。

第二十九条　中级以上的人民法院设立赔偿委员会，由人民法院三名以上审判员组成，组成人员的人数应当为单数。

赔偿委员会作赔偿决定，实行少数服从多数的原则。

赔偿委员会作出的赔偿决定，是发生法律效力的决定，必须执行。

第三十条　赔偿请求人或者赔偿义务机关对赔偿委员会作出的决定，认为确有错误的，可以向上一级人民法院赔偿委员会提出申诉。

赔偿委员会作出的赔偿决定生效后，如发现赔偿决定违反本法规定的，经本院院长决定或者上级人民法院指令，赔偿委员会应当在两个月内重新审查并依法作出决定，上一级人民法院赔偿委员会也可以直接审查并作出决定。

最高人民检察院对各级人民法院赔偿委员会作出的决定，上级人民检察院对下级人民法院赔偿委员会作出的决定，发现违反本法规定的，应当向同级人民法院赔偿委员会提出意见，同级人民法院赔偿委员会应当在两个月内重新审查并依法作出决定。

第三十一条　赔偿义务机关赔偿后，应当向有下列情形之一的工作人员追偿部分或者全部赔偿费用：

（一）有本法第十七条第四项、第五项规定情形的；

（二）在处理案件中有贪污受贿，徇私舞弊，枉法裁判行为的。

对有前款规定情形的责任人员，有关机关应当依法给予处分；构成犯罪的，应当依法追究刑事责任。

第四章　赔偿方式和计算标准

第三十二条　国家赔偿以支付赔偿金为主要方式。

能够返还财产或者恢复原状的，予以返还财产或者恢复原状。

第三十三条　侵犯公民人身自由的，每日赔偿金按照国家上年度职工日平均工资计算。

第三十四条　侵犯公民生命健康权的，赔偿金按照下列规定计算：

（一）造成身体伤害的，应当支付医疗费、护理费，以及赔偿因误工减少的收入。减少的收入每日的赔偿金按照国家上年度职工日平均工资计算，最

高额为国家上年度职工年平均工资的五倍;

（二）造成部分或者全部丧失劳动能力的，应当支付医疗费、护理费、残疾生活辅助具费、康复费等因残疾而增加的必要支出和继续治疗所必需的费用，以及残疾赔偿金。残疾赔偿金根据丧失劳动能力的程度，按照国家规定的伤残等级确定，最高不超过国家上年度职工年平均工资的二十倍。造成全部丧失劳动能力的，对其扶养的无劳动能力的人，还应当支付生活费;

（三）造成死亡的，应当支付死亡赔偿金、丧葬费，总额为国家上年度职工年平均工资的二十倍。对死者生前扶养的无劳动能力的人，还应当支付生活费。

前款第二项、第三项规定的生活费的发放标准，参照当地最低生活保障标准执行。被扶养的人是未成年人的，生活费给付至十八周岁止;其他无劳动能力的人，生活费给付至死亡时止。

第三十五条 有本法第三条或者第十七条规定情形之一，致人精神损害的，应当在侵权行为影响的范围内，为受害人消除影响，恢复名誉，赔礼道歉;造成严重后果的，应当支付相应的精神损害抚慰金。

第三十六条 侵犯公民、法人和其他组织的财产权造成损害的，按照下列规定处理：

（一）处罚款、罚金、追缴、没收财产或者违法征收、征用财产的，返还财产;

（二）查封、扣押、冻结财产的，解除对财产的查封、扣押、冻结，造成财产损坏或者灭失的，依照本条第三项、第四项的规定赔偿;

（三）应当返还的财产损坏的，能够恢复原状的恢复原状，不能恢复原状的，按照损害程度给付相应的赔偿金;

（四）应当返还的财产灭失的，给付相应的赔偿金;

（五）财产已经拍卖或者变卖的，给付拍卖或者变卖所得的价款;变卖的价款明显低于财产价值的，应当支付相应的赔偿金;

（六）吊销许可证和执照、责令停产停业的，赔偿停产停业期间必要的经常性费用开支;

（七）返还执行的罚款或者罚金、追缴或者没收的金钱，解除冻结的存款或者汇款的，应当支付银行同期存款利息;

（八）对财产权造成其他损害的，按照直接损失给予赔偿。

第三十七条 赔偿费用列入各级财政预算。

赔偿请求人凭生效的判决书、复议决定书、赔偿决定书或者调解书，向赔偿义务机关申请支付赔偿金。

赔偿义务机关应当自收到支付赔偿金申请之日起七日内，依照预算管理权限向有关的财政部门提出支付申请，财政部门应当自收到支付申请之日起十五日内支付赔偿金。

赔偿费用预算与支付管理的具体办法由国务院规定。

第五章 其他规定

第三十八条 人民法院在民事诉讼、行政诉讼过程中，违法采取对妨害诉讼的强制措施、保全措施或者对判决、裁定及其他生效法律文书执行错误，造成损害的，赔偿请求人要求赔偿的程序，适用本法刑事赔偿程序的规定。

第三十九条 赔偿请求人请求国家赔偿的时效为两年，自其知道或者应当知道国家机关及其工作人员行使职权时的行为侵犯其人身权、财产权之日起计算，但被羁押等限制人身自由期间不计算在内。在申请行政复议或者提起行政诉讼时一并提出赔偿请求的，适用行政复议法、行政诉讼法有关时效的规定。

赔偿请求人在赔偿请求时效的最后六个月内，因不可抗力或者其他障碍不能行使请求权的，时效中止。从中止时效的原因消除之日起，赔偿请求时效期间继续计算。

第四十条 外国人、外国企业和组织在中华人民共和国领域内要求中华人民共和国国家赔偿的，适用本法。

外国人、外国企业和组织的所属国对中华人民共和国公民、法人和其他组织要求该国国家赔偿的权利不予保护或者限制的，中华人民共和国与该外国人、外国企业和组织的所属国实行对等原则。

第六章 附 则

第四十一条 赔偿请求人要求国家赔偿的，赔偿义务机关、复议机关和人民法院不得向赔偿请求人收取任何费用。

对赔偿请求人取得的赔偿金不予征税。

第四十二条 本法自1995年1月1日起施行。

最高人民法院关于审理行政赔偿案件若干问题的规定

(2021年12月6日最高人民法院审判委员会第1855次会议通过,自2022年5月1日起施行)

为保护公民、法人和其他组织的合法权益,监督行政机关依法履行行政赔偿义务,确保人民法院公正、及时审理行政赔偿案件,实质化解行政赔偿争议,根据《中华人民共和国行政诉讼法》(以下简称行政诉讼法)《中华人民共和国国家赔偿法》(以下简称国家赔偿法)等法律规定,结合行政审判工作实际,制定本规定。

一、受案范围

第一条 国家赔偿法第三条、第四条规定的"其他违法行为"包括以下情形:

(一)不履行法定职责行为;

(二)行政机关及其工作人员在履行行政职责过程中作出的不产生法律效果,但事实上损害公民、法人或者其他组织人身权、财产权等合法权益的行为。

第二条 依据行政诉讼法第一条、第十二条第一款第十二项和国家赔偿法第二条规定,公民、法人或者其他组织认为行政机关及其工作人员违法行使行政职权对其劳动权、相邻权等合法权益造成人身、财产损害的,可以依法提起行政赔偿诉讼。

第三条 赔偿请求人不服赔偿义务机关下列行为的,可以依法提起行政赔偿诉讼:

(一)确定赔偿方式、项目、数额的行政赔偿决定;

(二)不予赔偿决定;

(三)逾期不作出赔偿决定;

(四)其他有关行政赔偿的行为。

第四条 法律规定由行政机关最终裁决的行政行为被确认违法后，赔偿请求人可以单独提起行政赔偿诉讼。

第五条 公民、法人或者其他组织认为国防、外交等国家行为或者行政机关制定发布行政法规、规章或者具有普遍约束力的决定、命令侵犯其合法权益造成损害，向人民法院提起行政赔偿诉讼的，不属于人民法院行政赔偿诉讼的受案范围。

二、诉讼当事人

第六条 公民、法人或者其他组织一并提起行政赔偿诉讼中的当事人地位，按照其在行政诉讼中的地位确定，行政诉讼与行政赔偿诉讼当事人不一致的除外。

第七条 受害的公民死亡，其继承人和其他有扶养关系的人可以提起行政赔偿诉讼，并提供该公民死亡证明、赔偿请求人与死亡公民之间的关系证明。

受害的公民死亡，支付受害公民医疗费、丧葬费等合理费用的人可以依法提起行政赔偿诉讼。

有权提起行政赔偿诉讼的法人或者其他组织分立、合并、终止，承受其权利的法人或者其他组织可以依法提起行政赔偿诉讼。

第八条 两个以上行政机关共同实施侵权行政行为造成损害的，共同侵权行政机关为共同被告。赔偿请求人坚持对其中一个或者几个侵权机关提起行政赔偿诉讼，以被起诉的机关为被告，未被起诉的机关追加为第三人。

第九条 原行政行为造成赔偿请求人损害，复议决定加重损害的，复议机关与原行政行为机关为共同被告。赔偿请求人坚持对作出原行政行为机关或者复议机关提起行政赔偿诉讼，以被起诉的机关为被告，未被起诉的机关追加为第三人。

第十条 行政机关依据行政诉讼法第九十七条的规定申请人民法院强制执行其行政行为，因据以强制执行的行政行为违法而发生行政赔偿诉讼的，申请强制执行的行政机关为被告。

三、证据

第十一条 行政赔偿诉讼中，原告应当对行政行为造成的损害提供证据；

因被告的原因导致原告无法举证的，由被告承担举证责任。

人民法院对于原告主张的生产和生活所必需物品的合理损失，应当予以支持；对于原告提出的超出生产和生活所必需的其他贵重物品、现金损失，可以结合案件相关证据予以认定。

第十二条 原告主张其被限制人身自由期间受到身体伤害，被告否认相关损害事实或者损害与违法行政行为存在因果关系的，被告应当提供相应的证据证明。

四、起诉与受理

第十三条 行政行为未被确认为违法，公民、法人或者其他组织提起行政赔偿诉讼的，人民法院应当视为提起行政诉讼时一并提起行政赔偿诉讼。

行政行为已被确认为违法，并符合下列条件的，公民、法人或者其他组织可以单独提起行政赔偿诉讼：

（一）原告具有行政赔偿请求资格；

（二）有明确的被告；

（三）有具体的赔偿请求和受损害的事实根据；

（四）赔偿义务机关已先行处理或者超过法定期限不予处理；

（五）属于人民法院行政赔偿诉讼的受案范围和受诉人民法院管辖；

（六）在法律规定的起诉期限内提起诉讼。

第十四条 原告提起行政诉讼时未一并提起行政赔偿诉讼，人民法院审查认为可能存在行政赔偿的，应当告知原告可以一并提起行政赔偿诉讼。

原告在第一审庭审终结前提起行政赔偿诉讼，符合起诉条件的，人民法院应当依法受理；原告在第一审庭审终结后、宣判前提起行政赔偿诉讼的，是否准许由人民法院决定。

原告在第二审程序或者再审程序中提出行政赔偿请求的，人民法院可以组织各方调解；调解不成的，告知其另行起诉。

第十五条 公民、法人或者其他组织应当自知道或者应当知道行政行为侵犯其合法权益之日起两年内，向赔偿义务机关申请行政赔偿。赔偿义务机关在收到赔偿申请之日起两个月内未作出赔偿决定的，公民、法人或者其他组织可以依照行政诉讼法有关规定提起行政赔偿诉讼。

第十六条 公民、法人或者其他组织提起行政诉讼时一并请求行政赔偿的,适用行政诉讼法有关起诉期限的规定。

第十七条 公民、法人或者其他组织仅对行政复议决定中的行政赔偿部分有异议,自复议决定书送达之日起十五日内提起行政赔偿诉讼的,人民法院应当依法受理。

行政机关作出有赔偿内容的行政复议决定时,未告知公民、法人或者其他组织起诉期限的,起诉期限从公民、法人或者其他组织知道或者应当知道起诉期限之日起计算,但从知道或者应当知道行政复议决定内容之日起最长不得超过一年。

第十八条 行政行为被有权机关依照法定程序撤销、变更、确认违法或无效,或者实施行政行为的行政机关工作人员因该行为被生效法律文书或监察机关政务处分确认为渎职、滥用职权的,属于本规定所称的行政行为被确认为违法的情形。

第十九条 公民、法人或者其他组织一并提起行政赔偿诉讼,人民法院经审查认为行政诉讼不符合起诉条件的,对一并提起的行政赔偿诉讼,裁定不予立案;已经立案的,裁定驳回起诉。

第二十条 在涉及行政许可、登记、征收、征用和行政机关对民事争议所作的裁决的行政案件中,原告提起行政赔偿诉讼的同时,有关当事人申请一并解决相关民事争议的,人民法院可以一并审理。

五、审理和判决

第二十一条 两个以上行政机关共同实施违法行政行为,或者行政机关及其工作人员与第三人恶意串通作出的违法行政行为,造成公民、法人或者其他组织人身权、财产权等合法权益实际损害的,应当承担连带赔偿责任。

一方承担连带赔偿责任后,对于超出其应当承担部分,可以向其他连带责任人追偿。

第二十二条 两个以上行政机关分别实施违法行政行为造成同一损害,每个行政机关的违法行为都足以造成全部损害的,各个行政机关承担连带赔偿责任。

两个以上行政机关分别实施违法行政行为造成同一损害的,人民法院应当根据其违法行政行为在损害发生和结果中的作用大小,确定各自承担相应的行政赔偿责任;难以确定责任大小的,平均承担责任。

第二十三条 由于第三人提供虚假材料,导致行政机关作出的行政行为违法,造成公民、法人或者其他组织损害的,人民法院应当根据违法行政行为在损害发生和结果中的作用大小,确定行政机关承担相应的行政赔偿责任;行政机关已经尽到审慎审查义务的,不承担行政赔偿责任。

第二十四条 由于第三人行为造成公民、法人或者其他组织损害的,应当由第三人依法承担侵权赔偿责任;第三人赔偿不足、无力承担赔偿责任或者下落不明,行政机关又未尽保护、监管、救助等法定义务的,人民法院应当根据行政机关未尽法定义务在损害发生和结果中的作用大小,确定其承担相应的行政赔偿责任。

第二十五条 由于不可抗力等客观原因造成公民、法人或者其他组织损害,行政机关不依法履行、拖延履行法定义务导致未能及时止损或者损害扩大的,人民法院应当根据行政机关不依法履行、拖延履行法定义务行为在损害发生和结果中的作用大小,确定其承担相应的行政赔偿责任。

第二十六条 有下列情形之一的,属于国家赔偿法第三十五条规定的"造成严重后果":

(一)受害人被非法限制人身自由超过六个月;

(二)受害人经鉴定为轻伤以上或者残疾;

(三)受害人经诊断、鉴定为精神障碍或者精神残疾,且与违法行政行为存在关联;

(四)受害人名誉、荣誉、家庭、职业、教育等方面遭受严重损害,且与违法行政行为存在关联。

有下列情形之一的,可以认定为后果特别严重:

(一)受害人被限制人身自由十年以上;

(二)受害人死亡;

(三)受害人经鉴定为重伤或者残疾一至四级,且生活不能自理;

(四)受害人经诊断、鉴定为严重精神障碍或者精神残疾一至二级,生活不能自理,且与违法行政行为存在关联。

第二十七条 违法行政行为造成公民、法人或者其他组织财产损害,不能返还财产或者恢复原状的,按照损害发生时该财产的市场价格计算损失。市场价格无法确定,或者该价格不足以弥补公民、法人或者其他组织损失的,可以采用其他合理方式计算。

违法征收征用土地、房屋，人民法院判决给予被征收人的行政赔偿，不得少于被征收人依法应当获得的安置补偿权益。

第二十八条　下列损失属于国家赔偿法第三十六条第六项规定的"停产停业期间必要的经常性费用开支"：

（一）必要留守职工的工资；

（二）必须缴纳的税款、社会保险费；

（三）应当缴纳的水电费、保管费、仓储费、承包费；

（四）合理的房屋场地租金、设备租金、设备折旧费；

（五）维系停产停业期间运营所需的其他基本开支。

第二十九条　下列损失属于国家赔偿法第三十六条第八项规定的"直接损失"：

（一）存款利息、贷款利息、现金利息；

（二）机动车停运期间的营运损失；

（三）通过行政补偿程序依法应当获得的奖励、补贴等；

（四）对财产造成的其他实际损失。

第三十条　被告有国家赔偿法第三条规定情形之一，致人精神损害的，人民法院应当判决其在违法行政行为影响的范围内，为受害人消除影响、恢复名誉、赔礼道歉；消除影响、恢复名誉和赔礼道歉的履行方式，可以双方协商，协商不成的，人民法院应当责令被告以适当的方式履行。造成严重后果的，应当判决支付相应的精神损害抚慰金。

第三十一条　人民法院经过审理认为被告对公民、法人或者其他组织造成财产损害的，判决被告限期返还财产、恢复原状；无法返还财产、恢复原状的，判决被告限期支付赔偿金和相应的利息损失。

人民法院审理行政赔偿案件，可以对行政机关赔偿的方式、项目、标准等予以明确，赔偿内容确定的，应当作出具有赔偿金额等给付内容的判决；行政赔偿决定对赔偿数额的确定确有错误的，人民法院判决予以变更。

第三十二条　有下列情形之一的，人民法院判决驳回原告的行政赔偿请求：

（一）原告主张的损害没有事实根据的；

（二）原告主张的损害与违法行政行为没有因果关系的；

（三）原告的损失已经通过行政补偿等其他途径获得充分救济的；

（四）原告请求行政赔偿的理由不能成立的其他情形。

六、其他

第三十三条 本规定自 2022 年 5 月 1 日起施行。《最高人民法院关于审理行政赔偿案件若干问题的规定》（法发〔1997〕10 号）同时废止。

本规定实施前本院发布的司法解释与本规定不一致的，以本规定为准。

最高人民法院关于审理
行政协议案件若干问题的规定

(2019年11月12日最高人民法院审判委员会第1781次会议通过,自2020年1月1日起施行)

为依法公正、及时审理行政协议案件,根据《中华人民共和国行政诉讼法》等法律的规定,结合行政审判工作实际,制定本规定。

第一条 行政机关为了实现行政管理或者公共服务目标,与公民、法人或者其他组织协商订立的具有行政法上权利义务内容的协议,属于行政诉讼法第十二条第一款第十一项规定的行政协议。

第二条 公民、法人或者其他组织就下列行政协议提起行政诉讼的,人民法院应当依法受理:

(一)政府特许经营协议;

(二)土地、房屋等征收征用补偿协议;

(三)矿业权等国有自然资源使用权出让协议;

(四)政府投资的保障性住房的租赁、买卖等协议;

(五)符合本规定第一条规定的政府与社会资本合作协议;

(六)其他行政协议。

第三条 因行政机关订立的下列协议提起诉讼的,不属于人民法院行政诉讼的受案范围:

(一)行政机关之间因公务协助等事由而订立的协议;

(二)行政机关与其工作人员订立的劳动人事协议。

第四条 因行政协议的订立、履行、变更、终止等发生纠纷,公民、法人或者其他组织作为原告,以行政机关为被告提起行政诉讼的,人民法院应当依法受理。

因行政机关委托的组织订立的行政协议发生纠纷的,委托的行政机关是被告。

第五条 下列与行政协议有利害关系的公民、法人或者其他组织提起行

政诉讼的,人民法院应当依法受理:

(一)参与招标、拍卖、挂牌等竞争性活动,认为行政机关应当依法与其订立行政协议但行政机关拒绝订立,或者认为行政机关与他人订立行政协议损害其合法权益的公民、法人或者其他组织;

(二)认为征收征用补偿协议损害其合法权益的被征收征用土地、房屋等不动产的用益物权人、公房承租人;

(三)其他认为行政协议的订立、履行、变更、终止等行为损害其合法权益的公民、法人或者其他组织。

第六条 人民法院受理行政协议案件后,被告就该协议的订立、履行、变更、终止等提起反诉的,人民法院不予准许。

第七条 当事人书面协议约定选择被告所在地、原告所在地、协议履行地、协议订立地、标的物所在地等与争议有实际联系地点的人民法院管辖的,人民法院从其约定,但违反级别管辖和专属管辖的除外。

第八条 公民、法人或者其他组织向人民法院提起民事诉讼,生效法律文书以涉案协议属于行政协议为由裁定不予立案或者驳回起诉,当事人又提起行政诉讼的,人民法院应当依法受理。

第九条 在行政协议案件中,行政诉讼法第四十九条第三项规定的"有具体的诉讼请求"是指:

(一)请求判决撤销行政机关变更、解除行政协议的行政行为,或者确认该行政行为违法;

(二)请求判决行政机关依法履行或者按照行政协议约定履行义务;

(三)请求判决确认行政协议的效力;

(四)请求判决行政机关依法或者按照约定订立行政协议;

(五)请求判决撤销、解除行政协议;

(六)请求判决行政机关赔偿或者补偿;

(七)其他有关行政协议的订立、履行、变更、终止等诉讼请求。

第十条 被告对于自己具有法定职权、履行法定程序、履行相应法定职责以及订立、履行、变更、解除行政协议等行为的合法性承担举证责任。

原告主张撤销、解除行政协议的,对撤销、解除行政协议的事由承担举证责任。

对行政协议是否履行发生争议的,由负有履行义务的当事人承担举证责任。

第十一条 人民法院审理行政协议案件，应当对被告订立、履行、变更、解除行政协议的行为是否具有法定职权、是否滥用职权、适用法律法规是否正确、是否遵守法定程序、是否明显不当、是否履行相应法定职责进行合法性审查。

原告认为被告未依法或者未按照约定履行行政协议的，人民法院应当针对其诉讼请求，对被告是否具有相应义务或者履行相应义务等进行审查。

第十二条 行政协议存在行政诉讼法第七十五条规定的重大且明显违法情形的，人民法院应当确认行政协议无效。

人民法院可以适用民事法律规范确认行政协议无效。

行政协议无效的原因在一审法庭辩论终结前消除的，人民法院可以确认行政协议有效。

第十三条 法律、行政法规规定应当经过其他机关批准等程序后生效的行政协议，在一审法庭辩论终结前未获得批准的，人民法院应当确认该协议未生效。

行政协议约定被告负有履行批准程序等义务而被告未履行，原告要求被告承担赔偿责任的，人民法院应予支持。

第十四条 原告认为行政协议存在胁迫、欺诈、重大误解、显失公平等情形而请求撤销，人民法院经审理认为符合法律规定可撤销情形的，可以依法判决撤销该协议。

第十五条 行政协议无效、被撤销或者确定不发生效力后，当事人因行政协议取得的财产，人民法院应当判决予以返还；不能返还的，判决折价补偿。

因被告的原因导致行政协议被确认无效或者被撤销，可以同时判决责令被告采取补救措施；给原告造成损失的，人民法院应当判决被告予以赔偿。

第十六条 在履行行政协议过程中，可能出现严重损害国家利益、社会公共利益的情形，被告作出变更、解除协议的行政行为后，原告请求撤销该行为，人民法院经审理认为该行为合法的，判决驳回原告诉讼请求；给原告造成损失的，判决被告予以补偿。

被告变更、解除行政协议的行政行为存在行政诉讼法第七十条规定情形的，人民法院判决撤销或者部分撤销，并可以责令被告重新作出行政行为。

被告变更、解除行政协议的行政行为违法，人民法院可以依据行政诉讼法第七十八条的规定判决被告继续履行协议、采取补救措施；给原告造成损失的，判决被告予以赔偿。

第十七条 原告请求解除行政协议，人民法院认为符合约定或者法定解除情形且不损害国家利益、社会公共利益和他人合法权益的，可以判决解除该协议。

第十八条 当事人依据民事法律规范的规定行使履行抗辩权的，人民法院应予支持。

第十九条 被告未依法履行、未按照约定履行行政协议，人民法院可以依据行政诉讼法第七十八条的规定，结合原告诉讼请求，判决被告继续履行，并明确继续履行的具体内容；被告无法履行或者继续履行无实际意义的，人民法院可以判决被告采取相应的补救措施；给原告造成损失的，判决被告予以赔偿。

原告要求按照约定的违约金条款或者定金条款予以赔偿的，人民法院应予支持。

第二十条 被告明确表示或者以自己的行为表明不履行行政协议，原告在履行期限届满之前向人民法院起诉请求其承担违约责任的，人民法院应予支持。

第二十一条 被告或者其他行政机关因国家利益、社会公共利益的需要依法行使行政职权，导致原告履行不能、履行费用明显增加或者遭受损失，原告请求判令被告给予补偿的，人民法院应予支持。

第二十二条 原告以被告违约为由请求人民法院判令其承担违约责任，人民法院经审理认为行政协议无效的，应当向原告释明，并根据原告变更后的诉讼请求判决确认行政协议无效；因被告的行为造成行政协议无效的，人民法院可以依法判决被告承担赔偿责任。原告经释明后拒绝变更诉讼请求的，人民法院可以判决驳回其诉讼请求。

第二十三条 人民法院审理行政协议案件，可以依法进行调解。

人民法院进行调解时，应当遵循自愿、合法原则，不得损害国家利益、社会公共利益和他人合法权益。

第二十四条 公民、法人或者其他组织未按照行政协议约定履行义务，经催告后不履行，行政机关可以作出要求其履行协议的书面决定。公民、法人或者其他组织收到书面决定后在法定期限内未申请行政复议或者提起行政诉讼，且仍不履行，协议内容具有可执行性的，行政机关可以向人民法院申请强制执行。

法律、行政法规规定行政机关对行政协议享有监督协议履行的职权，公民、法人或者其他组织未按照约定履行义务，经催告后不履行，行政机关可以依法作出处理决定。公民、法人或者其他组织在收到该处理决定后在法定期限内未申请行政复议或者提起行政诉讼，且仍不履行，协议内容具有可执行性的，行政机关可以向人民法院申请强制执行。

第二十五条　公民、法人或者其他组织对行政机关不依法履行、未按照约定履行行政协议提起诉讼的，诉讼时效参照民事法律规范确定；对行政机关变更、解除行政协议等行政行为提起诉讼的，起诉期限依照行政诉讼法及其司法解释确定。

第二十六条　行政协议约定仲裁条款的，人民法院应当确认该条款无效，但法律、行政法规或者我国缔结、参加的国际条约另有规定的除外。

第二十七条　人民法院审理行政协议案件，应当适用行政诉讼法的规定；行政诉讼法没有规定的，参照适用民事诉讼法的规定。

人民法院审理行政协议案件，可以参照适用民事法律规范关于民事合同的相关规定。

第二十八条　2015年5月1日后订立的行政协议发生纠纷的，适用行政诉讼法及本规定。

2015年5月1日前订立的行政协议发生纠纷的，适用当时的法律、行政法规及司法解释。

第二十九条　本规定自2020年1月1日起施行。最高人民法院以前发布的司法解释与本规定不一致的，适用本规定。

最高人民法院关于办理申请人民法院强制执行国有土地上房屋征收补偿决定案件若干问题的规定

(2012年2月27日通过，2012年4月10日起施行)

为依法正确办理市、县级人民政府申请人民法院强制执行国有土地上房屋征收补偿决定（以下简称征收补偿决定）案件，维护公共利益，保障被征收房屋所有权人的合法权益，根据《中华人民共和国行政诉讼法》《中华人民共和国行政强制法》《国有土地上房屋征收与补偿条例》（以下简称《条例》）等有关法律、行政法规规定，结合审判实际，制定本规定。

第一条 申请人民法院强制执行征收补偿决定案件，由房屋所在地基层人民法院管辖，高级人民法院可以根据本地实际情况决定管辖法院。

第二条 申请机关向人民法院申请强制执行，除提供《条例》第二十八条规定的强制执行申请书及附具材料外，还应当提供下列材料：

（一）征收补偿决定及相关证据和所依据的规范性文件；

（二）征收补偿决定送达凭证、催告情况及房屋被征收人、直接利害关系人的意见；

（三）社会稳定风险评估材料；

（四）申请强制执行的房屋状况；

（五）被执行人的姓名或者名称、住址及与强制执行相关的财产状况等具体情况；

（六）法律、行政法规规定应当提交的其他材料。

强制执行申请书应当由申请机关负责人签名，加盖申请机关印章，并注明日期。

强制执行的申请应当自被执行人的法定起诉期限届满之日起三个月内提出；逾期申请的，除有正当理由外，人民法院不予受理。

第三条 人民法院认为强制执行的申请符合形式要件且材料齐全的，应当在接到申请后五日内立案受理，并通知申请机关；不符合形式要件或者材料不全的应当限期补正，并在最终补正的材料提供后五日内立案受理；不符合形式要件或者逾期无正当理由不补正材料的，裁定不予受理。

申请机关对不予受理的裁定有异议的，可以自收到裁定之日起十五日内向上一级人民法院申请复议，上一级人民法院应当自收到复议申请之日起十五日内作出裁定。

第四条　人民法院应当自立案之日起三十日内作出是否准予执行的裁定；有特殊情况需要延长审查期限的，由高级人民法院批准。

第五条　人民法院在审查期间，可以根据需要调取相关证据、询问当事人、组织听证或者进行现场调查。

第六条　征收补偿决定存在下列情形之一的，人民法院应当裁定不准予执行：

（一）明显缺乏事实根据；

（二）明显缺乏法律、法规依据；

（三）明显不符合公平补偿原则，严重损害被执行人合法权益，或者使被执行人基本生活、生产经营条件没有保障；

（四）明显违反行政目的，严重损害公共利益；

（五）严重违反法定程序或者正当程序；

（六）超越职权；

（七）法律、法规、规章等规定的其他不宜强制执行的情形。

人民法院裁定不准予执行的，应当说明理由，并在五日内将裁定送达申请机关。

第七条　申请机关对不准予执行的裁定有异议的，可以自收到裁定之日起十五日内向上一级人民法院申请复议，上一级人民法院应当自收到复议申请之日起三十日内作出裁定。

第八条　人民法院裁定准予执行的，应当在五日内将裁定送达申请机关和被执行人，并可以根据实际情况建议申请机关依法采取必要措施，保障征收与补偿活动顺利实施。

第九条　人民法院裁定准予执行的，一般由作出征收补偿决定的市、县级人民政府组织实施，也可以由人民法院执行。

第十条　《条例》施行前已依法取得房屋拆迁许可证的项目，人民法院裁定准予执行房屋拆迁裁决的，参照本规定第九条精神办理。

第十一条　最高人民法院以前所作的司法解释与本规定不一致的，按本规定执行。

国有土地上房屋征收评估办法

(2011年6月3日公布,自公布之日起施行)

第一条 为规范国有土地上房屋征收评估活动,保证房屋征收评估结果客观公平,根据《国有土地上房屋征收与补偿条例》,制定本办法。

第二条 评估国有土地上被征收房屋和用于产权调换房屋的价值,测算被征收房屋类似房地产的市场价格,以及对相关评估结果进行复核评估和鉴定,适用本办法。

第三条 房地产价格评估机构、房地产估价师、房地产价格评估专家委员会(以下称评估专家委员会)成员应当独立、客观、公正地开展房屋征收评估、鉴定工作,并对出具的评估、鉴定意见负责。

任何单位和个人不得干预房屋征收评估、鉴定活动。与房屋征收当事人有利害关系的,应当回避。

第四条 房地产价格评估机构由被征收人在规定时间内协商选定;在规定时间内协商不成的,由房屋征收部门通过组织被征收人按照少数服从多数的原则投票决定,或者采取摇号、抽签等随机方式确定。具体办法由省、自治区、直辖市制定。

房地产价格评估机构不得采取迎合征收当事人不当要求、虚假宣传、恶意低收费等不正当手段承揽房屋征收评估业务。

第五条 同一征收项目的房屋征收评估工作,原则上由一家房地产价格评估机构承担。房屋征收范围较大的,可以由两家以上房地产价格评估机构共同承担。

两家以上房地产价格评估机构承担的,应当共同协商确定一家房地产价格评估机构为牵头单位;牵头单位应当组织相关房地产价格评估机构就评估对象、评估时点、价值内涵、评估依据、评估假设、评估原则、评估技术路线、评估方法、重要参数选取、评估结果确定方式等进行沟通,统一标准。

第六条 房地产价格评估机构选定或者确定后,一般由房屋征收部门作为委托人,向房地产价格评估机构出具房屋征收评估委托书,并与其签订房屋征收评估委托合同。

房屋征收评估委托书应当载明委托人的名称、委托的房地产价格评估机构的名称、评估目的、评估对象范围、评估要求以及委托日期等内容。

房屋征收评估委托合同应当载明下列事项：

（一）委托人和房地产价格评估机构的基本情况；

（二）负责本评估项目的注册房地产估价师；

（三）评估目的、评估对象、评估时点等评估基本事项；

（四）委托人应提供的评估所需资料；

（五）评估过程中双方的权利和义务；

（六）评估费用及收取方式；

（七）评估报告交付时间、方式；

（八）违约责任；

（九）解决争议的方法；

（十）其他需要载明的事项。

第七条 房地产价格评估机构应当指派与房屋征收评估项目工作量相适应的足够数量的注册房地产估价师开展评估工作。

房地产价格评估机构不得转让或者变相转让受托的房屋征收评估业务。

第八条 被征收房屋价值评估目的应当表述为"为房屋征收部门与被征收人确定被征收房屋价值的补偿提供依据，评估被征收房屋的价值"。

用于产权调换房屋价值评估目的应当表述为"为房屋征收部门与被征收人计算被征收房屋价值与用于产权调换房屋价值的差价提供依据，评估用于产权调换房屋的价值"。

第九条 房屋征收评估前，房屋征收部门应当组织有关单位对被征收房屋情况进行调查，明确评估对象。评估对象应当全面、客观，不得遗漏、虚构。

房屋征收部门应当向受托的房地产价格评估机构提供征收范围内房屋情况，包括已经登记的房屋情况和未经登记建筑的认定、处理结果情况。调查结果应当在房屋征收范围内向被征收人公布。

对于已经登记的房屋，其性质、用途和建筑面积，一般以房屋权属证书和房屋登记簿的记载为准；房屋权属证书与房屋登记簿的记载不一致的，除有证据证明房屋登记簿确有错误外，以房屋登记簿为准。对于未经登记的建筑，应当按照市、县级人民政府的认定、处理结果进行评估。

第十条 被征收房屋价值评估时点为房屋征收决定公告之日。

用于产权调换房屋价值评估时点应当与被征收房屋价值评估时点一致。

第十一条 被征收房屋价值是指被征收房屋及其占用范围内的土地使用权在正常交易情况下,由熟悉情况的交易双方以公平交易方式在评估时点自愿进行交易的金额,但不考虑被征收房屋租赁、抵押、查封等因素的影响。

前款所述不考虑租赁因素的影响,是指评估被征收房屋无租约限制的价值;不考虑抵押、查封因素的影响,是指评估价值中不扣除被征收房屋已抵押担保的债权数额、拖欠的建设工程价款和其他法定优先受偿款。

第十二条 房地产价格评估机构应当安排注册房地产估价师对被征收房屋进行实地查勘,调查被征收房屋状况,拍摄反映被征收房屋内外部状况的照片等影像资料,做好实地查勘记录,并妥善保管。

被征收人应当协助注册房地产估价师对被征收房屋进行实地查勘,提供或者协助搜集被征收房屋价值评估所必需的情况和资料。

房屋征收部门、被征收人和注册房地产估价师应当在实地查勘记录上签字或者盖章确认。被征收人拒绝在实地查勘记录上签字或者盖章的,应当由房屋征收部门、注册房地产估价师和无利害关系的第三人见证,有关情况应当在评估报告中说明。

第十三条 注册房地产估价师应当根据评估对象和当地房地产市场状况,对市场法、收益法、成本法、假设开发法等评估方法进行适用性分析后,选用其中一种或者多种方法对被征收房屋价值进行评估。

被征收房屋的类似房地产有交易的,应当选用市场法评估;被征收房屋或者其类似房地产有经济收益的,应当选用收益法评估;被征收房屋是在建工程的,应当选用假设开发法评估。

可以同时选用两种以上评估方法评估的,应当选用两种以上评估方法评估,并对各种评估方法的测算结果进行校核和比较分析后,合理确定评估结果。

第十四条 被征收房屋价值评估应当考虑被征收房屋的区位、用途、建筑结构、新旧程度、建筑面积以及占地面积、土地使用权等影响被征收房屋价值的因素。

被征收房屋室内装饰装修价值,机器设备、物资等搬迁费用,以及停产停业损失等补偿,由征收当事人协商确定;协商不成的,可以委托房地产价格评估机构通过评估确定。

第十五条 房屋征收评估价值应当以人民币为计价的货币单位,精确到元。

第十六条 房地产价格评估机构应当按照房屋征收评估委托书或者委托合同的约定,向房屋征收部门提供分户的初步评估结果。分户的初步评估结果应当包括评估对象的构成及其基本情况和评估价值。房屋征收部门应当将分户的初步评估结果在征收范围内向被征收人公示。

公示期间,房地产价格评估机构应当安排注册房地产估价师对分户的初步评估结果进行现场说明解释。存在错误的,房地产价格评估机构应当修正。

第十七条 分户初步评估结果公示期满后,房地产价格评估机构应当向房屋征收部门提供委托评估范围内被征收房屋的整体评估报告和分户评估报告。房屋征收部门应当向被征收人转交分户评估报告。

整体评估报告和分户评估报告应当由负责房屋征收评估项目的两名以上注册房地产估价师签字,并加盖房地产价格评估机构公章。不得以印章代替签字。

第十八条 房屋征收评估业务完成后,房地产价格评估机构应当将评估报告及相关资料立卷、归档保管。

第十九条 被征收人或者房屋征收部门对评估报告有疑问的,出具评估报告的房地产价格评估机构应当向其作出解释和说明。

第二十条 被征收人或者房屋征收部门对评估结果有异议的,应当自收到评估报告之日起10日内,向房地产价格评估机构申请复核评估。

申请复核评估的,应当向原房地产价格评估机构提出书面复核评估申请,并指出评估报告存在的问题。

第二十一条 原房地产价格评估机构应当自收到书面复核评估申请之日起10日内对评估结果进行复核。复核后,改变原评估结果的,应当重新出具评估报告;评估结果没有改变的,应当书面告知复核评估申请人。

第二十二条 被征收人或者房屋征收部门对原房地产价格评估机构的复核结果有异议的,应当自收到复核结果之日起10日内,向被征收房屋所在地评估专家委员会申请鉴定。被征收人对补偿仍有异议的,按照《国有土地上房屋征收与补偿条例》第二十六条规定处理。

第二十三条 各省、自治区住房城乡建设主管部门和设区城市的房地产管理部门应当组织成立评估专家委员会，对房地产价格评估机构做出的复核结果进行鉴定。

评估专家委员会由房地产估价师以及价格、房地产、土地、城市规划、法律等方面的专家组成。

第二十四条 评估专家委员会应当选派成员组成专家组，对复核结果进行鉴定。专家组成员为3人以上单数，其中房地产估价师不得少于二分之一。

第二十五条 评估专家委员会应当自收到鉴定申请之日起10日内，对申请鉴定评估报告的评估程序、评估依据、评估假设、评估技术路线、评估方法选用、参数选取、评估结果确定方式等评估技术问题进行审核，出具书面鉴定意见。

经评估专家委员会鉴定，评估报告不存在技术问题的，应当维持评估报告；评估报告存在技术问题的，出具评估报告的房地产价格评估机构应当改正错误，重新出具评估报告。

第二十六条 房屋征收评估鉴定过程中，房地产价格评估机构应当按照评估专家委员会要求，就鉴定涉及的评估相关事宜进行说明。需要对被征收房屋进行实地查勘和调查的，有关单位和个人应当协助。

第二十七条 因房屋征收评估、复核评估、鉴定工作需要查询被征收房屋和用于产权调换房屋权属以及相关房地产交易信息的，房地产管理部门及其他相关部门应当提供便利。

第二十八条 在房屋征收评估过程中，房屋征收部门或者被征收人不配合、不提供相关资料的，房地产价格评估机构应当在评估报告中说明有关情况。

第二十九条 除政府对用于产权调换房屋价格有特别规定外，应当以评估方式确定用于产权调换房屋的市场价值。

第三十条 被征收房屋的类似房地产是指与被征收房屋的区位、用途、权利性质、档次、新旧程度、规模、建筑结构等相同或者相似的房地产。

被征收房屋类似房地产的市场价格是指被征收房屋的类似房地产在评估时点的平均交易价格。确定被征收房屋类似房地产的市场价格，应当剔除偶然的和不正常的因素。

第三十一条 房屋征收评估、鉴定费用由委托人承担。但鉴定改变原评估结果的，鉴定费用由原房地产价格评估机构承担。复核评估费用由原房地产价格评估机构承担。房屋征收评估、鉴定费用按照政府价格主管部门规定的收费标准执行。

第三十二条 在房屋征收评估活动中，房地产价格评估机构和房地产估价师的违法违规行为，按照《国有土地上房屋征收与补偿条例》《房地产估价机构管理办法》《注册房地产估价师管理办法》等规定处罚。违反规定收费的，由政府价格主管部门依照《中华人民共和国价格法》规定处罚。

第三十三条 本办法自公布之日起施行。2003年12月1日原建设部发布的《城市房屋拆迁估价指导意见》同时废止。但《国有土地上房屋征收与补偿条例》施行前已依法取得房屋拆迁许可证的项目，继续沿用原有规定。